普通高等教育"十一五"国家级

高职高专医药院校系列教材

供中医、中西医结合类专业用

中医诊断学

第2版

李　晶　主编

科学出版社

北京

内 容 简 介

本书是普通高等教育“十一五”国家级规划教材，是第2版高职高专医药院校系列教材(供中医、中西医结合类专业用)之一。全书内容共分14章,系统介绍了中医四诊理论、八纲辨证、病因辨证、气血津液辨证、脏腑辨证、经络辨证、六经辨证、卫气营血辨证、三焦辨证等基本原理与方法及病案内容。本书的编写突出高等职业技术教育的特点,坚持体现“三基”(基本理论、基本知识、基本技能)教学,注重教学内容的科学性和实用性。

本书可供中医药院校高等职业技术教育中医、中西医结合类专业学生使用,也可作为临床医师及中医自学者的学习参考书。

图书在版编目(CIP)数据

中医诊断学/李晶主编.—2版.—北京:科学出版社,2011.3

普通高等教育“十一五”国家级规划教材

ISBN 978-7-03-030006-5

Ⅰ.中… Ⅱ.李… Ⅲ.中医诊断学-高等学校:技术学校-教材 Ⅳ.R241

中国版本图书馆CIP数据核字(2011)第007527号

责任编辑:曹丽英 郭海燕/责任校对:李 影

责任印制:赵 博/封面设计:范璧合

科学出版社 出版

北京东黄城根北街16号

邮政编码: 100717

http://www.sciencep.com

北京建宏印刷有限公司 印刷

科学出版社发行 各地新华书店经销

*

2004年8月第 一 版 开本:787×1092 1/16

2011年3月第 二 版 印张:13 1/4

2024年1月第十三次印刷 字数:307 000

定价:39.00元

(如有印装质量问题,我社负责调换)

《中医诊断学》(第2版)编委会

主　　编　李　晶

副 主 编　李琳荣

编　　者　(以下按姓氏笔画排序)

田　松(山西中医学院)

史俊芳(山西中医学院)

严　芳(山西中医学院)

杜彩凤(山西中医学院)

李　晶(山西中医学院)

李希贤(山西中医学院)

李琳荣(山西中医学院)

郭文娟(山西中医学院)

谢梦洲(湖南中医药大学)

魏　红(辽宁中医药大学)

编写秘书　杜彩凤

第2版编写说明

中医诊断学是在中医基础理论指导下，研究如何诊察病情、识别病证的一门学科，是中医学各专业的基础课程，也是联系基础理论与临床各科之间的桥梁。

本教材根据高职高专教育的特点，坚持简明、实用的原则，在编写中吸取了历年出版的《中医诊断学》教材及本教材第1版中的主要内容，强化基本理论、基本知识和基本技能的运用，旨在培养学生的感悟思辨能力。全书分14章，系统介绍了中医四诊（望、闻、问、切）理论、八纲辨证、病因辨证、气血津液辨证、脏腑辨证、经络辨证、六经辨证、卫气营血辨证、三焦辨证等基本原理与方法以及中医诊断疾病的基本知识与技能。四诊部分着重强调四诊技能的可操作性；辨证部分突出其临床实用性、规范性及思辨性。全书14章内容互相联系，不可分割。

本教材坚持系统学习与知识扩充相结合的原则，设计了“知识链接”的小模块，内容涉及古书经典、创新研究、临床医案等诸多方面，能有效地帮助学生开阔视野，培养学生临证综合思维的能力，提高学生的专业素养。为了增强学生临床临证能力，适当增加了典型案例；另外，为方便于学生自学，书后附有歌诀选读、病案分析及答案与中医诊断学教学基本要求。

本教材主要可供中医药高等职业技术教育的中医、中西医结合、护理等专业学生使用，也可作为广大中医药工作者以及中医药爱好者的学习参考书。

由于编者水平有限，加之编写时间较紧，书中不妥之处在所难免，敬请读者批评指正，以便下次修订时改进，进而为我国中医药高等职业技术教育事业做出应有的贡献。

编　者

2011年2月

第1版编写说明

中医诊断学是在中医基础理论指导下,研究如何诊察病情、识别病证的一门学科。它是中医学各专业的基础课,是基础理论与临床各科之间的桥梁。

中医诊断学包括诊法、辨证、辨病和病案等内容,分14章论述。14章内容互相联系,不可分割。本教材的编写是根据卫生部颁发的《中医诊断学》教学大纲所规定的内容,在现行版《中医诊断学》教材的基础上进行修改补充编写而成。根据高职高专教育的需要,力求做到内容详略得当,论述精炼准确,并注意突出教材的实用性、系统性和完整性。

编写分工:"绪论"、"问诊"、"八纲辨证"、"病因辨证"、"气血津液辨证"、"卫气营血辨证概要"、"三焦辨证概要"、"病案"、"附篇"由李琳荣编写;"脏腑辨证"、"经络辨证概要"、"六经辨证概要"由李晶编写;"望诊"由严芳编写;"闻诊"、"切诊"由史俊芳编写。

由于编者的水平有限,加之编写时间较紧,书中不妥之处在所难免,欢迎批评指正。

编　者

2004年5月

目 录

1 绪论

学习目标

1. 叙述病、证、症的含义及其相互关系；叙述中医诊断学的基本原则
2. 简述中医诊断学的基本原理、主要内容
3. 简述中医诊断学的发展概况

中医诊断学是在中医学理论指导下，研究如何诊察病情、判断病种、辨别证候的基本理论、基本知识和基本技能的一门学科。它是中医学各专业的一门专业基础课，是基础理论与临床各科之间的桥梁。

1.1 中医诊断学的主要内容

1.1.1 诊法

诊法是中医诊察、收集病情资料的基本方法，主要包括望、闻、问、切四诊。望诊是医生有目的地察看患者全身和某些局部的神、色、形、态变化以及分泌物、排泄物的形、色、量、质等表现，以了解病情、识别病证的方法。闻诊是通过听患者的语言、呼吸等声音变化及嗅患者发出的异常气味，以辨别病情的方法。问诊是通过询问患者或陪诊者，从而了解患者健康状况、自觉的痛苦与不适和疾病的发生发展、诊疗经过及其他相关情况的方法。切诊是通过触、按患者的脉搏和身体有关部位，测知脉象变化及相关异常征象以了解病情的方法。

中医诊断的理论基础

中医学是中国传统医药学的总称，是中国人发明的、拥有数千年发展历史的、拥有独特基础理论和丰富的临床诊疗方法及预防养生措施的医学体系。

中医学的学术体系受古代朴素的唯物论和辨证法思想的深刻影响，以整体观念为指导思想，以脏腑、经络的生理、病理为基础，以辨证论治为诊疗方法。其中指导中医诊断的基础理论主要有整体观念、气化理论、阴阳五行、脏腑经络、气血津液、病因病机学说等。

链接

四诊所收集到的病情资料，主要包括症状和体征，中医统称为症状，简称“症”。症是人体发生疾病后所表现的各种异常现象。其中患者自觉的痛苦与不适，如头痛、耳鸣、胸闷、腹胀等称为症状；通过检查而发现的病情征象称为体征，如面色苍白、鼻翼煽动、舌苔黄腻、脉濡数等，它们是诊病、辨证的主要依据，故一定要审察全面而准确。

1.1.2 辨病

辨病，即对疾病的病种作出判断并确定病名的诊断思维过程。疾病的病名，是对该病全过

程的特点与规律所作的概括,即该疾病的代名词。如疟疾、痢疾、肺痈、消渴、滑胎、痛经、麻疹、夏季热、红丝疔、乳痨、牛皮癣、内痔、股骨骨折、白喉、聚星障等,都是病名。如何对疾病作出病名诊断,在临床各科中论述。

1.1.3 辨　证

"证"是中医学的一个特有概念,是对疾病过程中所处一定阶段的病位、病因、病性以及病势等所作的病理概括,它揭示的是疾病当前的内在本质。如脾肾阳虚、膀胱湿热、肝火犯肺等都是具体的证,习惯上称为证候。临床较为常见、典型、名称规范的证,可称为证型。

"辨证"就是在中医学理论的指导下,对患者的各种临床资料进行分析、综合,从而对疾病当前的病位、病因与病性等本质作出判断,并概括为完整证名的诊断思维过程,是下一步立法、施治的前提和条件。

中医诊断学主要介绍八纲、病因、气血津液、脏腑、经络、六经、卫气营血、三焦等各种辨证分类方法、辨证思维方式及临床常见证型的概念、临床表现及辨证分析过程。其中八纲是辨证的总纲,病因和气血津液辨证是八纲辨证中寒、热、虚、实辨证的具体深化,而脏腑、经络、六经、卫气营血、三焦辨证,则是八纲表里定位的进一步深化。脏腑、经络辨证主要用于内伤杂病的辨证,六经、卫气营血、三焦辨证主要用于外感病的辨证。

1.1.4 病　案

病案又称医案,古称诊籍,现称病历,是临床诊疗过程的书面记录,即把患者的详细病情、病史、诊断和治疗经过等情况,都如实地记录下来。它是医疗、教学、科研的重要资料,必要时将成为重要的法律依据。故病案书写是医生必须掌握的基本技能,因而也是《中医诊断学》教材必不可少的内容之一。

1.2 中医诊断学的基本原理

1.2.1 司外揣内

这一原理源自《灵枢·外揣》。通过观察外表的病理现象(症状、体征等),推测内脏的病理变化,从而认识疾病的内在本质,即所谓"司外揣内"的原理。

1.2.2 见微知著

"见微知著"出自《医学心悟·医中百误歌》。通过微小的、局部的外在变化,能够测知整体的、脏腑的内在病情,即所谓"见微知著"的诊断原理。

1.2.3 知常达变

所谓"知常达变"的诊断原理,即认识客观事物,必须通过观察比较,在认识正常的基础上,发现太过、不及的异常变化,从而认识事物的性质及变动的程度。中医望色、闻声、切脉以诊病,就是从正常中发现异常,从对比中找出差别,进而认识疾病的本质,即属此理。

1.3 中医诊断学的基本原则

1.3.1 整 体 审 察

由于人是一个有机的整体,内在脏腑与外表形体、四肢百骸密切相关;人与外界环境也是统一的,其生命活动受到社会、自然等各种因素的影响。因此,在认识疾病时,不能只注意病变局部或患者个体,而应从整体观念出发,内外结合,全面诊察分析病情,综合识别判断病证。即"整体审察"的基本原则。

临证在运用各种诊法收集患者的临床资料时,就要做到整体审察。不仅对局部的病状进行详细的检查、询问,而且要了解寒热、饮食、二便、睡眠、精神状况、舌象、脉象等全身情况以及病史、体质、家庭、环境、时令、气候等因素对疾病的影响。同时,对病情资料的综合分析,也必须做到全面、准确。不能只注意到当前的、局部的、明显的病理改变,而忽视了疾病的前因后果、演变趋势以及时、地、人、病的特殊性。

1.3.2 诊 法 合 参

所谓"诊法合参"是指四诊并重,诸法参用,综合收集病情资料。

在整体审察原则指导下诊断疾病,就必须对患者的各种病情资料进行全面而详细的检查和了解。而望、闻、问、切四诊是从不同的角度来检查病情和收集临床资料,各有其独特的方法与意义,不能互相取代。故四诊并用、诊法合参是中医诊断学理论强调的基本原则之一。如果四诊不全,不能诊察到患者全面而详细的病情资料,便难以作出正确的诊断。

需注意的是,诊法合参并不等于面面俱到。由于接触患者的时间有限,只有抓住主要矛盾,有目的、有步骤、有重点地收集临床资料,才能快速而准确地完成诊断过程。尤其对危急重症患者,应以抢救生命为先,不必苛求当时就完成详细而全面的四诊检查。

怎样学好中医诊断学

中医诊断学是一门理论性和实践性很强的学科,是中医基础理论、基本知识和基本技能在疾病诊断中的具体运用。学习时,既要掌握一定的理论知识,又要学会实际操作,因此,必须培养正确的学习方法。

(1) 熟练掌握中医药学的基本理论。学习时既要深入理解,掌握本课程的基本理论、基本知识,还要复习、运用已经学过的中医学基础理论,以指导诊断基本技能的学习、掌握和运用。

(2) 重视临床实践锻炼。前人说:"熟读王叔和,不如临证多",强调了临床实践在学习中医学的重要性。因此,一定要勤学多练,正规操作,积极主动地参加临床实践,争取多接触患者,反复训练,逐步达到熟能生巧的目的。

(3) 训练中医辨证思维方式。要提高临床诊断水平,仅有渊博的医学知识还不够,还要掌握自然辩证法、医学辩证法、逻辑学等有关思维科学,注意中医特有的思维方法,思维形式的锻炼和修养,克服重实际、主观主义、经验主义、片面局限、机械孤立等错误观念的影响。

链 接

1.3.3 病证结合

“病”和“证”是中医学中密切相关的两个概念,是从不同侧面对疾病本质的抽象概括。辨病是从疾病的全过程、规律性、特征性上认识其病变本质,辨证则重在认识疾病当前阶段的主要矛盾。中医诊病既重视疾病的变化规律和基本矛盾,又要抓住疾病当前的主要矛盾,才能为临床治疗提供立法依据和选方用药原则。所以中医学强调辨病与辨证相结合,只强调辨证而忽视辨病,或只辨病而不进行辨证,都是不恰当的。

临床实践中,当疾病的特征明显、诊病依据充分时,可先辨病后辨证。当疾病的本质反映得尚不够充分时,则先辨证后辨病。如此既有利于当前的治疗,又可通过对证的变化的观察,逐步揭示疾病的本质。

1.4 中医诊断学的发展简史

中医诊断病证的理论和方法源远流长,其理论体系的形成和发展经历了漫长的历史时期,是历代医家临床经验的积累和总结。

春秋战国时期成书的《黄帝内经》,不仅在诊断方法上奠定了望闻问切四诊的基础,而且认为诊断疾病必须结合致病的内、外因素加以全面综合考虑,为中医辨证理论的形成和发展创造了有利条件。《难经》对望闻问切四诊的论述较《内经》更为详细,认为四诊是神圣工巧的技能,尤其在脉诊方面,提出“独取寸口”的诊脉方法,对后世影响颇大。

西汉名医淳于意(仓公)创立“诊籍”,开始详细记录患者的姓名、居址、病状、治疗方药及就诊日期等,作为复诊的参考资料,是现存最早的病案记载。

东汉伟大的医学家张仲景,集一生心血著成的不朽之作《伤寒杂病论》,总结了汉以前的诊疗经验,以六经为纲辨伤寒,以脏腑为纲辨杂病,将病、脉、证并治,理、法、方、药有机地结合起来,建立了辨证论治的理论;在疾病的分类上基本做到了概念清楚、层次分明,具有很高的诊断水平,奠定了中医诊断学的理论基础。

西晋王叔和所著《脉经》,集汉以前脉学之大成,在具体阐述脉理的前提下,联系临床各科脉证,分述三部九候、寸口诊法、24脉等,为我国现存最早的脉学专著。

隋代巢元方等编撰的《诸病源候论》是我国第一部论述病源与证候诊断的专著。

唐代虽没有诊断学的代表性专著出现,但有关四诊和辨证的论述颇多,均散在于临床各科的著作中。

宋代陈无择的《三因极一病证方论》提出著名的“三因学说”,从内因、外因、不内外因辨证论治,为后世病因辨证理论的形成产生重要影响。南宋施发的《察病指南》专论诊法,并绘脉图33种,以图示脉,颇有特色。

金元时期,中医诊断理论与临床有许多新的进展。危亦林的《世医得效方》,论述了危重疾病的“十怪脉”。元代的敖氏著《点点金》、《金镜录》,论伤寒舌诊,分12图,是我国第一部舌诊专著,现已遗失,今所见的《敖氏伤寒金镜录》为后经清代的杜清碧增补之作。金元四大家在诊疗上亦各有特点:刘完素诊病,重视分析病机;李东垣诊病,重视四诊合参;朱震亨诊病,主张从外知内;张子和诊病,重视症状的鉴别诊断。

明清时期的医家对诊病的原理、辨证的方法,更有进一步的阐发。对脉诊与舌诊发展尤为突出。

明代张介宾《景岳全书》的内容十分丰富,其中《脉神章》对脉神、正脉16部及脉之常变的论述甚为精辟;《传忠录》中"十问篇"对问诊的主要内容加以概括,纲举目张,详细得中,后世编成"十问歌",对初学者多有益处;《传忠录》中"二纲六变"之论对后世八纲辨证形成颇有影响。

明代李时珍取诸家脉学之精华,以歌诀的形式编撰《濒湖脉学》,详述27脉的脉体、主病和相似脉的鉴别,言简意深,便于习诵,为后世所推崇。明末李中梓的《诊家正眼》在此基础上加一"疾脉",形成今之所学28脉体系。

舌诊的研究,在清代成绩突出,众多的舌诊著作附有舌图,是研究舌诊的较好资料。

四诊的综合性研究,影响较大者如清代吴谦等编撰的《医宗金鉴·四诊心法要诀》,以四言歌诀简要介绍四诊的理论与方法,便于习诵。林之翰的《四诊抉微》,强调色脉并重、四诊合参。特别是汪宏的《望诊遵经》,收集历代有关望诊的资料,说明气色与疾病的关系,以全身各部位的神、形、色、泽和汗、血、便、溺的形、色、量、质等各种变化进行辨证并预测其顺逆安危,为全面论述望诊的专著。

承袭前人经验,明清时期对诊病、辨证的研究更为深入。尤其是吴又可的《温疫论》对温病学说的发展起了极大的推动作用。清代叶天士的《温热论》创立卫气营血辨证理论,吴鞠通的《温病条辨》创三焦辨证之法,记载了丰富的温热病诊疗经验,完善了温病学的辨证理论体系。

近百年来,中医诊断学的发展、研究进一步深入。编撰出版了许多专业书籍,使中医诊断学的内容更为系统、完整、准确。特别是研制和引用了一些用于中医诊断的仪器,如脉象仪、舌诊仪、色差计等,使部分诊断手段得以客观化。对症状和体征不明显的患者,借助于实验诊断或仪器检测的方法,从宏观到微观,从直接到间接,从定性到定量,使一部分不易为医生感官觉察的病情得以及时发现,为早期诊断及治疗提供依据。在运用声学、光学、电学、磁学等知识和生物医学工程、电子计算机技术等方面,也进行了多学科综合研究,获得了一些新的成就。

小结

1. 中医诊断学是在中医学理论指导下研究如何诊察病情,判断病证的一门学科。
2. 中医诊断的基本原理是司外揣内、见微知著、知常达变。
3. 中医诊断的基本原则是整体审察、诊法合参、病证结合。

目标检测

一、名词解释

1. 诊断 2. 知常达变 3. 整体审察

二、是非题

1. 独取寸口以诊全身之疾,是见微知著的诊断原理。
2. "病案"在古代称为"病历"。

三、问答题

1. 何谓病、证、症?三者的联系和区别是什么?
2. 中医诊断的基本原理和原则各是什么?
3. 试述历代有关中医诊断学的代表医著及其学术贡献。

(李琳荣 田 松)

2 望　　诊

学习目标

1. 叙述得神、失神、假神、常色和病色的特征及其临床意义；叙述舌诊的方法，正常舌象的表现，异常舌象的表现及其一般临床意义。能够识别临床常见舌象

2. 简述常见异常形体、姿态的表现，色泽变化及五色所主病证；简述舌的结构，舌诊原理

3. 说出望形体，望姿态，望头面、五官、躯体、四肢、皮肤，望排出物及望小儿指纹的基本方法和内容

望诊是医生运用视觉观察患者的神色形态、局部表现，舌象、分泌物和排泄物色质量的变化来诊察病情的方法。

一般望诊的顺序是，先观察全身神色形态，再进行局部望诊，但在运用时，不必严格拘泥于此，应根据临床实际综合运用。

2.1 全身望诊

全身望诊，是医生在诊察患者时，首先对患者的神色形态等整体表现进行观察，以了解整体情况的诊病方法。

望诊时应注意些什么

望诊就是要达到从外知内、见症知病的目的。

要想获得准确而客观的依据，必须排除干扰，首先应选择光线充足的地方进行，以柔和的自然光线为佳。若在夜间或暗处，应在日光灯下进行望诊，必要时白天再进行复诊，但注意人工光线带来的影响，要避开有色光线。同时应选择适当的体位，充分暴露受检部位，并应注意诊室温度，才能保证病情资料的客观准确。对患者进行望诊时，动作要敏捷迅速，充分运用专业的洞察力来诊察疾病，但应注意要有重点、有步骤、分清主次及细心观察。

链接

2.1.1 望　　神

望神是通过观察患者生命活动的总体表现（包括脏腑组织功能活动与思维意识状态）来诊察病情的方法。

中医学认为神有多种含义，就望“神”之神而言，其概念是指机体脏腑组织功能活动和精神意识状态的综合，包括精神意识、思维活动、面色眼神、形体动态、语言呼吸和对外界的反应等各个方面。因此，也可以说神是对人体生命现象的高度概括。

人身“三宝”

在中医学中，精、气、神被称为人身“三宝”。精为形体之本，生命之源；气为生命活动之推动力和调控力；神为生命的主宰及总体现。精、气、神三者，都是关于人体生命本原及发展变化的认识。

链 接

2.1.1.1 望神的主要内容

神的表现是多方面的，而望诊时尤应重点观察两目、神情、气色和体态。

(1) 两目

望神的重点突出地表现于两目，其次是神情、气色和体态。目是五脏六腑的缩影，一般而言，凡两目黑白分明，精彩内含，神光充沛，运动灵活，有眵有泪，不燥不涩，视物清晰正确者，为眼有神，是脏腑精气充足的表现，虽病易治。反之，两目晦暗呆滞，失去精彩，运动不灵，无眵无泪，视物模糊错乱，或浮光显露者，为眼无神，是脏腑精气虚衰的表现，病属难治。

张仲景“察颜观色”决生死

东汉医学家张仲景被人们称为中医的“医圣”。他预言王仲宣生死的故事，可谓神奇。一次张仲景偶遇王仲宣，那时王仲宣只有 20 岁出头，张仲景对他说：“你有病，到 40 岁时眉毛脱落，半年后就将死亡。你从现在起服用玉石汤，可以幸免一死。”王仲宣听了这样不顺耳的话，当然心中不快，虽然接受了张仲景开的药方却没有真的服药。过了 3 天，仲景又见到了王仲宣，就问他：“汤药吃了吗？”王仲宣回答：“已经服过了。”仲景说：“看你的神情面色好像并没有服药，你为何轻视自己的生命呢？”王仲宣本不相信仲景所言，就避而不答。20 年后，王仲宣果然眉毛脱落，在眉落后 187 天死去，果真证实了张仲景的预言。

链 接

(2) 神情

神情指人的精神意识和面部表情，若心神功能正常，则人神志清晰，思维有序，表情丰富自然，反应灵敏，预后较好；反之，心神功能失常，则神识昏蒙，思维混乱，表情淡漠，反应迟钝，则为心神已衰，多属病重。

(3) 气色

气色是指人体面部以及全身皮肤的颜色和光泽。皮肤的色泽荣润或枯槁，是脏腑精气盛衰的重要表现。

(4) 体态

体态指人的形体动态。形体丰满还是瘦削，动作自如还是异常，也是机体功能强弱的主要标志。

神既是对人体生命现象的高度概括，必然于全身皆有表现，故判断神之旺衰，除重点观察上述四个方面外，还要结合神在其他方面的表现，如语言、呼吸、舌象、脉象等，通过四诊合参，进行综合判断。

2.1.1.2 对神气的判断

神的表现，按神的旺、衰和病情的轻、重可划分为得神、少神、失神、假神四种。此外还有以神志失常为主要表现的神乱。其临床表现和意义如下：

(1) 得神

得神又称“有神”,是精充气足神旺的表现。得神是健康的表现;在病中,则虽病而正气未伤,精气未衰,是病轻的表现,预后良好。其临床表现一般为神志清楚,反应灵敏,表情丰富自然,两目精彩,面色荣润,呼吸平稳,语言清晰,肌肉不削,动作自如,饮食如常。得神提示机体功能正常,是正常人的神气,即使有病,也是五脏精气未伤,预后良好。

(2) 少神

少神又称“神气不足”,是精气轻度损伤,脏腑功能较弱的表现,多见于轻病或恢复期患者,亦可见于体质虚弱者。少神介于有神和无神之间,其临床表现一般为精神不振,两目乏神,面色少华,肌肉松软,倦怠乏力,动作迟缓,少气懒言等表现。

(3) 失神

失神又称“无神”,是精亏神衰或邪盛神乱的表现,至此已属病情严重阶段,是脏腑功能衰败的表现,多见于慢性久病(虚证)患者和急性(邪实)患者,预后不良。

因精亏神衰而失神者,多见于慢性久病虚证,重病患者,机体功能严重衰减。其临床表现一般为精神委靡,面色无华,两目晦暗,呼吸气微或喘促,语言错乱,形体羸瘦,动作艰难,反应迟钝,甚则神识不清。提示正气大伤,精气亏虚,属病重。

因邪盛神乱而致失神者,多见于急性邪实,重病患者。其临床表现一般为壮热烦躁,四肢抽搐;或神昏谵语,循衣摸床,撮空理线;或猝倒神昏,两手握固,牙关紧急。提示邪气亢盛,热扰神明,邪陷心包;或肝风夹痰蒙蔽清窍,阻闭经络。皆属机体功能严重障碍,气血津液失调,亦属病重。

(4) 假神

假神是危重患者出现的精神暂时“好转”的假象,这是由于脏腑精气衰竭已极,正气将脱,阴不敛阳,以致虚阳外越,是阴阳即将离决的危候,是重病患者临终的预兆,古人比作“回光返照”或“残灯复明”。其临床表现一般为久病重病本已失神,但突然神识清醒,目光转亮而浮光外露,言语不休,想见亲人;或病至语声低微断续,忽然语声清亮起来;或原来面色晦暗无华,而突然两颧泛红如妆;或原来毫无食欲,突然食欲增强。假神应注意与重病病情真正好转加以区别,重病好转时,其精神好转是逐渐的,并与整体状况好转相一致,如饮食渐增,面色渐润,舌上复生薄白苔,身体功能渐复等。而假神多见于垂危患者,其局部症状的“好转”与整体病情的恶化不相符合,表现为神识等虽突然“好转”,而整体状况并不好转,两者不一致,且为时短暂,病情很快恶化。得神、少神、失神、假神的鉴别见表 2-1。

表 2-1 得神、少神、失神、假神鉴别表

观察项目	得 神	少 神	失 神	假 神
两目	精彩	乏神	晦暗	突然目光转亮,浮光外露
神情	神志清楚,反应灵敏	精神不振	精神委靡,反应迟钝,或神识不清,或神昏,或猝然昏仆	突然神识清醒
气色	面色荣润	面色少华	面色无华	面色无华而两颧泛红如妆
体态	肌肉不削,动作自如	肌肉松软,倦怠乏力,动作迟缓	形体羸瘦,动作艰难,或烦躁不安,四肢抽搐,或循衣摸床,撮空理线,或两手握固,牙关紧急	
语言	语言清晰	懒言	错乱不清,或谵语	突然言语不休,语声清亮,想见亲人
呼吸	平稳	少气	气微或喘促	

(5) 神乱

神乱即精神错乱或神志失常。一般包括脏躁、百合病以及癫、狂、痫等病,这些精神失常的表现都是由特殊的病因病机和发病规律所决定的,其失神表现并不一定意味着病情的严重性,其特点大多是反复发作而缓解期不出现神志失常。故而神志失常表现只能作为诊病依据而不具有前述失神的临床意义,这是神志失常与精气衰竭的失神在本质上的不同。其临床常表现为焦虑恐惧、狂躁不安、淡漠痴呆、猝然昏倒等。

1) 焦虑恐惧:患者时时恐惧,焦虑不安,心悸气促,不敢独处一室。可见于卑惵、脏躁等病。多属虚证。

2) 狂躁不安:患者狂躁不安,妄行不休,或胡言乱语,疯狂怒骂,或少寐多梦,打人毁物,不避亲疏。多属阳证。

3) 淡漠痴呆:患者表情淡漠、沉默寡言,或神识痴呆,喃喃自语,哭笑无常,悲观失望。常见于癫病、痴呆等。多属阴证。

4) 猝然昏倒:患者突然尖叫,随即昏倒,两目上视,四肢抽搐,口吐涎沫,常因咬破舌尖而出现血沫,醒后如常。属痫病。

2.1.2 望 色

望色,又称“色诊”,是通过观察患者全身皮肤(主要是面部皮肤)的颜色和光泽变化来诊察病情的方法。望色的意义在于,可诊察脏腑的虚实、气血的盛衰,疾病的寒热性质、病情的轻重和预后。

望色以望面部气色为主,还包括对体表黏膜、分泌物和排泄物色泽的观察。本节重点叙述望面色,其他参见有关章节。

2.1.2.1 望色诊病的原理

五脏六腑气血通过经脉上荣于面,表现为各种色泽的变化,面部的色泽是脏腑气血的外在表现,故望色泽可测知脏腑的气血盛衰和病情的变化。又由于面部的血脉丰盛,为脏腑气血之所荣,加之面部皮肤薄嫩,其色泽变化易于观察,故将面部作为望色的主要部位。人体脏腑的虚实、气血的盛衰、病邪的性质及邪气的部位,都会在面部有所反映。

2.1.2.2 色与泽的意义

望面色应观察面部皮肤的颜色和光泽。

面部颜色属血、属阴,是血色与肤色相兼的外在表现,可反映血液盛衰和运行的情况。在病理状态下,则可反映疾病的不同性质和不同脏腑的疾病。前人根据五行学说和脏象理论,五色配五脏,青为肝,赤为心,白为肺,黄为脾,黑为肾,且五色变化能反映精血盈亏。五色又反映疾病的不同性质,一般认为青黑为痛,黄赤为热,白为寒。所以脏腑气血的盛衰,病邪的性质及邪气的部位,都会在面部有所反映。

面部光泽属气、属阳,是脏腑精气外荣的表现,可反映脏腑精气的盛衰,了解神气的盛衰,对判断病情的轻重和预后有重要的意义。凡面色荣润光泽者,为脏腑精气未衰,属无病或病轻;凡面色晦暗枯槁者,为脏腑精气已衰,属病重。

在判断病情时,气(即脏腑精气,表现于面部为面色有光泽)与色相比较,气的盛衰有无比色更为重要。

面部分候脏腑

(1)《灵枢·五色》的面部分候脏腑方法

将面部的不同部位加以命名:前额称为庭、颜;眉间称为阙,鼻称为明堂,颊侧称为藩,耳门称为蔽(图 2-1)。图中所示庭(即前额)候首面,阙上(即眉心之上)候咽喉,阙中(即眉心)候肺,阙下(即鼻根,又称下极、山根)候心,下极之下(即鼻柱,又称年寿)候肝,肝之左右(即鼻柱两旁)候胆,肝下(即鼻端,又称准头、面王)候脾,方上(即鼻翼)候胃,中央(即颧下)候大肠,夹大肠(即颊部下方)候肾,面王以上(即鼻端两旁上方)候小肠,面王以下(即人中部位)候膀胱、胞宫(图 2-2)。

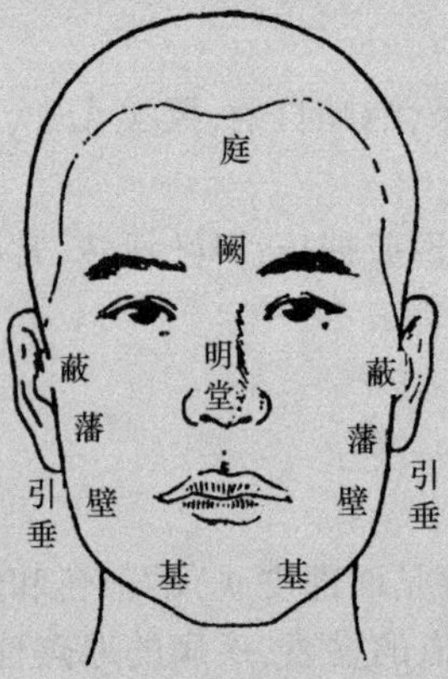

图 2-1 明堂藩蔽图

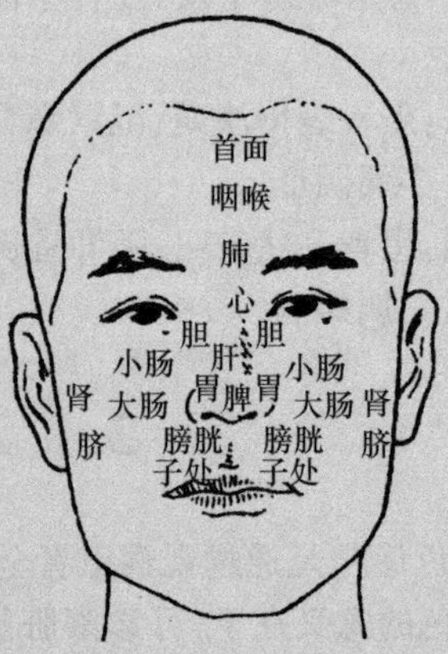

图 2-2 面部色诊分属部位图

(2)《素问·刺热》的面部分候脏腑方法

以额部候心,鼻部候脾,左颊候肝,右颊候肺,颏部候肾。

链接

2.1.2.3 常色与病色

常色与病色,是望面色的主要内容。

(1) 常色

常色即正常的、无病的面色。常色的特点是明润、含蓄。我国人属黄种人,其正常面色是红黄隐隐,明润含蓄。明润,即面色光明润泽,是有神气的表现,显示人体精充气足神旺、脏腑功能正常。含蓄,即面色红黄隐隐,隐含于皮肤之内,而不特别显露,是胃气充足、精气内含而不外泄的表现。

常色又可分为主色和客色两种:

1) 主色:是人生来就有的基本面色,属个体差异,一生基本不变,故称为主色。古人按五行理论将人的体质分为金、木、水、火、土五种类型,并认为金形人肤色稍白,木形人肤色稍青,水形人肤色稍黑,火形人肤色稍红,土形人肤色稍黄,这些都是主色。另外,由于地区、工作条件等原因造成面色或白或黑或黄或青等等,只要终生不变,都称为主色。

2) 客色:是指因季节、气候不同而发生正常变化的面色。人与自然是相应的,面色随外界环境不同而相应地产生变化,故称为客色。按五行理论,春季可面色稍青,夏季可面色稍赤,长夏季节可面色稍黄,秋季可面色稍白,冬季可面色稍黑,四季面色皆当黄。又天热时面色可稍赤,是因脉络扩张,气血充盈所致;天寒时面色可稍白或稍青,是因脉络收缩,血行减少而迟滞所致。

此外,人的面色也可因年龄、饮食、起居、情绪、剧烈运动、水土影响等而发生变化,这些都在生理变化范围之内,只要明润含蓄,均非病色。

(2) 病色

病色是指因病而发生异常改变的面色。病色的特点是晦暗、显露。晦暗,即面部皮肤枯槁发暗而无光泽,是脏腑精气虚衰、胃气不能上荣的表现。显露,即某种面色异常明显地显露于外,是病色外现或真脏色外露的表现。如血虚证面色淡白无华即为病色外现;心病面赤显露,枯槁晦暗即为真脏色外露。故病色不仅与相应脏腑的病变有关,而且反映了病邪的性质。

随病情轻重不同,光泽也有不同变化,一般而言,新病、轻病、阳证面色鲜明显露但尚有光泽,而久病、重病、阴证则面色显露与晦暗并见。故病色又有善色和恶色之分。

病 色 交 错

病与色也有相应与不相应之分,病色相应为正病正色,若反见它色,病与色不相应,称为病色交错。病色交错之中,又有相生相克的善恶关系,相生为顺,病情多不严重;想克为逆,证多凶险。例如肝病见青色为相应,是疾病的正常现象(相应);若见黑色(水生木)或赤色(木生火),是不相应中的相生之色,属顺证;若见黄色(木克土)或白色(金克木),是不相应中的相克之色,属逆证。余脏仿此。但在临床上要灵活应用,不可拘泥于此而过于机械。

链接

1) 善色:即面色光明润泽。说明虽病而脏腑精气未衰,胃气尚能上荣于面,称为“气至”。多预后较好,易于治疗,故称善色。如阳黄的面黄鲜明如橘皮色即为善色。

2) 恶色:即面色枯槁晦暗。说明脏腑精气已衰,胃气已竭,不能荣润于面,称为“气不至”。多预后较差,不易治疗,故称恶色。如脾病面黄显露、晦暗枯槁即为恶色。

2.1.2.4 望色的注意事项

(1) 注意病色与常色的比较

望色时须把患者的面色(或肤色等)与其所处人群的常色作比较来加以判断。患者某一局部的色泽改变,还可与其自身对应部位的正常肤色进行比较。当病情复杂时,则须观察患者体表其他部位组织(如舌体)的色泽,并结合其他诊法进行诊断。

(2) 注意整体与部分相结合

患者的面部有时有相兼的颜色出现,相兼之色可分见于不同部位,也可浑然一体。根据相兼之色的五行关系来分析,相生为顺,病情多不严重;相克为逆,证多凶险。如白色兼黑、兼黄为相生之色,兼青、兼赤为相克之色。

(3) 注意面部色泽的动态变化

在疾病过程中,患者的面部色泽会随着病情的变化,发生相应的改变。因此,从面部色泽的动态变化,可以推测疾病的发展和转归。

(4) 注意非疾病因素对面色的影响

望色诊病时还要注意排除非疾病因素的干扰,面部色泽除可因疾病发生异常改变外,还可因气候(详见“客色”)、光线、昼夜、情绪、饮酒、饥饱等的影响而发生变化。

1) 光线:有色光线可使面色发生相应的色调改变而失其本来面色,故望色诊病时应在充足的自然光线(日光)下进行,如无自然光线也应在无色灯光下进行。并应避免周围环境有色物体的透光和反光。

2) 昼夜:昼则气行于阳,色当光辉而外映;夜则气行于阴,色当明润而内含。

望色十法

清代医家汪宏提出“望色十法”，即浮、沉、清、浊、微、甚、散、抟、泽、夭。分别用以判断疾病的表、里、阴、阳、虚、实、新、久、轻、重(见《望诊遵经》)。

1) 浮沉：浮是指色泽显于皮肤之表，主表证；沉是指色泽沉隐于皮肤之内，主里证。面色由浮转沉，是病由表入里；由沉转浮，是病自里出表。如果久病、重病反见两颧浮红，是虚阳浮越的表现，提示病情危重。

2) 清浊：清是指面色清明洁润，主阳证；浊是面色晦暗混浊，主阴证。面色由清转浊，是病由阳转阴；由浊转清，是病由阴转阳。

3) 微甚：微是指颜色浅淡，为正气不足，主虚证；甚是指颜色深浓，为邪气盛实，主实证。面色由微转甚，是病因虚致实；由甚转微，是病由实转虚。

4) 散抟：散是指色疏散而展开，主新病，或病邪将解；抟是指色壅滞于局部，主久病，或病邪渐聚，面色由抟转散，是病虽久而邪将解；由散转抟，是病虽近而邪渐聚。

5) 泽夭：泽是指面色明润光泽，主精气未衰，病轻易治；夭是指气色枯槁，缺少光泽，主精气已衰，病重难医。面色由泽转夭，是精气已衰，病趋重危；由夭转泽，是精气来复，病有生机。

链接

3) 情绪：喜则神气发扬而面赤，怒则肝气横逆而面青，忧则气并于中而色沉，思则气结于脾而面黄，悲则气消于内而泽减，恐则精神荡惮而面白。

4) 饮酒、饥饱：饮酒者，面红目赤；饱食者，胃气充盈，则面色润泽；饥饿者，胃气消减，则面色泽减而萎黄。

2.1.2.5 五色主病

病色可分为白、黄、赤、青、黑五种，此五色诊法是根据五行学说，按五脏配五行相应五色而来，即从面部的五色变化可推知病变脏腑和病邪的性质。其具体表现和主病如下：

(1) 白色

白色内应于肺，为手太阴肺经之本色。主虚证、寒证、脱血、夺气。白为气血不荣之候。凡阳气虚衰，气血运行无力，不能上荣于面；或失血耗气，血脉不充；或暴吐暴下、阳气暴脱；或外寒侵袭、经脉收引等，皆可致面色发白。

面色淡白无华，唇舌、爪甲均无血色，称为淡白，多属血虚证或失血证。

面色白而虚浮，称㿠白，多为阳气不足，水湿泛滥。

面色白中带青，称为苍白，如伴见形寒腹痛，多为外感寒邪，或阳虚阴盛，阴寒凝滞，经脉拘急；若急性病突然面色苍白，大汗淋漓，四肢厥冷，常为阳气暴脱的征候。

(2) 黄色

黄色内应于脾，为足太阴脾经之本色。主脾虚、湿证。患者面色发黄，多由脾失健运，气血不充；或脾虚运化失司，水湿停滞；或水湿蕴结脾胃，熏蒸肝胆；或胆汁瘀积肝胆；或感受疫毒等所致。

面色淡黄，枯槁不泽，肌肤失荣，形肉瘦弱者，称为萎黄，多因脾胃气虚，长期慢性失血，小儿疳积，虫证等，致营血不能上荣所致。

面色黄而虚浮者，称为黄胖，属脾虚湿蕴。是因脾运不健，机体失养，水湿内停，泛溢肌肤所致。

面目肌肤一身俱黄者，称为黄疸，是由胆液不循常道，外溢肌肤所致。其中面黄鲜明如橘皮色者,属阳黄,乃肝胆湿热熏蒸所致;面黄晦暗如烟熏色者,属阴黄,多由寒湿内停,困遏脾阳或瘀阻日久而成。

(3) 赤色

赤色内应于心,为手少阴心经之本色。主热证,亦可见于戴阳证。患者面见赤色,多因有热而面部脉络扩张,气血充盈所致,但亦可见于虚阳上越的患者。

满面通红者,为赤甚,属实热证,是因邪热亢盛,血行加速,面部脉络扩张,气血充盈所致。

午后两颧潮红者,属阴虚证,是因阴虚阳亢,虚火炎上所致。可见于肺痨等患者。

久病重病面色苍白,却时而颧颊泛红如妆、游移不定,伴呼吸短促,汗出肢冷,脉微欲绝,为阴盛格阳,虚阳浮越的戴阳证,是因久病脏腑精气衰竭,阴不敛阳,虚阳上越所致,属真寒假热的危重征象。

(4) 青色

青色内应于肝,为足厥阴肝经之本色,主寒证、疼痛、气滞、血瘀、惊风。患者面见青色,多由寒凝气滞,或痛则不通,或瘀血内阻,或筋脉拘急,使面部气血运行不畅,经脉瘀阻所致。

面色淡青或青黑者,属寒盛、痛剧。多因阴寒内盛,或痛则不通,使面部脉络拘急,气血凝滞所致。可见于阴寒腹痛等患者。

面色与口唇青紫者,多属心气、心阳虚衰,心血瘀阻,或肺气闭塞,呼吸不利所致。若突见面色口唇青紫,甚则青灰,肢凉脉微,则多为心阳暴脱,心血瘀阻的真心痛发作。

肝胆证候,面上常出现青色。面色青黄(即面色青黄相间,又称苍黄)者,可见于肝郁脾虚的病人,多伴见胁下癥积作痛;面青赤而晦暗,多为肝郁化火;面青目赤,多为肝火上炎。

此外,小儿惊风或欲作惊风,多在眉间、鼻柱、唇周显现青色,多因邪热亢盛,燔灼筋脉,筋脉拘急,而使面部脉络血行瘀阻所致,可见于高热抽搐患儿。

(5) 黑色

黑色内应于肾,为足少阴肾经之本色。主肾虚、寒证、水饮、血瘀。肾为水脏,黑为阴寒水盛之色,肾阳虚衰,水饮不化,阴寒内盛,血失温养,经脉拘急,气血不畅,均可见患者面色发黑。

面色黑而暗淡者,多属肾阳虚。因阳虚火衰,水寒不化,血失温煦所致。

面色黑而干焦者,多属肾阴虚。因肾精久耗,阴虚火旺,虚火灼阴,机体失养所致。

眼眶周围见黑色者,多见于肾虚水泛的水饮病,或寒湿下注的带下证。

面色黧黑,肌肤甲错者,多由血瘀日久所致。

面部黑褐斑,常见于老年人肾精虚衰,也可见于血瘀、肝郁气滞、阴虚火旺等病证。

2.1.3 望 形 体

望形体是通过观察患者形体的强弱胖瘦、体质形态和异常表现等来诊察病情的方法。望形体对于辨病和辨证也有重要意义,历代医家对此都很重视。望形体主要观察形体的强弱、胖瘦及体质形态。

2.1.3.1 形体强弱

观察形体强弱,对判断疾病的预后与转归有重要价值。

体强:即身体强壮。如骨骼粗大,胸廓宽厚,肌肉充实,皮肤润泽等是强壮的表现。同时精力充沛,食欲旺盛。说明体魄强壮,内脏坚实,气血旺盛,抗病力强,虽病亦多实证,预后较好。

体弱:即身体衰弱。如骨骼细小,胸廓狭窄,肌肉瘦削,皮肤枯燥等是体弱的表现。同时精神不振,食少乏力。说明体质衰弱,内脏脆弱,气血不足,抗病力弱,有病亦多虚证,预后较差。

2.1.3.2 形体胖瘦

正常人形体不胖不瘦,各部组织匀称。过于肥胖或过于消瘦都可能是病理状态。观察形体胖瘦时,应注意将形体的外在表现与内在精气的盛衰(主要表现为脏腑功能的强弱)相结合,即把形与气两者综合起来进行判断,形与气两者比较而言,气的强弱比形体胖瘦具有更重要的意义。

胖而能食,肌肉结实,神旺有力者,为形气有余。多属精气充足,身体健康的表现。

胖而食少,肌肉松弛,神疲乏力者,为形盛气虚。多属脾胃虚弱、痰湿内盛的表现,易患痰饮、中风等病,此即《医门法律》所谓"肥人湿多"。

瘦而能食,肌肉结实,神旺有力者,亦为健康的表现。体瘦颧红,皮肤焦干者,为形瘦阴虚。多属阴血不足、内有虚火的表现,易患肺痨等病,此即《医门法律》所谓"瘦人火多"。

久病卧床不起,骨瘦如柴,肌肉削脱者,为脏腑精气衰竭,气液干枯,是无神之危候。此即《内经》所谓"大骨枯槁,大肉陷下"。

2.1.3.3 体质形态

一般主张将人的体质分为阴脏人、阳脏人、阴阳平和之人三种类型。

(1) 阴脏人

体型偏于矮胖,头圆颈粗、肩宽胸厚,身体姿势多后仰,平时喜热恶凉,大便多溏。其特点是阳较弱而阴偏旺,患病后易从阴而化寒,导致寒湿内停。

(2) 阳脏人

体型偏于瘦长,头长颈细,肩窄胸平,身体姿势多前屈,平时喜凉恶热,大便多燥。其特点是阴较弱而阳偏旺,患病后易从阳而化热,导致伤阴伤津。

(3) 阴阳平和之人

阴阳平和之人又称平脏之人。体质介于前两者之间。其特点是阴阳平衡,气血调匀,得其中正。在平时无寒热喜恶之偏、大便不燥不溏。这是大多数人的体质类型。

此外,望形体的内容还包括对各种形体畸形的观察,其具体内容详见局部望诊。

2.1.4 望　姿　态

望姿态是观察患者的动静姿态和异常动作来诊察病情的方法。

2.1.4.1 动静姿态

正常的姿态是举止得体,运动自如,动作协调,体态自然,反应灵敏。心神或皮肉筋骨脉等组织的病变,可促使肢体动静失调,或不能运动,或处于强迫被动体位。凡动者、强者、仰者、伸者,多属阳证、热证、实证,为病在表;静者、弱者、俯者、屈者,多属阴证、寒证、虚证,为病在里。

从坐姿看,坐而喜仰,喘粗痰多者,多属肺实气逆;坐而喜俯,少气懒言者,多属肺虚体弱。

从卧式看,若卧而袒露,面常向外,躁动不安,身轻自能转侧者,多属阳证、热证、实证;卧而蜷曲，面常向里，喜静懒动，身重不能转侧者，多属阴证、寒证、虚证。

仰卧伸足，掀去衣被者，多属实热证；隐卧缩足，蜷曲成团，喜加衣被者，多属虚寒证或有剧痛。

同时还可根据患者因疾病而出现的强迫体位和因疼痛而出现的特殊姿态，对疾病进行诊断。如患者但坐不得卧，卧则气逆者，多属咳喘，或饮停胸中；但卧不得坐，坐则昏眩者，多属气血大虚，或脱血夺气。此即强迫体位。又如痛证患者亦多有特殊的姿态，即所谓"护处必痛"。腰痛多以手护腰，弯腰曲背，转动困难；腹痛多以手护腹，甚至走动时俯身前倾；真心痛表现为活动时突然停止，以手护胸，伴口唇青紫。

望姿态时，还可根据病情不同，嘱患者做某些必要的动作和体位改变，以便使某些在自然体位时不易觉察的病理姿态显露，从而明确诊断。

2.1.4.2 异常动作

某些特殊的疾病可产生不同的病态，观察患者肢体的某些异常动作有助于诊断相应的疾病。

四肢抽搐、拘挛，项背强直，角弓反张者，属于痉病，在热性病多见于热极生风，温病热入营血之证；若小儿四肢抽搐，身体振动，两目上视，眉间青紫，时发惊叫，是为惊风证；此外，破伤风、痫证、狂犬病等，亦可动风发痉。四肢或全身震颤，手如索物，头独动摇，是为肝肾阴虚，肝风内动之象。恶寒战栗，常见于疟疾发作，或为外寒袭表，或为伤寒病，邪正剧争欲作战汗之时。如患者眼面、唇、指、趾及四肢颤动者，见于急性外感热病，多为动风先兆；见于久病内伤虚证多为气血不足筋脉失养。

2.2 局部望诊

局部望诊是在全身望诊的基础上，再根据诊断疾病的需要，对患者的某些局部表现进行深入、细致的观察，进一步了解病情，补充全身望诊的不足，有利于诊察局部和全身的病变。

局部望诊的内容包括望头面、五官、躯体、四肢、二阴、皮肤等。

2.2.1 望 头 面

2.2.1.1 望头部

头为精明之府，内藏脑髓，与脊髓相通。脑为元神之府，又为髓之海，为肾所主，肾之华在发，发又为血之余。并且十二经脉和奇经八脉，都与头部有直接或间接的联系。故望头部的情况，主要可以诊察肾、脑的病变和脏腑精气的盛衰。望诊时应注意观察头颅、囟门的形态变化、头发的形色变化和头部动态的异常。

(1) 头形

小儿头颅均匀增大，颅缝开裂，面部相对缩小，智力低下者，多属先天肾精亏损，水液停聚于脑所致，常见于先天性脑积水。

小儿头颅狭小，头顶部尖突高起，颅缝过早闭合，智力低下者，多因肾精不足，颅骨发育不良所致，亦可因产程过长，颅脑损伤所致。

小儿前额左右突出，头顶部扁平而呈方形者，亦是先天肾精不足或后天脾胃虚弱导致的颅骨发育不良,可见于佝偻病、先天性梅毒等患儿。

头颅的大小

头颅的大小应以头围来衡量(测量时以软尺自眉间绕到颅后通过枕骨粗隆),头围在发育阶段的变化为:新生儿约为 34cm,出生后的前半年增加 8cm,后半年增加 3cm,第二年增加 2cm,第三、四年内约增加 1.5cm,4~10 岁共增约 1.5cm,到 18 岁可达 53cm 或以上,以后无变化。

链接

(2) 囟门

囟门是婴幼儿颅骨接合不紧所形成的骨间隙,有前囟、后囟之分。前囟位于前顶,呈菱形,约在出生后 12~18 个月时闭合,是临床检查的主要部位。后囟位于枕上,呈三角形,约在出生后 2~4 个月时闭合。

囟门高突,称为囟填。多属实证,为温病火邪上攻,或颅内水停血瘀所致。但在小儿哭泣时囟门稍有突起为正常。

囟门凹陷,称为囟陷。多属虚证,可见于吐泻伤津、气血不足和先天精气不足、脑髓失充的患儿。但 6 个月以内的婴儿囟门微陷属正常。

囟门迟闭,称为解颅,是肾气不足、发育不良的表现,多见于佝偻病患儿。

(3) 动态

不论成人或儿童,头摇不能自主者,多为风证。

(4) 头发

头发的色泽、形态、疏密等变化与肾气和精血的盛衰关系密切。

发黄稀疏,干枯易落者,为精血不足,可见于大病后和虚损患者。

头发突然成片脱落,而头皮平滑光亮,称为斑秃,多为血虚受风所致,也可因忧虑、紧张等精神刺激,致气滞火郁,血热生风而成。

小儿发结如穗,枯黄不泽,可见于脾胃失调的疳积病,常伴有面黄肌瘦、脘腹膨胀、大便溏或干结的表现。

2.2.1.2 望面部

(1) 面肿

面部浮肿,按之凹陷不能即起的,多见于水肿病,乃因水湿上泛之故。水肿有阴水与阳水之分,其中眼睑颜面先肿,发病较速者为阳水,多由外感风邪、肺失宣降所致;面色㿠白,发病缓慢,先从下肢、腹部肿起者,属阴水,多由脾肾阳衰,水湿泛溢所致。若头面皮肤潮红肿胀,色如涂丹,压之退色,伴疼痛,是抱头火丹,多由火毒上攻所致。头肿大如斗,目不能开,是大头瘟,由天行时疫,毒火上攻所致。

(2) 腮肿

一侧或两侧腮部以耳垂为中心肿起,边缘不清,按之有柔韧感或压痛,伴发热面赤,咽喉肿痛者,称为痄腮。为外感温热毒邪所致,多见于儿童,属传染病。

(3) 面削颧耸

面削颧耸又称为面脱。即面部肌肉消瘦,两颧高耸,眼窝、颊部凹陷,每与"大骨枯槁,大肉陷下"并见。属体内精血极度消耗的表现,多见于各种慢性病的重危阶段,亡阳虚脱时,也可见此症。

(4) 口眼㖞斜

口眼㖞斜,不能闭合,多属中风病。若单见一侧口眼㖞斜而无半身瘫痪,兼见患侧面肌松弛,额纹消失,口眼不能闭合,言语不利,鼻唇沟变浅,口角下垂,向健侧㖞斜者,为风邪中络,其病较轻;若口角㖞斜兼半身不遂,神志不清者,是风中脏腑,其病较重。

白睛发蓝

有人观察发现,蓝色巩膜是诊断缺铁性贫血的敏感体征。在贫血早期,很多在皮肤黏膜无明显改变时,患者已有巩膜发蓝现象。青岛市于1988年的普查结果也表明,蓝色巩膜对发现缺铁性贫血患者,有高度敏感性。在普查的161名儿童中,发现有41名蓝色巩膜者,后经实验室检查证实,其中的40名(97.6%)的三项血液学结果偏离了正常值范围。

链接

(5) 特殊面容

较常见者如"惊恐貌",即患者面部表情惊恐,多见于小儿惊风、狂犬病和瘿瘅等患者。"苦笑貌",即由于面肌痉挛所呈现的痉笑面容,多见于新生儿脐风、破伤风等患者。"狮面",即面部出现凸凹不平的肿块突起,眉发脱落,状如狮面,可见于麻风患者。

2.2.2 望五官

2.2.2.1 望目

目与五脏六腑都有密切联系,目为肝之窍,心之使,五脏六腑之精气皆上注于目而为之精,察目可测知内在脏腑的变化,甚至对某些疾病的诊断具有"见微知著"的意义,故后世医家都很重视望目。

(1) 色泽

五轮学说

目分为五轮:瞳仁属肾,称为"水轮";黑睛属肝,称为"风轮";两眦血络属心,称为"血轮";白睛属肺,称为"气轮";眼睑属脾,称为"肉轮"(图2-3)。并认为观察五轮的形色变化可以诊察相应脏腑的变化,此即"五轮"学说。

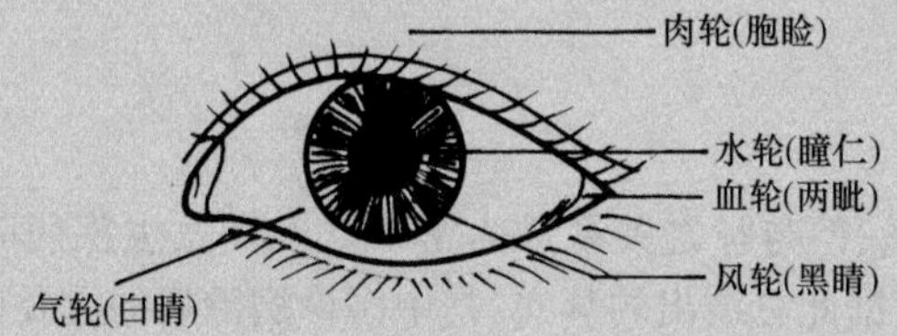

图2-3 五轮部位与五脏分布图

链接

正常人眼睑内与两眦红润;白睛表层光泽透明,里层色白而坚韧;黑睛褐色或棕色,其异常改变主要有:

1）目赤：多属实热证。如目眦红赤多为心火，白睛红赤多为外感风热或肺火上炎，睑缘赤烂为脾有湿热，全目赤肿为肝经风热上攻。

2）白睛发黄：为黄疸之征，在皮肤黄疸轻微不易发现时，望白睛可早期发现黄疸，多由湿热或寒湿内蕴，肝胆疏泄失常，胆汁外溢所致。黄疸的黄色均匀而无隆起，在眼球周围明显，愈近黑睛愈浅。中年以上人的球结膜脂肪沉着亦为黄色，但为稍隆起的淡黄色斑块，在睑裂部最明显，应与黄疸相鉴别。

3）目眦色白：多为气血亏虚。常兼见面、唇、舌淡白无华，是血少不荣所致。

4）目胞色黑晦暗：多属肾虚水泛，亦可见于寒湿下注的带下病。

（2）形态

1）目胞浮肿：为水肿病初起之象。但健康人低枕睡眠后一时性胞睑微肿不属病态。

2）眼窝凹陷：多为伤津耗血之象，如吐泻之后，眼窝突然凹陷，是诊断早期伤津的一个指征。

3）眼球突出：眼球突出兼喘促气急者，属肺胀。若眼球突出，不痛不痒，伴颈部肿大者，为瘿病。单眼突出，多属恶候。

4）针眼、眼丹：睑缘肿起小结节如麦粒，微痛微痒者，名为针眼；胞睑漫肿，红肿较重者，名为眼丹。两者皆为风热相搏或脾胃积热所致。

（3）动态

正常人瞳孔圆形，双侧等大，直径约为3～4mm，对光反应灵敏，眼球运动随意、灵活。其异常改变主要有：

1）瞳仁缩小：多属肝胆火旺，或虚火上扰，或为中毒所致（如川乌、草乌、毒蕈、有机磷农药中毒等）。

2）瞳仁散大：多属肾精耗竭，见于危重患者，是濒死前的一个征象。两侧瞳仁完全散大，是临床死亡的标志之一。如两侧瞳仁不等大，多由脑内生瘤、中风或颅外伤等引起。此外，瞳仁变色变形，影响视力，为内障患者。

3）戴眼反折：即患者目翻上视，其下露出白睛，或双目上视，不能转动，常见于惊风、痉厥，或危重病人。

4）瞪目直视：即患者两眼固定不移，瞪目前视，多伴有神志昏迷，为脏腑精气将绝，属险证。

5）横目斜视：是肝风内动的表现（先天者例外）。

6）昏睡露睛：是脾虚清阳不升，胞睑失养，启闭失职所致。多见于小儿脾胃虚弱或小儿慢脾风。

7）胞睑下垂：又称睑废。双睑下垂，多为先天性睑废，属先天不足，脾肾双亏；单睑下垂，或双睑下垂不一，多为后天性睑废，因脾气虚衰或外伤所致。

2.2.2.2 望耳

耳与全身均有密切联系，但与肾之关系最为密切。人体发生疾病时，常会在耳郭的相应部位出现“阳性反应点”，后世据此总结出的耳穴，是中医诊病治病的重要内容。

（1）色泽

耳郭色泽红润，提示气血充盛。耳郭色白，属气血失养，多见于急性大出血或卒受风寒。耳郭红肿，多为肝胆湿热或热毒上攻。耳郭青黑，可见于阴寒内盛或有剧痛的患者。耳郭干枯焦黑，为肾精亏极之征，可见于温病后期耗伤肾阴及下消等患者。小儿耳背出现红络，伴耳根发凉，多为麻疹先兆。

耳与长寿

贝润浦报道对50名80岁以上长寿老人耳郭视诊的观察结果,发现长寿老人耳郭长、耳垂大。据其测量,80岁以上老人,耳郭的长度皆在7cm以上(一般人为5~8cm),有的甚至达到8.5cm;80岁以上老人耳垂长度都在1.8cm以上(一般人为1~2.5cm),有的竟达3.2cm。有的老人甚至自觉60岁以后耳郭及其垂有逐渐增长的趋势,足见耳郭与耳垂对寿夭有一定关系。

链接

(2) 形态

正常人耳郭厚而润泽,是肾气充盛的表现。

耳郭瘦薄,是肾气不足之征。耳郭干枯萎缩,是肾精竭绝之危候。耳郭皮肤甲错,又称"耳轮甲错",由久病血瘀所致。

(3) 耳内病变

耳内流出脓水,称为脓耳。多由肝胆湿热、风热火毒上攻,或肾阴亏虚、虚火上炎所致。

2.2.2.3 望鼻

望鼻不仅可以诊察鼻窍本身的病变,还可测知内在脏腑的阴阳、寒热、虚实、瘀血、水气等病理变化,及病情的轻重和预后。

(1) 色泽

鼻色明润,是胃气上荣的表现,是无病或病轻将愈之征;鼻端晦暗枯槁,为脾胃气衰,属病重;鼻端色青,多为腹中痛,若兼鼻端发凉,则病情更为严重;鼻色黄,多为湿热;鼻端色白,多属气血双亏;鼻端色赤,多属肺、脾实热;鼻端色微黑,是肾虚水气内停;鼻孔干燥而色黑如煤烟者,多因高热日久,热毒熏蒸所致。

(2) 形态

鼻红肿者,为邪热盛;陷下者,多正气虚。鼻端色红伴丘疹者,为"酒糟鼻",多血热壅肺所致。鼻柱溃陷,多见于梅毒病。鼻柱崩塌,眉毛脱落,多见于麻风病。小儿鼻柱凹陷呈马鞍状,眉间宽,眼裂小而弄舌,是由先天不足所致。喘而鼻翼煽动,实则为邪热壅肺,虚则为肺肾气虚。

(3) 鼻内病变

鼻塞流清涕者,多属外感风寒;鼻塞流黄涕者,多属外感风热;若久流浊涕,其味腥臭者,称为鼻渊,为外感风热或肝胆脾胃蕴热上攻所致。

鼻中流血,称为"鼻衄"。伴发热恶寒者,多因风热壅肺。出血量多,色深红而质稠,多因肝火犯肺,胃火炽盛。出血量少,色淡质稀,多因脾不统血。

2.2.2.4 望口与唇

脾开窍于口,其华在唇,手足阳明经环绕口唇,故望口与唇的色泽、形态、动态变化,可以诊察脾胃的病变。

(1) 色泽

唇部色诊与面部色诊基本相同,但因唇黏膜薄而透明,其色泽变化比面色更易于观察。

唇色红润,是正常人的表现,说明脾胃调和,气血充足。

唇色淡者,多属虚证、寒证;唇色深者,多属实证、热证。如唇色淡白为血虚证、失血证;唇色淡红为虚寒证;唇色深红为实热证;唇色嫩红为虚热证。若红肿而干者,多属热极。若口唇呈樱桃红色，多见于煤气中毒。口唇青紫，多属血瘀证，可见于心气、心阳虚衰和严重呼吸困难的患者。口唇青黑，多属寒盛、痛极，是因寒盛血脉凝涩，或痛极血络瘀阻所致。

> 在唇系带的周围，靠近弯窿的黏膜上有圆形、大头针大小、微突出黏膜面、色透明、基底部稍红的粟疹者，称为蛔虫斑，据此可诊断小儿蛔虫病，其阳性符合率达 96%。
>
> 链接

(2) 形态

口唇干裂，甚至裂口渗血，为津液耗伤，多属燥热伤津或阴津不足。

口角流涎，见于小儿多属脾虚湿盛，见于成人多为中风口歪，不能收摄。

口唇糜烂，多为脾胃积热上蒸，热邪灼伤唇部所致。

口腔糜烂，即唇内生白色小疱，溃后呈白色或淡黄色溃疡，周围红肿灼痛，称为口疮；若满口糜烂则称为口糜，由心脾积热上蒸所致。小儿口腔、舌上糜烂，白斑满布，称为鹅口疮，多因心脾二经积热上蒸或胎中伏热蕴积心脾所致。

(3) 动态

“口形六态”，是口部外形的六种变化，为望口要点。

1) 口张：即口开而不闭，属虚证。

2) 口噤：即口闭而难以张开，牙关紧急，属实证。多因肝风内动，筋脉拘急所致。

3) 口撮：即上下口唇紧聚，为邪正交争所致，见于破伤风，在新生儿则多见于脐风，表现为撮口不能吮乳。

4) 口僻：即口角呈或左或右的㖞斜之状。见于中风患者，多为风痰阻络所致。

5) 口振：即口唇上下振摇，战栗鼓颔。多为阳衰寒盛或邪正剧争所致，可见于伤寒欲作战汗或疟疾发作。

> **人中与子宫**
>
> 从人体发生学角度来看，人中与子宫在发生学方面有一定的联系。因中肾旁管形成的时期，恰好是上唇（人中）形成的时期（胚胎生长的第 6~7 周），如果此时期胚胎受到某种因素的影响，则中肾旁管的形成和上唇的形成，均可遭受同一因素的影响而产生形态上的同步变异。因此说，观察人中的改变可以反映男女泌尿系统及生殖系统的状况。
>
> 链接

6) 口动：即口开合频繁，不能自禁。是胃气将绝之候。若口角掣动不止，则为热极生风或脾虚生风之象。

2.2.2.5 望齿与龈

望齿与龈的润燥荣枯及形态和色泽的变化，可测知肾阴胃津的情况。

(1) 望齿

正常人牙齿洁白润泽而坚固，说明津液充足、肾气充盛。其异常表现有：

1) 形色异常：牙齿干燥，多见于温病，为热盛伤津之象。牙齿光燥如石，为阳明胃肠积热，津液大伤。牙齿燥如枯骨，多为肾阴枯竭、不能上荣的表现，可见于温热病的晚期，属病重。

2) 动态异常：牙关紧急难开者，多属风痰阻络或热盛动风。病中咬牙龂齿者，多为肝风内动。睡中龂齿者，小儿多为积滞或虫积所致，成人多因肝脾气结，痰火内扰。

(2) 望龈

正常人齿龈淡红而润泽,固护牙根,是胃气充足,气血调匀的表现。

齿龈淡白,为血虚不能充养所致。齿龈红肿疼痛,为外感风热邪毒或胃火上炎所致。龈肉萎缩色淡者,多属肾气亏乏或胃阴不足。齿龈缝间渗出血液,称为齿衄,兼见齿龈红肿疼痛,且血色鲜红者,为胃火上炎,灼伤龈络;若兼见齿龈不痛不红微肿者,多为脾气虚血失统摄,或肾阴虚,虚火上炎。齿龈溃烂,流腐臭血水,甚则唇腐齿落,称为牙疳,多由胃肠积热,热毒壅滞所致。

2.2.2.6 望咽喉

望咽喉非常重要,尤其对于肺、胃、肾病变的诊断更有价值。望诊时应注意观察其色泽形态变化和有无脓点、假膜等。咽喉部的正常状态是:色泽淡红润泽,不肿不痛,呼吸、发音、吞咽,皆畅通无阻。

(1) 红肿

咽喉部深红、肿痛明显者,属实热证,多属肺胃积热所致。咽喉部红色娇嫩,肿痛不甚者,属虚热证,多由肾阴亏虚、虚火上炎所致。

(2) 部位形态

咽部一侧或两侧喉核红肿疼痛,甚则溃烂有黄白色脓点,脓汁拭之易去者,为乳蛾。属肺胃热盛、热毒熏蒸,热灼肉腐所致。

咽部有灰白色假膜,拭之不去,重擦出血,很快复生者,为白喉,是外染疫毒所致,多见于儿童,属烈性传染病,且极易疫毒内陷。

2.2.3 望 躯 体

望躯体的内容包括望颈项、胸胁、腹部和腰背部。

2.2.3.1 望颈项

(1) 外形

正常人的颈项端正挺直,两侧对称,转摇自如,俯仰轻松。

其异常表现主要有:颈前结喉处有肿块突起,或大或小,或单侧或双侧,可随吞咽而上下移动者,称为“瘿瘤”。多因肝郁气结痰凝所致,或与地方水土缺碘有关。颈侧颌下有肿块如豆,累累如串珠者,称为“瘰疬”。多由肺肾阴虚,虚火灼津,结成痰核,或外感风热,夹痰结于颈部所致。

(2) 动态

正常人的颈项转侧俯仰自如,其异常改变主要有:

1) 项强:即项部拘紧或强硬,不能前俯及左右转动,主邪气实。如头项强痛伴恶寒发热,是风寒侵袭太阳经脉、经气不利所致。若项部强直拘急,兼高热头痛,神昏抽搐者,则属温病火邪上攻,或脑髓有病。如睡眠后项强,称为“落枕”,多由睡姿不当引起。此外,本症还可见于中风、痉病、痫证等。

2) 项软:即颈项软弱无力,甚至头垂不能举,主虚证。小儿项软,为“五软”之一,属先天不足,肾精亏损,骨骼发育不良。若病后项软,多为气血亏损;若久病项软头重,是肾气亏竭的表现。

2.2.3.2 望胸胁

(1) 外形

正常人的胸廓呈扁圆柱形，外形左右对称，呼吸时活动自如、均匀，前后径短于左右径，两者之比约为 1∶1.5，小儿和老人则左右径略大于前后径或相等。常见的胸廓变形有：

1) 胸廓扁平：又称“扁平胸”，即胸廓较正常人扁，前后径短于左右径的一半，可见颈部细长，肩背薄，肋骨极度下倾，锁骨显著突出，锁骨上窝下陷明显。属形瘦阴虚体质，多为体虚营养不良，或见于久咳肺肾阴虚或气阴两虚的肺痨患者。

2) 胸廓膨隆：又称“桶状胸”，即胸廓较正常人圆，前后径增大，呈圆桶状，肋骨抬高，肋间隙增宽，两肩高耸，颈部变短，呈深吸气的姿势，是肺胀的重要体征。多为久病咳喘，肺气不宣所致。

3) 鸡胸：即胸骨下部明显前突，胸廓前后径增大，左右径变短，肋骨侧壁凹陷，形似鸡胸，多为小儿先天不足或后天失养，肾之精气亏损；或在小儿肋骨稚嫩，尚易弯曲时，久病喘咳所致。

4) 肋如串珠：即肋骨与软骨连接处有串珠状的隆起。多见于肾气不足，发育不良的佝偻病患儿。

(2) 呼吸

正常人呼吸均匀，节律整齐，胸廓起伏左右对称，均匀轻松。呼吸急促，胸廓起伏显著者，多属实热证。呼吸微弱，胸廓起伏不显者，多属虚寒证。

2.2.3.3 望腹部

望诊时应注意观察腹部的外形、紧张度、皮肤色泽、性质，如是否对称，有无隆起、凹陷、青筋暴露，有无黄疸、皮疹、水肿、瘀斑等以及脐的异常情况等。正常人仰卧时腹部平坦对称，皮肤光洁润泽，青筋不露，中间稍凹陷，两旁略高，直立时腹部可稍隆起，约与胸平齐。其异常表现主要有：

(1) 腹部膨隆

腹部膨隆即仰卧时前腹壁明显高于胸骨至耻骨中点连线。若单腹膨胀，四肢消瘦者，多属鼓胀病，为肝郁脾虚，水饮瘀血内停所致。若腹部胀大，周身皆肿者，多属水肿病，为肺脾肾三脏功能失调、水湿泛溢肌肤所致。腹部局限性膨隆，以手触之表面不平，质硬者，多为积聚患者，多由瘀血停积引起。

(2) 腹部凹陷

腹部凹陷即仰卧时前腹壁明显低于胸骨至耻骨中点连线。若腹部凹陷，形体消瘦，多属脾胃虚弱，气血不足，可见于久病脾胃气虚、机体失养，或新病伤津脱液的患者。若腹壁瘦薄，腹皮甲错，甚至深凹着脊，脐周搏动明显可见，多见于严重消瘦，急剧伤津脱液，或久病脏腑精气极度耗竭的患者，属病危。

(3) 腹壁青筋暴露

患者腹大坚满，腹部出现青紫色的脉络怒张，多属气滞血瘀。因肝郁气滞、脾虚湿阻日久，导致血行不畅，血液瘀滞所致。可见于鼓胀病的重证。

2.2.3.4 望腰背部

(1) 脊柱过度后弯

多表现为胸椎后突增加，致使前胸塌陷，背高后突，形如龟背，称为“龟背”或“驼背”。多见于佝偻病、风湿热痹及骨痨等,亦可见于老年人。若久病之人脏腑精气虚衰,后背弯曲,两肩下垂,称为“背曲肩随”。

(2) 脊柱侧弯

脊柱侧弯即脊柱离开正中线向左或右偏曲,多由小儿发育期坐姿不良所致,亦可见于佝偻病、小儿麻痹症及一侧胸部有病的患者。

(3) 脊疳

脊疳即患者背部肌肉极度消瘦,以致脊骨显露如锯齿状。此症见于疳证后期,常因脾胃虚损,生化乏源,脊背失养而致。

(4) 角弓反张

角弓反张即腰背向后弯曲,反折如弓状,可兼见头项强直,四肢抽搐,为肝风内动、筋脉拘急之象,多见于破伤风或痉证。

(5) 腰部拘急

腰部拘急即腰部疼痛,活动受限,转侧不利。多因寒湿侵袭,经气受阻,或外伤闪挫、局部血脉瘀滞所致。

2.2.4 望 四 肢

望四肢主要可以诊察脏腑病变和十二经脉的病变。望诊时,令患者充分暴露四肢,以观察四肢、手足的形态、色泽变化和动态的异常。

2.2.4.1 形态异常

(1) 肌肉萎缩

肌肉萎缩即四肢或某一肢体肌肉萎缩,枯瘦如柴,松软无力。多因脾胃虚弱、气血亏虚或经络闭阻,肢体失养所致。常见于痿证、中风偏瘫、鹤膝风等。

(2) 四肢肿胀

四肢对称性水肿常是全身浮肿的一部分,也有仅足跗肿胀,按有压痕者,多见于水肿病。若一侧或两侧下肢剧肿,表面粗糙肥厚,状如象皮,为感染丝虫病引起。

(3) 关节肿大

四肢关节肿大变形(肘、腕、指、髋、膝、踝等关节),伴有酸痛,活动不利,为风、寒、湿、热诸邪引起的痹证,或由于痹证日久,气血不足或肝肾亏损,邪聚于关节而致。若独膝肿大而腿胫消瘦,形如鹤膝,称为“鹤膝风”,多因寒湿久留、气血亏虚所致。

(4) 下肢畸形

站立时两踝并拢而两膝分离,称为“膝内翻”;两膝并拢而两踝分离,称为“膝外翻”,这两种畸形见于佝偻病和大骨节病。

(5) 青筋暴露

青筋暴露即下肢青筋粗大隆起,弯曲,呈蚯蚓状,多发于小腿内侧或后侧,立位时明显,常伴胀重感。多因湿热或寒湿瘀滞,或气虚血瘀致络脉受阻,积久成形而病。

(6) 手指变形

手指关节增粗,呈梭状畸形,有疼痛,活动受限者,多为风湿久蕴,筋脉拘挛所致。指(趾)末节膨大如杵者,称为“杵状指”,多由久病心肺气虚,血瘀湿阻而成。

2.2.4.2 动态异常

(1) 肢体痿废

肢体痿软无力,筋脉弛缓,甚至肌肉萎缩,痿废不用者,见于痿病,多因精津亏虚或湿热浸淫,筋脉失养所致。一侧上下肢痿废不用者,称为“半身不遂”,每见于中风后遗症,多因风痰阻闭经络所致。双下肢痿废不用者,见于截瘫患者,多由外伤或脊椎病变引起。

(2) 四肢抽搐

四肢筋脉挛急与弛张间作,舒缩交替,动而不止。多因肝风内动,筋脉拘急所致。常见于痉证、痫证、破伤风、惊风等病证。

(3) 手足拘急

手足拘急即手足筋肉挛急不舒。在手可表现为腕部屈曲、手指强直,拇指内收贴近掌心与小指相对;在足可表现为踝关节后弯,足趾挺直而稍向足心。多因寒邪凝滞或血虚筋脉失养所致。

(4) 手足颤动

手足颤动即手或下肢不自主地颤抖或振摇不定。多为血虚筋脉失养或动风先兆,亦可由饮酒过度所致,尤其常饮冷酒之人,由于酒生湿热,冷饮又伤脾胃,滋生寒湿,寒热搏结于手部,致筋脉失却约束而成。

(5) 手足蠕动

手足蠕动即手足掣动迟缓,类似虫行。多为脾胃气虚、筋脉失养所致。

(6) 循衣摸床、撮空理线

手抚衣被,如有所见者,为“循衣”;手常摸床,似欲取物者,为“摸床”;两手向空中捉物者,为“撮空”;两手相引,如拈丝线者,为“理线”。均为重病昏迷患者出现的上肢无意识动作,是失神的表现。

2.2.5 望 皮 肤

皮肤为一身之表,内合于肺,它既有经络的分布、气血的充盈,又有卫气的循行,是保护机体内脏,防御外邪侵袭的重要屏障。

2.2.5.1 色泽形态

正常皮肤呈肉色,红活而润泽、光滑而柔韧。

(1) 色泽

观察皮肤的色泽主要有以下几方面:

1) 皮肤发赤:皮肤发赤,色如涂丹,边缘清楚,或伴灼热疼痛者,为丹毒。发于上部者多是风热化火而成,发于下部者多由湿热化火所致,亦有感染邪毒而发者。

2) 皮肤发黄:周身皮肤发黄,伴见目黄、小便黄者,为黄疸。

3) 皮肤发黑:身目发黄,黄中显黑,黑而晦暗,称为“黑疸”,多由房劳所伤,肝肾两虚兼血瘀所致。

(2) 形态

润燥:正常人津液未伤,营血充足,故皮肤润泽。若天气不燥,而皮肤干枯无华,多为津液已伤,或营血亏虚,肌肤失养。若皮肤湿润太过,经常自汗不止,多是气虚阳虚所致。皮肤粗糙,干枯角化，如鳞甲状，称为“肌肤甲错”，是久瘀不去，新血难生，津血不能外荣肌肤所致。

2.2.5.2 皮肤病症

（1）斑疹

斑、疹均为疾病过程中的皮肤病变，其具体内容分述如下：

斑为局限性皮肤颜色改变，平铺于皮肤，摸之不碍手，压之不退色，大者呈斑片状，小者呈斑点状。由于病机不同，斑有阳斑、阴斑之分。阳斑表现为斑色红紫，形似锦纹、云片，常兼有身热、烦躁、脉数等实热证表现，多由外感温热邪毒，迫及营血，从皮肤而发。阴斑表现为斑色青紫，隐隐稀少，出没无常，常兼有面白、肢凉、脉虚等虚寒证表现，多由阳衰寒凝气血或脾虚血失统摄所致。

疹发于皮肤表面，其特点是疹实饱满，略高出皮面，色红或白，小如粟粒，或大如花瓣，抚之碍手，压之退色。风疹、隐疹为临床较常见的疹。

风疹是由风热时邪侵袭肺卫所致，表现为疹形细小稀疏，稍稍隆起，疹色淡红，瘙痒不已，症状轻微，一般不妨碍饮食和工作。

隐疹为营血亏虚而外感风邪，血为风动，发于皮肤所致。表现为皮肤上突然出现淡红或淡白色丘疹，形状大小不一，高出皮肤，界限清楚，皮肤瘙痒，搔之则连成大片，时隐时现，消退迅速，不留痕迹。

（2）水疱

水疱为高出皮肤表面的局限性腔隙，疱内有水液，成簇或散在性出现，常见的有热气疮、湿疹等。

水痘为外感时邪引起的时疫，往往在儿童中流行。其皮疹特点是：皮肤分批出现粉红色丘疹或斑丘疹，大小不等，以躯干、头部、腰部多见，四肢稀少，数小时后变成椭圆形小水疱，顶满无脐，晶莹明亮，浆液稀薄，皮薄易破，可兼有轻度恶寒发热表现。

热气疮多因外感风热，或肺胃积热，或虚火上炎，或湿热下注而发。其皮疹特点是：口角唇边、鼻旁等皮肤黏膜交界处，出现密集成簇，粟米大小的水疱，内容清澈，周围潮红，灼热疼痛。

湿疹多因湿热蕴结，复感风、湿、热邪，搏结于肌肤而发。其皮疹特点是：周身皮肤出现红斑，迅速形成丘疹、水疱，破后渗液，出现红色湿润糜烂面。

（3）疮疡

皮肤疮疡，是发于皮肉筋骨之间的疮疡类外科疾患，应注意观察其形色特点，并结合其他兼症，以辨其阴阳寒热虚实。常见的主要有痈、疽、疔、疖等。

患部红肿高起，根盘紧束，伴焮热疼痛者为“痈”，属阳证。多由火热湿毒内蕴，气血瘀滞，热盛肉腐而成。其特点是易肿、易成脓、易化腐、易收敛。

患部漫肿无头，皮色不变或晦暗，局部麻木，不热痛轻者为“疽”（无头疽），属阴证。多为气血亏虚，阴寒凝滞而发；或五脏风毒积热，深窜入里，留滞于筋骨及肌肉深处所致。其特点是病程缠绵，难溃难敛。

患部形小如粟，顶白根硬而深，麻木痒痛者为“疔”，多发于颜面手足，因外感风邪火毒，或脏腑火毒蕴结而发。头面部疔容易发生疔疮走黄而危及生命。

患部形小而圆，红肿热痛不甚，容易化脓，出脓即愈，症状轻微者为“疖”。因暑湿阻于肌肤，或脏腑湿热蕴结，向外发于肌肤，使气血壅滞而成。

2.3 望排出物

望排出物是观察患者的分泌物、排泄物和某些排出体外的病理产物的形、色、质、量的变化来诊察病情的方法。

观察排出物变化总的规律是：凡色黄、稠浊者，多属实证、热证；凡色白、清稀者，多属虚证、寒证。

2.3.1 望痰涎

痰是由呼吸道排出的黏液，经咯吐而出，属病理产物。涎是由口腔分泌的清稀黏液，属正常分泌物，但当人体有病时涎可由于量多而流出口外，或发生其他异常改变。

2.3.1.1 痰

观察痰的色、质、量的变化，主要可以诊察肺、脾的病变和判断疾病的性质。

痰色白而清稀者，为寒痰。因寒伤阳气，气不化津，聚而为痰，或脾阳不足，湿聚为痰，上犯于肺所致。

痰色黄而黏稠，或有块者，为热痰。因邪热煎津为痰，肺失清肃所致。

痰少而黏，难于咯出，或痰中带血丝者，为燥痰。因燥邪犯肺或肺阴虚所致。

痰白滑，量多，咯之易出者，为湿痰。因脾虚不运，水湿内停，聚而为痰，上犯于肺所致。

痰中带血，色鲜红者，称为“咯血”。多见于肺阴虚和肝火犯肺等患者，因热伤肺络所致。

咯吐腥臭脓痰或脓血者，为肺痈，是热毒蕴肺，肉腐成脓所致。

2.3.1.2 涎

涎为脾之液，其色、质、量的表现与脾胃密切相关。

口流清涎而量多者，多属脾胃虚寒。

口流浊涎而黏稠者，多属脾胃湿热。

涎自口角流出而不自知，睡则更甚者，多是脾气虚所致。小儿口角流涎多为胃热虫积。

2.3.2 望呕吐物

呕吐是胃气上逆的表现。根据呕吐物形、色、质、量的变化，可以诊察胃的病变和判断病性的寒热虚实。

呕吐物清稀无臭，多为寒呕。因胃阳不足，腐熟无力，导致水饮内停，胃失和降所致。多见于中焦阳虚或寒邪犯胃。

呕吐物秽浊酸臭，多为热呕。因邪热犯胃，或肝经郁火，致胃热上逆，胃失和降而呕吐；胃中饮食被邪热蒸腐则吐物酸臭。

吐物酸腐，夹有不消化食物，多属宿食停滞。因暴饮暴食，损伤脾胃，宿食日久不化而腐败，以致胃气不降，吐出酸腐食物。若吐物频作，无酸腐味而夹有不消化食物，为肝气犯胃。

呕吐黄绿苦水，多属肝胆湿热或郁热。因肝气横逆犯胃，胃气上逆则呕吐；热迫胆汁上溢则吐黄绿苦水。

呕吐清水痰涎，伴口干不欲饮，胸闷苔腻，胃脘有振水声者，多属痰饮。因胃内停饮，痰饮随胃气上逆而吐出。

吐血，是指胃、食管出血，经口吐出，色鲜红或紫暗有块，多夹有食物残渣。出血量多、立即吐出则血色鲜红；出血量少、蓄积后吐出则血色紫暗。属胃中积热或肝火犯胃，灼伤血络；或属胃府血瘀，血不归经导致吐血。

2.3.3 望 大 便

大便形、色、质、量的异常改变，可以反映脾胃肠和肝肾的病变，判断病性的寒热虚实。正常人大便望之色黄、成形、干湿适中。

大便清稀如水样，多为寒湿泄泻。由过食生冷或外感寒湿，脾之健运失职，清浊不分所致。

大便如糜状，且黏滞恶臭，多为湿热泄泻。为湿热伤及胃肠，大肠传导失常所致。

大便溏薄，水粪相杂，形如鸭溏，多属脾虚兼夹寒湿。

大便脓血，赤白相杂，形如胶胨，多属痢疾，常伴有腹痛、里急后重等症。为湿热积滞交阻于肠，脉络受损，气血瘀滞而化为脓血。其中赤多白少者偏于热；白多赤少者偏于湿。

大便色灰白如陶土，多见于黄疸。因胆汁外溢，不能下注于肠以助消化所致。

大便燥结，干如羊屎，排出困难，多为肠道津亏所致。亦可见于噎膈晚期患者。

大便中夹杂有血液，或单纯便血，或先便后血，或先血后便者，均称为"便血"。其中出血部位距肛门较近，则多见血色鲜红，血液附在大便表面或于排便前后滴出，称为近血，多见于痔疮、肛裂或大肠息肉出血等病变。出血部位距肛门较远，则多见血色暗红或紫黑，与大便均匀混合，或见大便色黑如柏油样，称为远血，可因脾胃虚寒，气不摄血；或肝火犯胃，或胃肠湿热，或瘀血积滞等所致。不论何种便血，均需结合其他临床表现综合分析，来辨寒热虚实。

2.3.4 望 小 便

观察小便色、质、量的变化，可以诊察肺、脾、肾、膀胱、三焦的病变，并可了解津液的盈亏和病性的寒热虚实。

小便清长：指小便澄清而量多。小便澄清为正常现象。尿量增多，常提示里寒证。因寒则津液不外泄而水津下趋膀胱，故小便清长量多。

小便短黄：正常人小便颜色淡黄，若小便色深黄或黄赤，且尿量减少，多为实热或汗、吐、下、利损伤津液所致。

尿中带血：指血从小便排出，尿色因之而淡红、鲜红、红赤，甚或夹杂血块，见于尿血、血淋等患者。多因热伤血络；或湿热蕴结膀胱；或脾肾两虚，脾不统血，肾失封藏所致。

尿有砂石：指尿液混浊，尿中有时夹有砂石，常伴见小便艰涩，或排尿时突然中断，尿道刺痛窘迫，称为"石淋"。多因湿热下注，煎熬尿中杂质结为砂石所致。

小便混浊：小便混浊如米泔水，或有滑腻之物，伴见尿道热涩疼痛，称为"膏淋"，多因脾肾亏虚，或湿热下注，膀胱气化不利所致。若仅见小便混浊不清，而排尿时并无尿道热涩疼痛，称为"尿浊"，多属脾肾亏虚或膀胱湿热。

2.4 望小儿指纹

望小儿指纹是观察小儿食指掌侧前缘浅表络脉的形色变化来诊察病情的方法，此法对于3岁以下的小儿，具有重要的诊断价值。

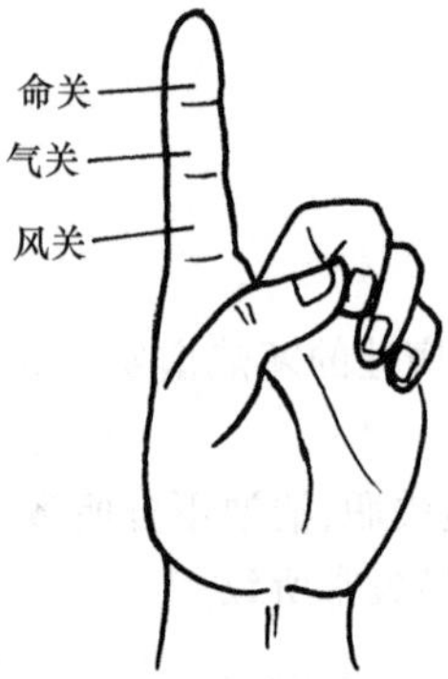

图 2-4 小儿食指三关图

2.4.1 望指纹的方法

望小儿指纹诊察时让家属抱小儿向光,医生用左手拇指和食指握住小儿食指末端,再以右手拇指在小儿食指掌侧前缘,用力适中从指尖向指根部推擦几次,指纹即可显见。小儿食指络脉的显现与分布,可用三关描述:食指第一节(掌指横纹至第二节横纹之间)为风关,第二节(第二节横纹至第三节横纹之间)为气关,第三节(第三节横纹至指端)为命关(图 2-4)。在三关的部位上观察指纹的形色变化,可以诊察内在的病变。

现代研究

现代医学也同样认为手指能及早反映整体,如伦敦皇家医学院医学系的科学家发现,人的肢体末端的供血量是随着血液中某些激素水平的变化而上下波动的,这些激素对肢体末端的血流量以及血管对体温的反应性变化,均有明显的影响。韦伯还报道,将有一种用综合手法预测排卵期的装置问世,它不仅测量妇女清晨的体温,而且每日测定流经手指的血流量,以便确实可行地对育龄妇女进行生育报道。这些皆表明了指络和人体内部是密切相关的,通过指络能预测内脏的状况。

链 接

2.4.2 望指纹的临床意义

观察小儿指纹的形色变化,可以诊察疾病的病位、病性,判断脏腑气血的盛衰及病情的轻重和预后。

小儿正常指纹的表现是:呈浅红色,红黄相兼,或略微带青,不浮不沉,隐现于风关之内,大多不明显,其形态多为斜形、单支,粗细适中。但粗细也与气候寒热有关,热则变粗增长,寒则变细缩短。

临床一般从浮沉、颜色、长短、形状四个方面,对小儿指纹进行观察。

2.4.2.1 浮沉

指纹浮显,不推可见者,为病邪在表,见于外感表证。因外邪袭表,正气抗邪,气血趋向于表,故指纹浮显。

指纹沉隐,推之始见者,为病邪在里,见于内伤里证。因邪气内困,气血难于外达,故指纹沉隐。

但是临床观察统计表明,健康小儿也有偏浮偏沉的区别。

歌 诀

浮沉分表里,纹色辨病性,
淡滞定虚实,三关测轻重,
纹形色相参,留神仔细看。

链 接

2.4.2.2 颜色

指纹鲜红:属外感表证。因外邪袭表时,气血趋向于表,指纹浮显,故见鲜红。

指纹紫红:属里热证。因热盛,脉络扩张,气血壅滞,故见紫红。

指纹青色:主痛证、惊风。因痛则不通,脉络气血郁滞,或肝风内动,筋脉拘急,脉络郁阻,故见青色。

指纹紫黑：为血络郁闭，属病情危重。常因邪热闭阻经络，故见紫黑。

一般来说，指纹色深暗滞者多属实证，是邪气有余；色淡不泽者多属虚证，是正气不足。

2.4.2.3 长短

食指络脉出现的部位及形色，恰好随邪气入侵的浅深而变化。

指纹显于风关：是邪气始入于络，邪浅病轻，可见于外感初起。

指纹达于气关，其色较深：是邪气入经，邪深病重。

指纹达于命关，其色更深：是邪入脏腑，病情严重，可能危及生命。

指纹透关射甲（即直达指端），其色紫黑：是病更凶险，预后不佳。

2.4.2.4 形状

指纹增粗，分支显见者，多属热证、实证，是因邪正相争，气血壅滞所致。

指纹变细，分支不显者，多属寒证、虚证，是因气血不足，脉络不充所致。

指纹单支、斜形，多属病轻；指纹弯曲、环形、珠形、多支，为病重，多属实证。

2.5 舌 诊

舌诊是通过观察舌体与舌苔的变化，了解患者生理功能状态和病理变化过程的诊察方法，是望诊的一个重要方面，也是中医诊法的特色之一。

2.5.1 舌诊概说

2.5.1.1 舌诊的原理

（1）舌的组织结构

舌是位于口腔中的肌性器官，整个舌体由横纹肌组成，附着于口腔底部、下颌骨、舌骨，呈扁平而长形，其分布的血管神经十分丰富。舌的外形又分为舌体与舌根两部分，以人字沟为分界。舌体的上面称舌背或舌面，下面称舌底，伸舌时一般只能看到舌体，故中医诊舌的部位主要是舌体。临床习惯将舌体的后部、人字沟之前称为舌根；舌体两侧称为舌边；舌体的前端称为舌尖；舌体的中部称为舌中。舌体的正中有一条纵行沟纹，称为舌正中沟。

（2）舌象与脏腑经络的关系

人体五脏六腑主要通过经络经筋的循行与舌联系起来。五脏六腑之精气，通过经络、经筋上荣与舌，从而与舌有着密切的联系，尤以心和脾胃与舌的关系更为密切。

舌为心之苗，手少阴心经之别系舌本。舌质的血络最丰富，与"心主血脉"的功能有关，通过望舌色，可以了解人体气血运行情况。此外，舌体的灵活运动可调节声音，形成语言，在一定程度上又与"心藏神"的功能有关。舌的味觉与心神的功能亦有关。因此，舌象首先可反映心的功能状态。而心又为五脏六腑之大主，所以全身脏腑气血的疾病，必然通过心而反映于舌。

舌为脾之外候，足太阴脾经连舌本、散舌下，脾主肌肉，舌为肌体，故舌与脾密切相关。舌又为胃之外候，苔是由胃气蒸化谷气上承于舌面而生成，与脾胃运化功能相应；舌体赖气血充养，而脾胃为后天之本，是气血生化之源。所以舌象不仅反映了脾胃的功能状态，而且也代表了全身气血的盛衰。

舌面覆盖着黏膜，舌黏膜上皮薄而透明，血管神经分布极为丰富，黏膜皱褶成许多细小突起，称为舌乳头。舌乳头变化极为灵敏，所以舌象是反映体内变化非常灵敏的指标。根据突起形态的不同，分为四种：丝状乳头、蕈状乳头、轮廓乳头和叶状乳头，其中丝状乳头、蕈状乳头与舌象形成密切相关，轮廓乳头、叶状乳头与味觉形成有关。

丝状乳头数目最多，是形如圆锥状乳白色的软刺，呈角化树状，分布于舌尖、舌中和舌边。其间隙有脱落细胞、食物残渣、细菌、黏液等填充，形成白色苔状物，称为舌苔。

蕈状乳头数目较少，上部圆钝如球，根部细小形成蕈状。蕈状乳头主要分布于舌尖和舌边，散在于丝状乳头之间，透过乳头表面的上皮细胞隐约可见乳头内的毛细血管，肉眼所见如一个小红点。蕈状乳头色泽、形态的变化，是舌体变化的主要因素。

链接

肾藏精，为先天之本，足少阴肾经挟舌本；肝藏血、主筋，其经脉络于舌本；肺系上达咽喉，与舌根相连。其他脏腑组织，也通过经络直接或间接同舌产生联系，从而使舌能迅速反映机体的功能状况，一旦体内发生病变，就会出现舌象变化，所以体内脏腑的病变均可反映于舌象。

中医在长期的临床实践中，发现脏腑不仅与舌有密切关系，而且舌的一定部位内应一定的脏腑，并可反映所属脏腑的病变。其中比较一致的说法是舌尖多反映上焦心肺病变；舌中部多反映中焦脾胃病变；舌根部多反映下焦肾的病变；舌两侧多反映肝胆的病变（图 2-5）。此外，《伤寒指掌 · 察舌辨证法》还有一种以胃经来划分的方法是：舌尖属上脘，舌中属中脘，舌根属下脘（图 2-6）。此法适应于胃病的诊断。虽然病变在舌象变化上有一定的规律，但并非绝对，临床应四诊合参，综合判断。

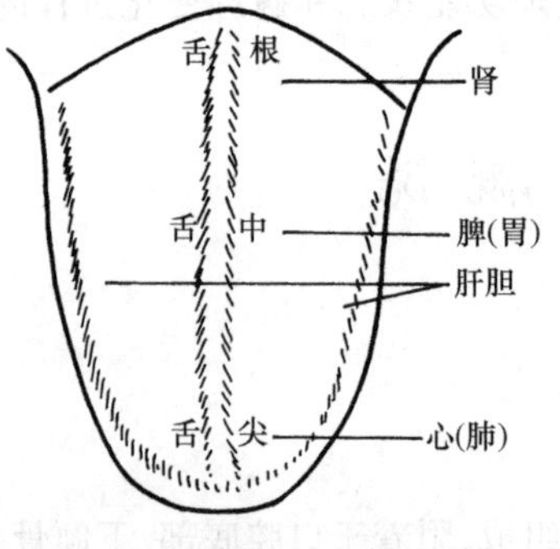

图 2-5 舌诊脏腑部位分属图

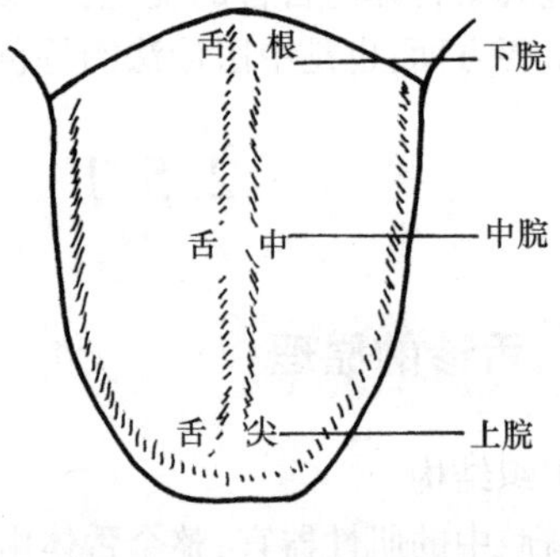

图 2-6 舌诊胃经划分图

(3) 舌象与气血津液的关系

舌有赖气血的濡养和津液的滋润，舌与气血津液的关系，是建立在脏腑联系的基础之上。心主血，肺主气，脾胃为气血生化之源，而舌为心之苗，多气多血的器官，故气血的盛衰变化多能反映于舌。舌下肉阜部有唾液腺腺体的开口，中医认为唾为肾液、涎为脾液，为津液的一部分，其生成、输布离不开脏腑功能，尤其与肾、脾胃等脏腑密切相关，“金津”、“玉液”均为胃津肾液上潮之孔道。所以通过观察舌体的润燥，可以判断体内津液的盈亏及邪热的轻重。临床实践中，往往通过舌体的形质和舌色来判断气血的盈亏和运行状态；通过舌苔和舌体的润燥来判断津液的盈亏和输布情况。

2.5.1.2 舌诊的意义

舌象变化能较客观灵敏地反映病情，故对临床辨证以及判断疾病转归、分析病情预后，都有十分重要的意义，成为中医临床不可缺少的诊断方法。其临床意义有如下四个方面：

(1) 判断邪正盛衰

舌体的色泽与形态的变化能反映气血的盈亏,脏腑的虚实,即正气的盛衰。一般舌色淡红润泽,红活鲜明,为气血充盈;舌色淡白,甚至全无血色,多由于气血亏虚,血不荣舌或阳气虚衰,运血无力,气不载血上荣所致。

苔质的厚薄可反映邪气的盛衰。苔薄表明邪气较轻,病较浅;苔厚多为邪气较重,为邪入脏腑,病较深。

(2) 区别病邪性质

不同的病邪致病,在舌象上有不同的反映,主要从舌苔上反映出来。如白苔多主寒邪;黄苔多主热邪;黄厚腻苔多主湿热;腐腻苔多为痰浊、食积。

病邪的性质有时也从舌体的变化反映出来,如舌偏歪多为风邪,舌紫暗或有瘀斑、瘀点则为瘀血。

(3) 分析病位与病势

病邪侵入人体后病变部位的浅深,可从舌质的色泽、舌苔的厚薄反映出来。外感热病,若见舌边略红,为邪热在表;舌色红者,为邪热入里;舌色红绛,为热入营血,病位最深。舌苔薄白为病在表,病邪较浅;舌苔厚者,为病在里,病邪较深。

舌象随着疾病的变化而改变,不仅在外感热病中变化迅速,表现明显,就是内伤杂病过程中,也呈动态改变。如舌体由正常到发生各种神色形态的改变,说明病情进展;若舌体由病理状态转为正常,说明病情好转。舌苔由薄变厚,说明病邪深入,病情加重;反之,舌苔由厚变薄,为病邪渐退,病情向好的趋势转变。病邪轻、浅多见舌苔变化,而病情深、重可见舌苔舌体同时变化。

(4) 估计病情预后

通过对舌象神气的判断,可以估计病情的预后。舌荣有神,为正气未伤,邪气未盛,预后较好。舌枯无神、舌苔无根、舌态异常者为正气亏损,胃气衰败,病多危重,预后不佳。

但是,临床上在某些特殊情况下,如有时病重而舌象无明显变化,有时正常人可见到异常舌象。因此诊舌时也必须四诊合参,注意舌诊与其他诊法的联系。

2.5.1.3 舌诊的方法和注意事项

舌诊以望诊为主,还可以结合闻诊、问诊和揩刮等方法进行全面诊察。舌诊的关键在于力求准确迅速地看清舌体与舌苔的变化,故必须掌握基本的方法和注意事项。

(1) 望舌的体位和伸舌姿势

望舌时患者可采取坐位或仰卧位,为便于观察,必须使舌面光线明亮。伸舌时必须自然地将舌伸出口外,尽量张口使舌体充分暴露,舌尖略向下,舌体放松,使舌面两侧舒展,然后仔细地进行观察。

(2) 诊舌的方法

观察舌象的顺序,一般是先看舌体的色质,从舌尖延向舌的中部、两侧,最后到舌根;再看舌苔的色质,从舌尖开始,依次察看舌中、舌根部。因为舌体的色、质位深而易变,舌苔浅表而容易观察。若伸舌时间过久,舌体易发生色泽变化,而舌苔一般不会随观察时间的久暂而变化。

医生在望舌时,既要全面、迅速,又要尽量减少病人张口伸舌时间,以免口舌疲劳。如果一次望舌判断不清,可让患者休息 3~5 分钟后,重复观察 1 次。

为了进一步了解去苔后舌面和舌体的情况 ,还可配合刮舌或揩舌进行诊察。其中刮舌适用于较厚腻和坚实的舌苔,方法是用消毒压舌板的边缘,以轻重适中的力量,在舌面上由舌根向舌尖慢慢刮 3~5 次。揩舌适用于浮薄而疏松的舌苔,方法是用消毒纱布裹于手指上,蘸少许生理盐水,使其湿润,以适中的力量,从舌根到舌尖,连续揩抹 4~5 次。这两种方法可用于鉴别舌苔有根无根,苔质是否燥裂或粗糙如砂石,以及是否属于染苔。

(3) 诊舌的注意事项

诊舌时必须注意排除各种因素影响所造成的虚假舌象。

1) 光线影响:望舌要求以充足、柔和的自然光线为佳,舌面要正对光源。光照的强弱与色调,常常会影响舌象的判断。如光线太弱,可使舌色变暗;白炽灯下望舌,易使舌苔变黄;日光灯下望舌,易使舌质偏青。此外,周围有色物体的反射光,也会改变舌色、苔色本来的色泽,应注意避免。

2) 饮食或药物影响:饮食和某些药物可以使舌象发生变化。如由于进食的摩擦,或刮舌的习惯,往往使舌苔由厚变薄;刚刚饮水使舌苔变润;刚进辛热食物,舌色偏红;多吃糖果、甜腻食品使舌苔变厚、口味酸腻;长期服用某些抗生素,可见黑腻苔或霉腐苔;服用大量镇静剂可使舌苔厚腻。

饮服某些食物或药物,会使舌苔染色,称为染苔。如饮用牛乳或乳儿因乳汁关系,大都附有白苔;食花生、瓜子、豆类等富含脂肪的食品,往往在短时间使舌面附着黄白色渣滓,好像腐腻苔;食蛋黄、橘子、核黄素等可将舌苔染成黄色。染苔一般多不均匀地分布于舌面,可在短时间内自然退去,或经揩舌除去,与病情亦不相符。如对苔色有疑问时,可询问患者的饮食、服药情况,或用揩舌的方法进行鉴别。

3) 口腔情况对舌象的影响:有些因素可引起异常舌象,如牙齿残缺或口腔溃疡,可造成同侧舌苔偏厚;镶牙可以使镶牙侧舌边见齿痕;张口呼吸可以使舌苔变干等等,这些都不是病理征象,应注意鉴别,避免误诊。

4) 伸舌姿势、伸舌时间的影响:如伸舌过分用力,舌体紧张、蜷曲或伸舌时间过长,都会影响舌的气血流行而引起舌色改变,或干湿度变化。

2.5.1.4 舌诊的内容和正常舌象

(1) 舌诊的内容

舌诊主要观察舌体和舌苔两个方面的变化。望舌体包括舌体的神气、颜色、形质和动态。望舌苔包括诊察苔质和苔色情况。舌体主要是反映机体脏腑虚实,气血盛衰;舌苔可以反映病邪的深浅,邪正的消长。舌体和舌苔是从不同角度去说明疾病的本质,必须互为补充、综合分析。

(2) 正常舌象

正常舌象的特征是:舌色淡红而红活鲜明,舌质滋润,舌体大小适中、柔软灵活;舌苔均匀薄白,干湿适中,其下有根,不黏不腻,简称“淡红舌,薄白苔”。

“淡红舌,薄白苔”提示脏腑功能正常,气血津液充盈,胃气旺盛。

(3) 舌象的生理变异

在正常人群中,舌象可因内外环境不同,而产生不同的生理性变异。在判断舌象的临床意义时,应结合具体情况区分生理变异与病理变化的不同。

1) 年龄因素:舌象常随年龄的变化而有差异。如老年人往往舌色较暗红或带紫暗色,且舌多见裂纹;小儿舌质多淡嫩,舌苔少或剥,但均无明显的病变,故属生理性变异。

2) 体质禀赋与体格形态因素:体质禀赋的特点和体格形态的不同,在舌象上也有反映。强壮体型则舌体厚阔而坦,舌色多淡;瘦弱体型则舌体尖薄,边尖多红;中等体型则舌体狭长而不厚,色淡红,苔薄白。此外,尚有先天性裂纹舌、齿痕舌、地图舌等,多见于禀赋不足,体质较弱者,并表现出对某些病邪的易感性,或某些疾病的好发性。但因长时期无明显临床症状,故属生理性变异。

3) 性别:舌象与性别一般无明显关系。但与女性月经周期有关,在月经期可以出现蕈状乳头充血而舌质偏红,或舌尖边部有明显的红刺,月经过后恢复正常,也属生理性变异。

4) 季节与时间因素:正常舌象,往往随不同时间和不同季节而稍有变化。如晨起舌苔多厚,白天进食后则舌苔变薄；刚刚起床，舌色可见暗滞，活动之后，往往变得红活。自然环境的变动，也可引起舌象的相应变化，如夏季暑湿盛时，舌苔多厚，或有淡黄色；秋季燥气当令时，苔多薄而干；冬季严寒，舌常湿润。

2.5.2 望 舌 体

望舌体主要观察舌体的神、色、形、态以及舌下络脉。舌神，可从舌质的荣枯来辨识；舌色主要有淡红、淡白、红、绛、青、紫六种；舌形有老嫩、胖瘦、点刺、裂纹等特征变化；舌态有痿软、强硬、震颤、㖞斜、吐弄和短缩等异常变化。

2.5.2.1 舌色

舌色，即舌体的颜色。正常人的舌体一般呈淡红色而润泽，病态舌色有淡白、红、绛、青、紫等色，望舌色可辨寒热虚实。

（1）淡红舌

1）舌象特征：舌色白里透红，不深不浅，淡红适中，红活鲜明。

2）临床意义：淡红舌为气血上荣之象，说明心血充足，阳气布化，故为正常舌色。

如病人舌色淡红，说明病情轻浅，未影响到脏腑气血，故舌色未发生变化。此时可从舌苔来辨寒热性质。

（2）淡白舌

1）舌象特征：舌色比正常舌色浅淡，白多红少，称为淡白舌。

2）临床意义：主阳虚证、寒证或气血两虚证。

此乃阳气不足，化生阴血的功能减弱，推动血液运行的力量亦不足，使血液不能上荣于舌，故舌色浅淡而白。若舌色淡白而舌体瘦薄，舌面润而不滑，属气血两虚；若舌色淡白而舌体胖嫩，边有齿痕，舌面滑润，属阳虚内寒；若舌色淡白，苔白厚而滑者，属感受寒湿之实寒证。

（3）红、绛舌

1）舌象特征：舌色深于正常舌，甚至呈鲜红色者，称为红舌；比红舌更深红者或略带暗红色者，谓之绛舌。一般认为绛舌常由红舌进一步发展所致。舌红有时只局限于舌尖、舌两边或舌边尖部。

2）临床意义：主热证。

红绛舌的形成主要有三方面因素：一是邪热亢盛，因热使血行加速，气血充盈舌体脉络，故色呈红色；二是因热入营血，耗伤营阴，血热充斥于舌而舌绛；三是可因内热伤阴，阴津亏耗，虚火上炎于舌络而舌红。

总之，热势愈盛，舌色愈红，故绛舌比红舌热深而病情深重。然实热者因有热邪，故舌色红绛而有苔，多由外感热病热盛期或内伤杂病，脏腑阳热偏盛所致。虚热者因阴虚而无实邪，故舌色红绛而少苔或无苔，多由热病后期阴液受损，或久病胃、肾阴伤所致。

舌色稍红或仅见舌边尖红，多提示外感表热证初起。

舌尖红赤而起刺，多为心火上炎。舌边红赤，多为肝胆有热。

舌上有散在红色小斑点，在外感热病多为热入血分，即将吐衄、发斑；在内伤杂病多为血热妄行或气不摄血，往往是全身出血的征兆，常见于血液病。

（4）青、紫舌

1）舌象特征：舌深绛而暗是紫舌，舌色淡紫而全无红色者为青舌。青舌、紫舌常参差并见，全舌呈均匀青色或紫色，或在舌色中泛现青紫色，均称为青紫舌。青紫舌有多种表现，舌淡而泛现青紫色，称为淡青紫舌；舌红绛而泛现青紫色，则为紫红或绛紫舌；舌上局部出现青紫色斑点，大小不一，不高于舌面，称为“瘀斑舌”或“瘀点舌”。

舌诊现代研究

舌诊可作为协助诊断恶性肿瘤的一项客观指标。例如，原发性肝癌患者，有77.68%在舌的两侧边缘呈现紫或青色的条纹，或不规则的斑状黑点，其他部位的恶性肿瘤阳性率不如肝癌高。肿瘤患者的舌象，因发病部位不同和病情轻重的不同而表现各异，综合各种文献报道，以青紫舌为最常见。

链接

2）临床意义：主气血运行不畅。

青紫舌的成因一般有四种情况：一是阴寒内盛，由于阴寒邪胜，阳气郁而不宣，血脉瘀滞而致，多表现为青紫舌或瘀斑、瘀点舌；二是热入营血，由于热毒深入营血，营阴受灼，气血不畅而现绛紫舌；三是气滞或气虚，由肺气闭塞，或肝失疏泄，气机郁滞而致血行不畅；或气虚无以推动血行而致血流缓慢，舌色泛现青紫或出现瘀斑；四是暴力外伤，损伤血络，血液溢出而出现瘀斑、瘀点舌，舌色可无明显异常。

舌色淡紫或紫暗而湿润，多见于阳虚阴盛，或气滞、气虚。

舌色紫暗或舌上有青紫色斑点，多为血瘀之征。

全舌色青为寒凝血瘀之重证，多是寒邪直中肝肾，阳气郁而不宣，血液凝滞所致。

舌紫红或绛红，舌苔干枯少津，多见于热证，提示热盛伤津，气血壅滞。

青紫肿大舌还可见于某些先天性心脏病或药物、食物中毒病症。

2.5.2.2 舌体的形质

舌形是指舌的形状而言，舌质这里是指舌的神气。察舌体的形质多从舌之荣枯、老嫩、胖瘦、点刺、裂纹、齿痕等方面辨识。

（1）荣、枯

1）舌象特征：舌质滋润，红活鲜明为荣舌；舌质干枯，色泽晦暗，失去光彩为枯舌。

2）临床意义：舌质的荣枯，是指舌的神气，是人体生命现象在舌上的集中表现，是全身神气表现的一部分。观察舌神的有无，主要从舌体的荣枯和灵动等方面来判断。舌质滋润，舌色红活鲜明，舌体运动灵活自如，是有神气的表现；舌质干枯，舌色晦暗，活动不灵便，是无神气的表现，其中尤以舌色是否“红活”作为辨别要点。

舌神之有无，反映了脏腑、气血、津液之盛衰和疾病预后的吉凶。如舌有神，提示正气未衰，病情较轻，预后较好，主病吉；如舌无神，提示正气已衰，病情较重，预后不良，主病凶。

（2）老、嫩

1）舌象特征：舌体纹理粗糙或皱缩，形色坚敛苍老，舌色较暗者为老舌；舌体纹理细腻，形色浮胖娇嫩，舌色浅淡者为嫩舌。舌质老嫩是舌色和舌体形质的综合表现，应注意从以上两个方面进行观察。

2）临床意义：老和嫩主要是辨别疾病的虚实。不论舌苔如何，老舌都属实证；嫩舌都属虚证。

（3）胖、瘦

1）舌象特征：舌体较正常舌大而厚，伸舌满口的，称为胖大舌。舌体肿胀，舌色鲜红或青紫，甚则舌肿胀而不能闭口，不能缩回，称为肿胀舌。

舌体比正常舌瘦小而薄，称为瘦薄舌。

2）临床意义：胖大舌多因水湿痰饮阻滞所致。

舌色淡白，舌体胖嫩，舌苔水滑者，多为气虚或阳虚，水湿痰饮停滞；舌色红而舌体胖大，苔黄腻者，多是脾胃湿热与痰浊相搏，湿热痰饮上溢所致。

舌色红绛而肿胀，多是心脾有热，热毒壅盛。舌胖嫩而色紫暗者，多为中毒证；舌肿胀而色紫暗者，多因酒精中毒所致。此外，亦有因先天舌部血络郁闭，以致舌的局部色紫而肿胀，是先天性舌血管瘤患者，属于局部病变，多无全身辨证意义。

生活点滴

中医学“天人合一”的学说认为：人是一个小天地，人体必须在适应外界自然环境变化和保持内环境平衡的基础上，才能健康生存。因此，首先要科学地安排作息时间，注意劳逸结合。充足睡眠和适当活动，才能及时消除疲劳和保持充沛精力。过分疲劳后舌苔干燥、味觉减退。睡眠不足会引起舌尖红起刺、口中干苦等。舌诊可以及时提醒你注意体内的变化，以预防疾病发生。适当运动亦是维持身体健康的一项重要措施。长期不运动、少劳动的人，体胖气虚，中医称之为“肥人少气、多痰”，舌体胖嫩即为这种体质的征象之一。

链接

瘦薄舌是由气血阴液不足，不能充盈舌体所致。因此主气血两虚或阴虚火旺。舌体瘦薄，舌色淡白者，多是气血两虚；舌体瘦薄，舌色红绛，舌干少苔或无苔者，多是阴虚火旺。

（4）点、刺

1）舌象特征：点刺是指蕈状乳头肿胀或高突的病理特征。

点舌是指蕈状乳头体积增大，数目增多，乳头内充血水肿，大者称星，小者称点。色红者称红星舌或红点舌；色白者称白星舌。

刺舌是指蕈状乳头增生、肥大、高突如刺，摸之棘手，称为芒刺舌。

2）临床意义：舌生点刺提示脏腑邪热亢盛，或为血分热盛。

根据点刺所生的部位，可以分辨邪热所在脏腑。如舌尖生点刺，多为心火亢盛；舌中生点刺，多为胃肠热盛；舌边生点刺，多为肝胆火盛等。

根据点刺的颜色，还可以估计气血运行情况以及疾病的程度。如点刺鲜红为血热，点刺绛紫为热甚而气血壅滞。

（5）裂纹

1）舌象特征：舌面上出现裂纹、裂沟，形状各异，深浅不一，多少不等，统称为裂纹舌。裂纹或裂沟中无舌苔覆盖者，多属病理性裂纹舌；沟裂中有舌苔覆盖者，则多属先天性裂纹舌。

2）临床意义：裂纹舌是由阴亏血乏，舌体失养，舌面乳头萎缩或组织皲裂所致，是全身营养不良的一种表现。舌红有裂纹而光者，多为素体阴亏或老年阴虚；舌红绛有裂纹，多是热盛伤津，阴津亏损；舌淡而有裂纹，多是血虚不润；舌嫩红而有裂纹，多为肾阴不足，阴虚火旺。

通过普查发现，健康人中大约有 0.5% 的人属先天性裂纹舌，沟裂中有舌苔覆盖，且无不适症状，必须与病理性裂纹舌加以区分。

（6）齿痕

1）舌象特征：舌体边缘见牙齿的痕迹，称为齿痕舌。多因舌体胖大而受齿缘挤压所致，故常与胖大舌同见。但亦有舌体不胖大而出现齿痕，是舌质较嫩的齿痕舌。

2）临床意义：齿痕舌主脾虚和湿盛。

舌淡白而有齿痕，多为寒湿内盛；舌淡红而有齿痕，多为脾气虚弱；舌红苔腻而有齿痕，则为湿热痰浊壅滞引起。

舌体不胖而有齿痕，舌质嫩者，多属气血亏虚。

生活点滴

舌疮的发生，主要与精神因素和营养状况有关。所以，必须注意饮食起居的协调，保持心情舒畅和平静。饮食方面，首先要补充多种维生素，尤其维生素C，对增加免疫功能，修复组织损伤都有直接作用，每天摄食大量新鲜的蔬菜和水果，可以得到维持机体生理功能所需的维生素。必要时可补充多种维生素制剂，如金施尔康、善存片等。急性溃疡期要经常用淡盐水漱口，保持口腔清洁。多饮绿茶，保持大小便通畅，使内热及时得以清泄。辛辣、油煎、熏烤食品和炒货会伤阴助火，引发溃疡，不宜多食。要保持充分睡眠，使人体与自然界动静规律相应，即天人合一，有利于消除疲劳，改善体质。草莓可使紧张的情绪得以放松，有助于睡眠，有"水果皇后"的美称。

链接

2.5.2.3 舌的动态

正常人应舌体柔软，运动自如灵活，无㖞斜、震颤等异常活动。病理舌态包括舌体痿软、强硬、震颤、㖞斜、吐弄和短缩等异常变化，常见于病情较危重者。

（1）痿软

1）舌象特征：舌体软弱，无力自由伸缩转动者，称痿软舌。

2）临床意义：多为气血虚弱，阴液亏损，筋脉失养所致。

若新病舌红绛而暴痿者，多因热灼阴伤；若久病舌淡白而渐痿软者，多为心脾两虚，气血俱虚；若久病舌红绛而痿软者，是阴亏已极的危重症候。

（2）强硬

1）舌象特征：舌体失其柔和，卷伸不利，或板硬强直，不能转动，以致语言謇涩者，称强硬舌。

2）临床意义：多见于热入心包；或为高热伤津；或为风痰阻络。其成因有二：一是外感热病，热入心包，扰及神明，舌脉失养，因而舌体失其灵活与柔和；二是内伤杂病，多为里热生风，或肝阳化风，夹痰上逆，风痰阻络，筋脉失养，以致舌体强硬。舌体强硬一般不是局部病变，而是关系到内脏的病变。

舌红绛少津而强硬，多因热盛。舌体强硬而胖，舌苔厚腻，多见于痰浊壅盛。舌淡红夹有瘀点或青紫，伴有语言謇涩，肢体麻木、眩晕者，多为中风或中风先兆。

（3）㖞斜

1）舌象特征：张口或伸舌时，舌体不自主偏向一侧，称为㖞斜舌。一般舌㖞在前半部明显。

2）临床意义：多由肝风夹痰，或痰瘀阻滞经络而致。舌㖞斜而无意识障碍、半身不遂者，为外风证；舌㖞斜伴意识障碍、偏瘫、语言不利者，为内风证。

（4）颤动

1）舌象特征：舌体颤动，动摇不宁，不能自主者，称为舌颤动。其轻者仅伸舌时颤动；重者不伸舌时亦颤抖不宁。

2）临床意义：舌颤动的成因不外虚损和动风两个方面。凡气血亏虚，阴液亏损，使舌体失养而无力平稳伸展舌体；或为热极生风、肝阳化风等，都可以产生舌颤动。

舌色淡白而颤动者，多为气血两虚。舌红少苔而颤动，多见于阴液亏虚。舌颤动且绛紫而干者，多见于热极生风。

（5）吐弄

1）舌象特征：舌伸出于口外，不能回缩者，称为吐舌。舌频频伸出口外，又立即回缩，或上下左右反复舐口唇四周，掉动不停者，均称弄舌。

2）临床意义：吐舌和弄舌一般都属心脾有热。心热则动风，脾热则津耗以致筋脉紧缩不舒，频频动摇。

吐舌多见于疫毒攻心，或正气已绝，多伴见全舌色紫。弄舌多见于先天愚型患儿，或属于动风先兆。

（6）短缩

1）舌象特征：舌体蜷缩，不能伸出口外，严重者舌不抵齿。舌短缩常与舌痿软并见。

2）临床意义：病中见舌短缩，无论虚实，多属危候。

舌短缩，色淡白或青紫而湿润，多属寒凝筋脉。舌短缩，且淡白而胖嫩，多属气血虚衰。舌短缩，色红绛而干，多属热盛伤津。舌短缩而胖大，苔黏腻，多属痰浊内阻。

此外，先天性舌系带过短，亦可影响舌体伸出，称为绊舌，无辨证意义。

2.5.2.4 舌下络脉

舌系带两侧纵行的一对大络脉，称舌下络脉，是舌深静脉及其属支。正常情况下，其管径小于 2.7mm，长度不超过舌下肉阜至舌尖的 3/5，颜色为淡紫色。望舌下络脉主要观察其色泽、充盈程度、长度、宽径、舌下小血络的充盈程度等变化。

1）舌下络脉的观察方法：先让病人张口，从舌背观察舌体、舌苔，以便对照，然后让患者轻轻将舌体向上腭方向翘起，舌尖可轻抵上腭中央前方，观察舌腹面。嘱患者切勿用力太过，应轻轻舒舌，使舌体保持自然松弛，使舌下络脉充分显露不变形。如用力伸舌卷舌，上翘过度，可使舌色变深，因舌肌束紧，舌脉变细变短，显现不够充分。在观察中，病人感到疲劳，可让患者休息片刻，卷舌再看。有的患者不会卷舌，可借助压舌板观察。一般先观察舌系带两侧的大络脉色泽、粗细，有否曲张、囊状、囊柱状等变化。然后再看周围细小络脉的颜色、形态以及有无紫暗的珠状结节和紫色血络。

2）舌下络脉异常及其临床意义：舌下络脉细而短，色淡红，周围小络脉不明显，舌色和舌下黏膜色偏淡者，多属气血不足。舌下络脉粗胀，或舌下络脉呈青紫、紫红、绛紫 紫黑色，或舌下络脉曲张如大小不等的紫色珠状结节，或舌下细小络脉呈暗红色或紫色网状等改变，都是瘀血内阻的表现。

舌下络脉的变化，有时会出现在舌色变化之前。因此，舌下络脉是分析气血运行情况的重要依据。

2.5.3 望 舌 苔

舌苔是指舌体上附着的一层苔垢。望舌苔即是通过观察苔质和苔色两方面的变化来了解疾病的寒热虚实、阴阳表里、津液存亡及发展趋势、预后吉凶等。

2.5.3.1 苔质

苔质即舌苔的质地、形态。主要观察舌苔的厚薄、润燥、腻腐、剥落、消长等方面的改变。

（1）薄、厚苔

1）舌象特征：舌苔的薄厚以“见底”和“不见底”为标准。透过舌苔能隐隐见到舌体的苔称为薄苔，又称见底苔；透过舌苔不能见到舌体的苔称为厚苔，又称不见底苔。

2）临床意义：舌苔的厚薄变化，是邪正盛衰的反映。

薄苔本是胃气、胃阴上蒸于舌面而生成，属正常舌苔。若有病见之，亦属疾病轻浅，正气未伤，邪气不盛。故薄苔主外感表证，或内伤轻病。厚苔是由胃气夹湿浊邪气熏蒸所致，主邪盛入里，或内有痰饮湿食积滞。

舌苔厚薄的变化，是正邪进退的反映。疾病初起，病邪在表，病情较轻，未伤胃气，舌苔多薄。舌苔厚或舌中、根部尤著者，多提示胃肠内有宿食，或痰浊停滞，主病位在里，病情较重。舌苔由薄增厚，一般说明病邪由表入里，邪气加重，为病进；舌苔由厚变薄，舌上复生薄白新苔，则表示邪气渐退，正气渐复，为病退的征象。

舌苔的厚薄转化，反映着邪正相争的过程，一般以逐渐转变为佳。如薄苔突然增厚，提示邪气极盛，迅速入里；厚苔骤然消退，舌上无新生薄苔，为正不胜邪，或胃气暴绝。

（2）润、燥苔

1）舌象特征：舌苔干湿适中，不滑不燥，称为润苔；舌面水分过多，伸舌欲滴，扪之湿而滑利，称为滑苔。舌苔望之干燥，扪之无津，甚则舌苔干裂者，称为燥苔。

2）临床意义：舌苔润燥主要反映体内津液变化情况。润苔属正常舌苔，是津液上承的表现，疾病过程中见润苔，表明津液未伤，如表寒证、湿证初起、食滞、血瘀等均可见润苔。

生活点滴

体壮邪实的患者，首先要保持大小便的通畅，使体内邪毒及废物尽快从二便排出。多饮水是清除体内垃圾、恢复内环境平衡，帮助内脏功能恢复正常的有效方法。甜腻厚味的食品，会助湿化热，增加内脏的负担，所以饮食以清淡为宜。如饮用茶水比高能量的饮料为好。维生素有增加机体免疫功能及修复组织损伤，促进新陈代谢的作用，可以补充多种维生素。

链接

滑苔为水湿内停的表现，主寒证、主痰湿。因阳气虚衰，不能运化水湿，湿聚而为痰饮，随经上溢于苔，故舌苔水滑，临床上常见于阳虚而痰饮水湿内停者。

燥苔是津液不能上承所致，多主津液耗损，或湿浊内阻，津不上承。如高热、大汗、吐泻后，或过服温燥药物后见燥苔，属津液不足，舌苔失去滋润而干燥。亦有因阳气为阴邪（痰饮水湿等）所阻，不能上蒸津液濡润舌苔而见燥苔者，为津失输布的征象。

舌苔由润变燥，表示津液已伤，热势加重，或津失输布；反之舌苔由燥转润，表明热退津复，或饮邪始化。但在特殊情况下，也有湿邪苔反燥而热邪苔反润者，如湿邪传入气分，气不化津则舌苔反燥；热邪传入血分，阳邪入阴，蒸动阴气，则舌苔反润。

（3）腻、腐苔

1）舌象特征：腻苔指在舌体上有一层颗粒，细腻致密，融合成片的苔状物，紧贴于舌面，中间厚边周薄，揩之不去，刮之不脱，属有根苔。舌苔腻而垢浊者，称为垢腻苔；腻苔上罩有一层白色或透明的稠厚黏液者，称为黏腻苔；腻苔湿润滑利者，称为滑腻苔；腻苔干燥少津，称为燥腻苔等，以上四者均具有腻苔的特点。

腐苔指苔质颗粒粗大松浮，形如豆腐渣堆积舌面，中心边缘皆厚，刮之易脱，刮去之处舌底光滑，属无根苔。腐苔上黏厚一层有如疮脓，则称脓腐苔。舌上生糜点如饭粒，或生一层白膜形似凝乳，甚则蔓延至舌下或口腔其他部位，揩之可去，旋即复生，揩去之处舌面多光剥无苔，称之为霉苔，《辨舌指南》称之为霉腐苔。

2）临床意义：腻苔主湿浊、痰饮、食积，多是湿浊内蕴、阳气被遏所致。舌苔薄腻或腻而不板滞者，多为食积或是脾虚湿困，阻滞气机；舌苔腻而滑者，为痰浊、寒湿内阻，阳气被遏；舌苔厚而黏腻者，是脾胃湿浊之邪上泛所致。当湿痰浊邪化热时，还可在苔色上反映出来。

腐苔多见于胃气衰败，湿浊上泛之证。腐苔的形成，一般先为邪热有余，蒸腾胃中秽浊之邪上泛，聚积于舌，但因久病胃气匮乏，不能续生新苔，已生之苔不能与胃气相通，渐渐脱离舌体，浮于舌面而成，属于无根苔。

霉苔提示气阴两虚，湿热秽浊之邪泛滥，多见于危重患者或营养不良的小儿。

（4）剥苔、类剥苔

1）舌象特征：舌面本有舌苔，突然全部或部分剥落，剥落处舌面光滑无苔者，称为剥苔。根据舌苔剥落的部位和范围大小不同，临床又分为以下几种：

舌前部苔剥落者，称前剥苔；舌中部苔剥落者，称中剥苔；舌根部苔剥者，称根剥苔；舌苔多处剥落，舌面仅斑驳片存少量舌苔者，称花剥苔；全舌之苔剥落殆尽，不再复生，舌面光滑如镜者，称为镜面舌，是剥苔最严重的一种。

舌苔剥落处，舌面不光滑，仍有新生苔质颗粒或乳头可见者，称类剥苔。舌苔大片剥落，边缘突起，界限清楚，剥落部位时时移动，称为地图舌。

2）临床意义：一般主胃气匮乏、胃阴枯涸或气血两虚。胃气胃阴亏损的原因程度不同，临床上可见到部位和范围大小不同的剥苔。

舌红苔剥多属阴虚不能上潮于口；舌淡苔剥或类剥苔多属血虚，或气血两虚，气血不能上熏于舌；镜面舌是胃阴枯竭、胃气大伤的表现，多属病情危重。舌面光洁如镜，全无血色者，主营血大亏，阳气将脱；镜面舌色红者，为胃阴枯涸，胃无生发之气。

花剥苔未剥落处仍有腻苔或滑苔者，多为正气已伤、湿浊未化，病情更为复杂。

剥苔部位有时与舌面脏腑分部相应。剥苔的范围大小，往往与胃气胃阴或气血亏损的程度有关。

辨舌苔的剥落还应与先天性剥苔加以区别。先天性剥苔是生来就有的剥苔，其部位常在舌中部，呈菱形，为舌先天发育不良之遗痕，无临床意义。

类剥苔主久病气血不续。地图舌亦主阴虚或气血不续。

（5）真假

1）舌象特征：舌苔的真假以有根无根为依据。舌苔中厚边薄，紧贴于舌面，苔底牢着；或苔虽松厚，刮之舌面仍有苔迹；或厚苔脱落，舌面仍有黏膜颗粒，有苔能渐生之象者，均属有根苔。舌苔似有似无，甚则光剥如镜面；或苔厚松腐，四周如截，刮之即去，舌面光滑，不能续生新苔者，为无根苔。有根苔为真苔，无根苔为假苔。

2）临床意义：有根苔是有胃气的征象。无根苔提示胃气衰败，是无胃气的征象。其中，有根薄苔属正常舌苔；有根厚苔提示邪气已盛，但脏腑的生气未竭。

（6）消长

1）舌象特征：消是指舌苔由厚变薄，由多变少地消退；长是指舌苔由无到有，由薄变厚地增长。

2）临床意义：舌苔的消长是正邪相争的表现，可判断疾病的进退预后。消主邪气渐弱，是病退；长主邪气渐盛，是病进。消长以逐渐变化为佳，若舌苔骤然消长，是病情突变的表现。如舌苔突然消退，往往是胃气暴绝的反映；若舌苔突然增厚，说明正气暴衰，邪气急剧入里。

2.5.3.2 苔色

苔色，即舌苔的颜色，一般分为白苔、黄苔、灰黑苔三类，临床上可单独出现，也可相兼出现。各种苔色变化尚需结合苔质及舌体的变化作具体分析。

（1）白苔

1）舌象特征：白苔有厚薄之分。舌上薄薄分布一层白苔，透过舌苔可以隐隐看到舌体者，是薄白苔；苔色呈乳白色或粉白色，舌边尖较薄，中根部略厚，透过舌苔看不到舌体者，是厚白苔。白苔是临床上最常见，且最为复杂的苔色，各种苔色均由白苔转化而成。

2）临床意义：正常人舌苔薄白属生理现象。病理上白苔常见于表证、寒证。外感邪气尚未入里，舌苔往往无明显变化，仍为正常之薄白苔。

舌苔薄白而润，可为正常舌象，或为表证初起，或是里证轻证，或是阳虚内寒。若苔薄白而润，伴恶风或恶寒者，多为表寒证；如苔薄白而少津，舌质红者，多为表热证；舌苔薄白而滑者，常见于寒湿袭表证。

苔白厚而滑腻者，常见于湿浊内盛，寒湿痰饮证。

但白苔的临床意义还不局限于表证和寒证，在特殊情况下也主热证。如舌上满布白苔，如积粉堆积，扪之不燥者，称为积粉苔，常见于外感秽浊不正之气，热毒内盛所致。苔白燥裂，扪之粗糙，称糙裂苔，常由于温病化热迅速，津液暴伤，苔尚未转黄而里热已炽所致。

（2）黄苔

1）舌象特征：黄苔的颜色有淡黄、深黄和焦黄等不同表现。淡黄苔又称微黄苔，是在薄白苔中带均匀的浅黄色，往往由薄白苔转变而来；深黄苔又称正黄苔，苔色黄而略深厚；焦黄苔又称老黄苔，是深黄苔中夹有灰褐色苔。黄苔多与红舌或绛舌同见，且大多分布于舌中及舌根部，亦可满布全舌。

2）临床意义：黄苔一般主里证、热证。由于胃气挟热邪熏灼于舌，所以苔现黄色。淡黄苔为热轻，深黄苔为热重，焦黄苔为热结。总之，苔色愈黄，反映邪热越重。

薄白苔中兼见黄苔，是外感表证化热入里，但尚未完全入里的表现，故《伤寒指掌》说："但看舌苔带一分白，病亦带一分表，必纯黄无白，邪方离表入里。"

外感病舌苔由白转黄，为表邪入里化热的征象。但是苔薄淡黄，也常见于风热在表，或风寒在表化热，表示邪热未甚。苔薄黄而润，为邪未伤津；薄黄而干，为热邪伤津。

苔色黄而黏腻者，称黄黏腻苔。主邪热与痰湿胶结为患。如果黄色浅，黏腻程度稀薄，是湿重于热；如果黄色深，黏腻程度稠厚，是热重于湿。

苔黄而干燥，甚至苔干而硬，颗粒粗松如砂石，扪之糙硬者，称黄糙苔；苔黄而干涩，中有花瓣形裂纹，称黄瓣苔；苔黄褐如烧焦的锅巴，称焦黄苔。此三者均主邪热伤津，燥结腑实之证。

苔淡黄而润滑多津者，称黄滑苔，若兼见舌淡胖多为阳虚之体，寒湿痰饮聚久化热；若舌淡黄瘦薄，多是气血亏虚之体，复感湿热之邪。

（3）灰黑苔

1）舌象特征：灰苔即浅黑色苔，常由白苔晦暗转化而来。黑苔较灰苔色深，多由灰苔或焦黄苔发展而来。

2）临床意义：灰苔与黑苔同类，临床上寒、热、虚、实的证候都可出现，灰黑苔主里证时病情往往比较严重。一般苔色深浅与寒热程度相应。灰黑苔多由白苔或黄苔转化而成，多在疾病持续一定时间，发展到严重阶段后才出现，所以其中苔质润燥是鉴别灰黑苔寒热属性的重要指征。灰黑苔多见于热极伤阴；阳虚阴甚或肾阴亏损，痰湿久郁等证。

如苔黑而燥裂，多为热极津枯；苔黑而滑润，则多属阳虚寒盛；如苔黑生刺，望之虽燥，但渴不多饮，舌质淡白而嫩，则为假热真寒证；舌根苔黑而燥，为热在下焦。

苔色红中兼黑，又带黄色者，名霉酱苔，常由宿食湿浊，积久化热，上熏舌面而成，也可见于血瘀气滞或湿热夹痰的病证。

2.5.4 舌象分析要点

2.5.4.1 舌体和舌苔的综合分析

一般来说，观察舌体可以了解脏腑虚实、气血津液的盛衰；察舌苔重在辨病邪的寒热深浅、邪正的消长。临床诊病时，还应将舌体和舌苔进行综合分析。

(1) 舌苔或舌体单方面异常

若舌苔或舌体单方面异常，无论新病、久病，一般均说明病情尚属单纯。舌体与舌苔在反映病情上各有侧重，一般而言，如仅舌苔有异常变化，主要提示病邪性质、病程长短、病位深浅、病邪盛衰和消长等方面情况，正气尚未明显损伤，故临床治疗时应以祛邪为主。如仅舌体有异常变化，主要反映脏腑功能强弱，或气血、津液的盈亏以及运行的畅滞，或为病邪损及营血的程度等，临床治疗应着重于调整阴阳、调和气血、扶正祛邪。

(2) 舌苔和舌体变化一致

说明病机相同，主病往往是两者主病的综合。例如：舌红有芒刺主热，舌苔黄而干为里热伤津，故此舌象主里热炽盛伤津；舌体淡嫩主虚寒，舌苔白厚润为里寒证，故此舌象主里虚寒证。

(3) 舌苔和舌体变化不一致

此时应具体分析两者的相互关系，进行综合判断。如苔白虽主寒主湿，但若红绛舌兼白干苔，则属燥热伤津，由于燥气化火迅速，苔色尚未转黄，便已入营；再如白厚积粉苔，亦主邪热炽盛，并不主寒；灰黑苔可属热证，亦可属寒证，须结合舌质润燥来辨。如红绛舌属热，白润苔属寒，两者并见，在外感热病，是营分有热而气分有湿；在内伤则属阴虚火旺而挟痰浊食积。所以，当舌体和舌苔变化不一致时，提示病情比较复杂，有两种或两种以上的病理变化，舌象的临床意义亦是两者主病的结合，此时更要注意把握标本缓急而不能随意取舍。

小结

1. 全身望诊包括望神、望色、望形体、望姿态等，通过全身望诊，可对病情的轻重缓急和病性的寒热虚实获得一个总体的印象，为进一步深入细致地诊察病情打下基础。进行全身望诊要求在短暂的时间内洞察疾病，对病情作出大体、初步的估计。在此基础上，再根据具体病情的需要，做深入细致的诊察。

2. 望头面包括望头部、望面部；望五官包括望目、望耳、望鼻、望口与唇、望齿与龈及望咽喉；望躯体包括望颈项、望胸胁、望腹部、望腰背部，望四肢包括四肢形态异常和动态异常；望皮肤包括望全身皮肤色泽形态变化及斑疹、水疱、疮疡等皮肤病症。

3. 通过观察排出物(痰涎、呕吐物、大便、小便等)形、色、质、量的异常改变，可测知脏气盛衰和邪气的性质。

4. 从浮沉、颜色、长短、形状四个方面，对小儿指纹进行观察，可以弥补脉诊的不足，同样可以诊察疾病的病位、病性，判断脏腑气血的盛衰及病情的轻重和预后。

5. 舌诊概说
   - 舌诊原理
   - 舌诊的意义
   - 舌诊的方法和注意事项
   - 舌诊的内容和正常舌象

6. 望舌体
   - 舌色(淡、白、红、绛、青、紫)
   - 舌形(荣枯、老嫩、胖瘦、点刺、裂纹、齿痕)
   - 舌态(痿软、强硬、㖞斜、颤动、吐弄、短缩)
   - 舌下络脉

7. 望舌苔
   - 苔质(厚薄、润燥、腐腻、剥落、真假)
   - 苔色(白、黄、灰黑)

8. 舌象分析要点。

目标检测

一、选择题

1. 以下哪项不是望神应重点观察的内容
   A. 两目　B. 神情　C. 气色
   D. 语言　E. 体态
2. 下列哪项不是得神的表现
   A. 两目精彩　B. 语言清晰　C. 动作自如
   D. 呼吸平稳　E. 面色少华
3. 患者突然昏倒,口吐涎沫,两目上视,四肢抽搐,醒后如常,此属
   A. 狂病　B. 癫病　C. 痫病
   D. 惊风　E. 脏躁
4. 下列哪项不是面白主病
   A. 气虚证　B. 失血证　C. 阳虚证
   D. 阴虚证　E. 亡阳证
5. 下列哪项不会出现面黄
   A. 脾胃气虚　B. 脾虚湿蕴　C. 阳黄
   D. 阴黄　E. 肾虚
6. 下列除哪项外,均可见面赤
   A. 肾精久耗　B. 阴虚证　C. 实热证
   D. 戴阳证　E. 肝火上炎
7. 下列除哪项外均可见面青
   A. 寒证　B. 疼痛　C. 血瘀
   D. 湿证　E. 惊风
8. 下列哪项不见面色发黑
   A. 痰湿　B. 肾虚　C. 寒证
   D. 水饮　E. 血瘀
9. 下列哪项不是阳脏人的表现
   A. 体型瘦长　B. 头长　C. 颈细
   D. 肩宽胸厚　E. 体姿多前倾
10. 肢体软弱,行动不灵,属于
    A. 痹病　B. 痿病　C. 痫病
    D. 中暑　E. 以上都不是
11. 小儿发结如穗,枯黄无泽,属于
    A. 精血不足　B. 疳积病　C. 血虚受风
    D. 血热或肾虚　E. 先天不足
12. 一侧或两侧腮部以耳垂为中心肿起,边缘不清,按之有柔韧感或压痛者,多是
    A. 发颐　B. 阳水　C. 痄腮
    D. 阴水　E. 抱头火丹
13. 全目赤肿为
    A. 心火　B. 肺火　C. 脾火
    D. 痰饮　E. 以上都不是
14. 瞳孔散大多见于

A. 水肿病　B. 伤津耗液或气血不足　C. 肝胆火炽
D. 肾精耗竭　E. 脾胃虚衰

15. 昏睡露睛，多属
A. 水肿病　B. 伤津耗液或气血不足　C. 肝胆火炽
D. 肾精耗竭　E. 脾胃虚衰

16. 小儿耳背有红络，耳根发凉，多为
A. 出麻先兆　B. 肾精亏耗　C. 肾气不足
D. 气血亏虚　E. 肝胆湿热熏蒸

17. 患者鼻端晦暗枯槁，属于
A. 阴寒腹痛　B. 气血亏虚　C. 肺脾蕴热
D. 胃气已衰　E. 肾虚寒水内停

18. 口唇青紫多见于
A. 血虚证　B. 实热证　C. 血瘀证
D. 寒盛　E. 痛极

19. 牙齿燥如枯骨
A. 胃阴已伤　B. 阳明热甚，津液大伤　C. 热极动风
D. 肾阴枯竭，精不上荣　E. 肾虚，虚火上炎

20. 下列哪项不是斑的表现
A. 色深红或青紫　B. 点大成片　C. 平铺于皮肤
D. 抚之得手　E. 压之不退色

21. 下列哪项不是水痘的表现
A. 椭圆形小水疱　B. 晶莹明亮　C. 大小不等
D. 一齐出现　E. 顶满无脐

22. 患部红肿高大，根盘紧束，焮热疼痛者，为
A. 痈　B. 疽　C. 疔
D. 疖　E. 丹毒

23. 舌尖所候的脏腑一般是
A. 脾胃　B. 肝胆　C. 心肺
D. 肾　E. 三焦

24. 舌尖生芒刺多为
A. 心火亢盛　B. 胃肠热盛　C. 胃阴不足
D. 肝胆热盛　E. 以上都不是

25. 观察舌体的荣枯，可以判断
A. 属阴属阳　B. 属表属里　C. 属寒属热
D. 属吉属凶　E. 以上都不是

26. 舌色淡白而有裂纹，多见于
A. 血虚不润　B. 热盛伤津　C. 阴虚
D. 阳虚　E. 气虚

27. 下列哪项不属于舌体短缩的主病
A. 寒凝筋脉　B. 气血虚衰　C. 阴亏已极
D. 热盛伤津　E. 风痰阻络

28. 舌下络脉粗胀，或呈青紫、紫红、绛紫、紫黑色，多见于
A. 气滞　B. 血瘀　C. 寒凝
D. 热极　E. 痰阻

29. 下列哪项是正气渐衰的表现

A. 舌苔从全到剥落　　B. 舌苔剥落后复生薄白苔　　C. 未剥落处有腻苔

D. 舌苔剥落部位时时移动　　E. 以上都不是

30. 察舌苔有根无根,主要可了解

A. 脏腑虚实　　B. 津液存亡　　C. 气血盈亏

D. 胃气有无　　E. 邪气盛衰

31. 舌淡苔黑滑者,多属

A. 痰火内蕴　　B. 阴虚火旺　　C. 热盛伤津

D. 阳虚寒盛　　E. 湿热郁蒸

32. 与舌质变化有关的是

A. 丝状乳头　　B. 蕈状乳头　　C. 轮廓乳头

D. 叶状乳头　　E. 舌下络脉

二、判断题

1. 望神是指观察人的两目、神情、气色、体态四个方面的变化。
2. 假神与真正病情好转的区别在于:局部症状的暂时"好转"与整体病情的恶化不相符。
3. 善色指健康无病的面色。
4. 有气不患无色,有色不可无气。
5. 面色发赤必属热证。
6. 体型偏于矮胖,头圆颈粗,肩宽胸厚,身体姿势多后仰者,多属于阳脏人。
7. 形胜气者夭,气胜形者寿。
8. 望色主要是观察患者面部皮肤的颜色变化。
9. 望舌时应让患者尽量用力伸舌于口外,使舌体充分暴露。
10. 观察舌象的时间不是越长越好。
11. 一年中夏季的舌苔稍厚微黄。
12. 淡舌也称为枯白舌。
13. 舌体和舌苔的润燥与体内津液的多少有关。
14. 病变时舌苔是由病邪之气上熏而成。
15. 白苔主表证、寒证,有时也见于热证。
16. 荣舌就是嫩舌。
17. 观察舌下络脉可以判断有无血瘀,但难以判断气血盛衰。
18. 正常人舌下络脉的长度不超过舌下肉阜至舌尖的3/5。

三、名词解释

1. 瘿瘤　　2. 瘰疬　　3. 乳蛾

4. 透关射甲　　5. 腐苔　　6. 腻苔

7. 滑苔　　8. 糙苔　　9. 镜面舌

10. 染苔

四、问答题

1. 神气不足与精亏神衰所致失神有何不同?
2. 假神的病情"好转"与重病病情真正好转有何不同?
3. 何谓病色? 其特点如何?
4. 何谓望色十法,有何临床意义?
5. 如何根据动静姿态判断病情的阴阳寒热虚实? 试举例说明。
6. 怎样辨痰的性质?
7. 如何理解"三关辨轻重"、"色泽辨寒热"?

8. 诊舌时有哪些注意事项？
9. 试述正常舌象的特征。
10. 舌苔厚薄变化的临床意义如何？
11. 举例说明白厚苔常见哪四种类型？各有何临床意义？
12. 病理性舌色变化有哪些？各主何病证？
13. 动风的舌态变化有哪些？各主何病证？

（严 芳 田 松）

3 闻　　诊

学习目标

1. 叙述咳嗽、哮、喘、呃逆、嗳气、谵语等变化及其一般临床意义

2. 简述呼吸、语言、呕吐等声音的高低、强弱、清浊等变化的一般临床意义,简述体味、口味、汗、痰、二便、月经、带下以及病室气味等变化及其临床意义

闻诊是医生通过自己的感觉器官(耳与鼻)来听患者发出的声音,嗅患者身体及其排泄物(如二便、痰、呕吐物等)的气味,从而了解疾病的诊断方法。

闻诊包括听声音和嗅气味两方面。

3.1 听　声　音

正常声音是脏腑调和、气血充盛的表现,它可因个体不同或感情变化而有大小、高低、急缓的差异,但一般而言,正常时应发声自然,音调和谐流畅。当外邪侵袭或脏腑失调时,可使人的声音发生异常变化,并由于致病邪气不同,病变所在脏腑有异,因而其异常的声音变化也各不相同。故此,临床可以通过诊察患者各种异常的声音变化来推断疾病的寒热虚实、脏腑的气血盛衰、邪气的性质与盛衰变化。

声音是怎样发出的

首先,人们通过口、鼻吸气,使自己的肺叶充满空气,当人们呼气时,由于声带闭合阻气,使声带产生震动我们称它为基音,这时的声音力量小,音色也不好听。只有经过身体的共鸣腔体的共振,才能产生自然优美而响亮的声音。歌唱是呼吸器官、发声器官和共鸣器官协调、科学的运动。

呼吸器官主要包括:喉头、会厌、声带等。喉头也叫喉结,是重要的发声器官。会厌是长在舌根与喉咙之间的一块半圆形的叶状软骨,它的作用是保护气管与声带。声带是位于喉咙中间的两条白色韧带,当人们吸气时,声门打开,声带自然分开;而当呼气发声时,声带自然闭合靠拢,成水平状,气息穿过两条声带间的缝隙,使声带产生震动,产生了声音。

共鸣器官包括:胸腔、口咽腔、鼻腔、窦腔等。歌唱时依赖人体的这些器官的共鸣作用来扩大,修饰,润色声音。

除此之外,人们还有咬字的器官包括口腔、唇、齿、舌等。它们是我们演唱时表达感情,传达歌曲内容的重要器官。

链接

3.1.1 发　　声

患者发声的强弱、清浊与病邪的性质、正气的盛衰密切相关。一般而言,发声高亢壮厉,声音连续有力,或前轻后重,多属实证、热证。发声低微无力,声音断续,或前重后轻,或出音迟缓,

多属虚证、寒证。

3.1.1.1 声重

声重即语声重浊。若鼻塞而声音重浊有力，属外感，多由风寒湿邪袭表所致；若声音重浊如痰壅滞，多见于素体脾湿痰盛之人，久易酿成痰火。

3.1.1.2 嘶哑

发声嘶嗄或声哑不能发音者，称为嘶哑。嘶与哑程度不同，嘶者病轻，仅指声音沙嘶而言；哑者病重，即声哑不能发音之症，又称失音、失瘖。两者常同时并见，或由嘶及哑，故嘶哑并称。

突然嘶哑，属实证。若病程短，伴有表证，多为风寒、风热、燥热之邪，侵袭肺卫，肺气不宣所致；若声音突然嘶哑，反复发作，并随情志变化而加重或减轻，多由肝气郁滞，痰气交阻于咽喉所致；若喉中声嘶痰多而黏，咳吐痰后声音略清，多由痰热所致。以上均属"金实不鸣"。

久病声嘶或失音，多为虚证。若声音嘶哑，日久不愈，多为肺肾阴虚所致，即所谓"金破不鸣"。

3.1.1.3 呻吟

患者呻吟不已或哀号啼叫，多因身有难忍苦楚或有较剧烈疼痛。若攒眉呻吟，多为头痛。若呻吟而扪心或护腹，多为胸脘或腹部疼痛。呻吟时扪腮，多为牙齿痛。

3.1.2 语　　言

言为心声，语言的异常，一般反映心神的病变。少言而静，多属虚证、寒证；多言而躁动，多属实证、热证。

3.1.2.1 言謇

说话迟钝，含糊不清，艰涩不畅，称为言謇，又称"语言謇涩"。多为风痰阻络，或肝风夹痰蒙蔽清窍所致，常见于中风病患者。因习惯而成，或先天舌系带过短者，不属病态。

3.1.2.2 谵语

神识不清，语无伦次，声高有力，称为谵语。多为热扰心神所致，属实证。若伴有高热面赤、口渴汗出、脉洪大，或烦躁便秘、腹满坚硬者为阳明实热。若伴身热夜甚，烦躁不安或高热昏谵夜剧、吐衄发斑、躁扰不宁者，为热入营血。

3.1.2.3 郑声

神昏而语言重复，断断续续，声音微弱，称为郑声。为阳气衰微、正气将脱、精神已夺的危象，属虚证。

3.1.2.4 独语

喃喃自语，出言无序，见人则止，称为独语。多见于癫病，由痰蒙心窍，或心气不足、精不养神所致。

3.1.2.5 狂言

胡言叫喊，呼号怒骂，语无伦次，不避亲疏，称为狂言。属阳证，多见于狂病。

3.1.2.6 错语

神志恍惚，语言错乱，说后自知，但不能自主，称为错语。若错语伴面色无华、神倦乏力、失眠健忘、心悸、纳差，多因思虑过度而引起心脾两亏、心神失养所致。若伴情志抑郁、胸闷太息、易怒，为肝郁气结而致。若伴痛经、月经不调或见于产后恶露淋漓不尽者，为经脉不畅、瘀血内结、心神不宁所致。若伴神情呆滞、眩晕呕恶、胸闷腹胀、苔腻，为痰湿内阻清窍、神明受扰所致。

3.1.2.7 夺气

语音低微，不易出喉，气短乏力，懒于言谈，欲言不能复言，称为夺气。为肺脾之气大虚所致。

3.1.2.8 呓语

睡中呢喃，咬字不清，意思不明，称为呓语。若伴有平日心烦、溲黄、舌尖红，为心火所致。伴口苦咽干、胁肋胀疼，为胆热所致。若伴胃脘部不舒、嗳气、发胀为胃中不和所致。

3.1.3 呼　吸

闻呼吸是诊察患者呼吸的快慢，是否均匀通畅以及气息的强弱粗细等。形病而气未病者，一般呼吸如常；形气俱病者，则出现呼吸异常。呼吸气粗而快，声高有力，多为实证、热证；呼吸气微而慢，声音低弱，多属虚证、寒证。

3.1.3.1 喘

呼吸急促，甚则张口抬肩，鼻翼煽动，不能平卧，称为喘。其发病与肺、肾关系密切，有虚实之分。若发病急骤，呼吸深长有余，呼出为快，气粗声高，属实喘，多由邪气犯肺所致。若发病徐缓，呼吸短促难续，深吸为快，气怯声低，动则尤甚，为虚喘，多由肺肾气虚所致。

3.1.3.2 哮

呼吸急促而喉间有痰鸣声，称为哮。哮具有时发时止，缠绵难愈的特点。若气喘痰鸣如水鸡声，咳痰清稀，或痰白呈泡沫状，形寒肢冷，为冷哮，由寒痰内伏所致。若哮鸣如曳锯，胸高气粗，咳痰黄稠胶黏，属热哮，由热痰内伏所致。

哮与喘不同，哮必兼喘，喘未必兼哮，仅有呼吸急促而无痰鸣声。

3.1.3.3 少气

呼吸微弱，气少不足以息，称为少气或气少。多见于久病衰弱、诸虚不足之证，是气亏体弱的表现。若气少不足以息,懒于言语,咳后气少更甚,为肺气不足。若气少倦怠,食后腹胀而更觉不足以息,为脾气亏虚。若少气而心中空豁,心悸不宁,多为心气虚弱。若热病后期,出现气少不足以息,懒言神疲等症,多为邪热耗伤气阴所致。

3.1.4 咳 嗽

咳嗽是肺失宣肃,气逆于上而发出的声音。古人有声无痰称为咳,有痰无声称为嗽。然而临床上多为声痰并见,难以截然分开,故常咳嗽并称。

咳声重浊,痰白清稀而鼻塞者,多为外感风寒。咳而声低,痰多易咯出,若遇寒尤甚者为寒湿;头身困重,舌胖有齿痕者为湿咳或痰饮作咳。咳声不扬,属肺气不宣;若伴见痰稠色黄不易咳出,多属肺热。若咳声清脆,干咳无痰或少痰,多为燥邪犯肺,往往带有表证症状,且病程较短。若干咳无痰或少痰,咳声连续呈空腔声,多为肺阴虚或肺肾阴虚,尤见于肺痨之人,病程较长。若呛咳阵作,咳甚胸痛连胁,多为肝火犯肺。概言之,咳声壮厉,连声阵发,多为实证;咳声低微无力,时咳时止,多为虚证。

若咳嗽阵发,连声不断,咳后回声如"鹭鸶叫",称为"顿咳",亦名"百日咳"。常见于小儿,多由风邪与伏痰搏结,阻于呼吸道所致。

咳声如犬吠状,多为白喉,属阴虚火毒炽盛之重证。

3.1.5 呕 吐

呕吐指食物或痰涎等由胃中上逆从口而出的症状。前人以有声有物为呕,有物无声为吐,无物有声为干呕。然而临床上呕与吐常同时并见,故合称呕吐。

若吐势徐缓,声音微弱,吐物呈清水痰涎,属虚寒。若吐势较猛,声音壮厉,吐物呈黄苦水,属实热。若呕吐反复发作,吐物不多,时伴嗳气,情绪波动时加重,为肝胃不和所致。若呕吐势急,吐出酸腐不化食物,吐后为快,多由伤食所致。若恶心呕吐,频繁发作,吐物为痰涎,或饮水即吐,多为痰饮内停。若时作干呕,或呕吐时作,吐量不多,饥不欲食,常为胃阴不足之象。

3.1.6 呃 逆

呃逆俗称打嗝,唐代以前称"哕",是由胃气上逆,冲于咽部,发出的一种不由自主的冲击声。因其声短而频,呃呃连声,不能自制,故称呃逆。

若呃声频繁有力,高亢而短,冲逆而出多属实热,多由胃火上逆所致。呃声沉缓有力,得寒愈甚,多为胃中寒冷。若呃逆连声,每由情志不畅诱发或加重,多由肝气横逆克伐脾胃,胃气上逆,冲于喉间所致。若呃声低弱无力,不能连续,多属脾胃虚寒。呃声急促而时断时续,口干咽燥,多属胃阴亏虚。若久病胃气衰败,出现呃逆,声低无力,难以接续,则属危候,为胃气将绝之兆。

3.1.7 嗳 气

嗳气亦称噫气,是气从胃中向上出于咽喉而发出的声音。特点是声长调低而粗,一般不连发。饮食后偶有嗳气,多由进食仓促,致胃气一时失和而上逆,多能很快自愈。

若嗳气声响,发作较频,并伴有酸腐气味,伴脘腹胀满者,多由食滞胃脘所致。若嗳声响亮,频频发作,随情绪变化加重或减轻,多属肝气犯胃。若嗳气断续,嗳声低沉而无酸腐气味,多为脾胃虚弱,每见于久病年高体弱之人。

3.1.8 太　　息

患者自觉胸中郁闷不舒而发出长叹的声音,称太息,多为情志病之声。特点是平静呼吸过程中时而深吸气并长嘘叹气,发出比平时呼吸深而长的声音。善太息,多由情志不舒,木失条达,肝气郁滞引起,且每由情绪波动而加重。

3.1.9 喷　　嚏

喷嚏是自觉鼻中不适或发痒,快速张口吸气,稍顿而蓦地向外喷气,发出较大的声响。为气逆上冲于鼻而发出的声音,又称打喷嚏。

若喷嚏突然发作,声响气急,多为外邪袭表的征兆。若喷嚏而流清涕,恶寒身痛,脉浮紧,为外感风寒;若喷嚏而流黄浊涕,恶寒轻而头咽痛,舌红,脉浮数为外感风热。若外邪入里,日久不愈,忽然喷嚏阵作,多为正气来复,驱邪外出,病向痊愈之征兆。

若因异物入鼻,或异物刺激而作喷嚏,并非病态,乃阳气振奋,抗邪外出的表现。

3.1.10 呵　　欠

呵欠古籍中称为“欠”。人在疲倦欲睡或乍醒时张口舒气,为正常生理现象。若不拘时间,又不在困倦之时,频频呵欠,则属病理现象,多为机体阴盛阳衰。

3.2 嗅 气 味

正常人气血流畅,脏腑得水谷精气的充养而能进行正常的新陈代谢,故不产生异常气味。如因脏腑功能失常,气血津液受病邪的熏蒸而发生代谢紊乱,就会产生出各种异常难闻的气味。因此,临床上可以通过诊察患者散发出的各种气味,进而了解病情,推断疾病的寒热虚实。

嗅气味包括闻患者身体和其分泌物、排泄物所发出的异常气味以及闻病室气味。

3.2.1 体　　味

病体产生气味,主要是由于汗液受邪气熏蒸而产生特殊气味,同时还可由于人身某处生有恶疮,疮疡溃烂流出脓水而散发臭气所致。人体患病后,汗液是邪气外出的途径之一,因感受的邪气不同,所以病体产生的气味也不一样。临床上可以根据病体的气味来判断邪气的性质。

摆脱难堪的腋臭

狐臭虽然不是病,闻起来可是要人命,尤其每到夏天时,有狐臭的人更是让人避之唯恐不及。正因如此,脑筋动得快的商人便推出各种防治狐臭的体香膏等相关产品,有的人甚至还喷上浓烈的香水呢！若是你想一劳永逸,从此向狐臭告别,最好的方式当然是直接切除腋下汗腺。

利用特殊的蚀刻吸管或电动吸管将皮下的顶浆腺去除,约可达到 90% 的改善效果,使狐臭降低至若有似无的程度。

链接

感受湿热疫疠之气，脏腑气血受疫气蒸腐而败坏，机体皮肤可嗅及臭秽之气。肌肤有臊臭味者，多见于水肿病晚期，脏腑气血衰败，湿热浊毒内蕴，浊气由皮肤而出，又常称“氨气味”。机体皮肤有烂苹果味者，多见于消渴病患者，常因阴津受伤，湿热蕴蒸，发于皮肤而致。腋下汗出臭秽，如狐狸膻臊，令人不可近着，称为“腋臭”、“狐臭”。

3.2.2 口 味

3.2.2.1 口臭

口出热气，口气臭秽主胃肠实热。口出臭腐并见咳吐脓血，身热，为肺痈已成。口气腥臭夹有血腥味多为血证。经常口泛秽气，系脾胃素蕴湿热，浊气上冲所致。口中散发出烂苹果味为消渴重证。

患牙疳者口气臭腐难闻；龋齿时口气常泛臭秽；牙龈所泌之脓液腥臭黏稠，多为肺胃火热内盛。

3.2.2.2 口酸

口中常泛出酸味，多属肝热之气蕴蒸脾胃，化酸生腐，上蒸于口所致。若为酸腐味则为胃中有宿食积滞，常因暴食伤及脾胃，食停胃中化腐，胃中腐气上泛，故口中酸腐。

3.2.3 汗 味

正常人体汗液无强烈刺激性气味，是人体生理活动的代谢产物，由阳气蒸腾津液而成。病理情况下，汗液又是邪气外出的途径，且因感受的外邪不同，汗液的气味也不尽相同。

汗出有腥味或腥膻气味，甚或为黏汗，常为湿热蕴蒸肌肤所致。病体汗出量多，闻之有酸腐之气，常见于风湿热或长期服用水杨酸、阿司匹林等解热镇痛药物的患者，或为气分实热壅盛及久病阴虚火旺之人、狐臭、漏汗患者。

3.2.4 痰 味

患者咳唾痰白清稀，闻之腥污异常，多属虚寒证，常见于哮喘病后期脾肾阳虚者。患者咳唾腥臭脓血痰，多为肺痈所致。痰黏稠而有苦臭味，为肺热壅盛所致。痰色白量多，有甜味，为脾虚水湿内停，聚而成痰，痰湿犯肺所致。咳痰黄黏，闻之有酸辣味，为肝火上炎犯肺，肺失清肃所致；痰色白质稀，有咸味，为肾阳虚，水气上泛。

3.2.5 涕 味

久病鼻涕黄绿，胶结成块，闻之有臭味，此为肺脾气虚，邪毒滞留所致；鼻涕稠黄，闻之有腥味，初起多为风热之邪外犯，久病多为胆经火热上蒸所致。

3.2.6 大 便

正常粪便中因含有蛋白质分解产物——靛基质及粪臭素等而有臭味，一般肉食者味重，素食者味轻。若临床粪便出现有过度及特殊的臭味,则为病态。

勾践亲尝粪便

战国时代,吴越相攻,越兵大败,越国大臣文种建议越王勾践讲和。吴王答应与越王讲和,条件是勾践和他的妻子一块儿到吴国去,当夫差的仆人。

勾践到了吴国,夫差盖了一栋破烂石屋,叫勾践夫妇住在里头,专门去管养马的贱事。从此,勾践一天到晚锄草、养马,他夫人也整天蓬头垢面做下等工作。不久,夫差得了重病。范蠡对勾践说:"这是个好机会,你去探望夫差的病,然后请求尝他的大便,告诉他病马上会好转,这样一来,夫差一定放你回去。"

勾践便去探望夫差的病。勾践跪在床前,一边哭一边说:"听说您生病了,我难过得心肺都要烂了……"话没说完,夫差一扬手说:"等等!"原来夫差要拉肚子了。勾践急忙说:"我以前学过看病,只要一看粪便的颜色,就可以知道病情如何。"说完,就站在一旁,等夫差大便。

夫差解完大便,侍卫正要把便盆端出,勾践一个箭步向前,跪下来,掀起盖子,用手抓了一点夫差的大便,还放到嘴里尝一尝。侍卫们都掩着鼻子,臭得想吐。勾践又回到夫差床前,跪下来猛叩头:"恭喜大王,贺喜大王,您的大便又苦又酸,表示跟春夏的气味相调和,这就是很好的征候。"夫差很感动地说:"连亲生儿子都不肯为父亲尝大便,而勾践竟然肯,可见你对我的忠心。"夫差病好之后,就释放勾践回越国。

勾践回国后,卧薪尝胆,又送了美女西施去迷惑夫差。最后果然打败了吴国,获得了最后的胜利。

链接

大便恶臭,并伴有腹痛,脉数等,常由外感湿热或暑湿内蕴日久,湿热下迫大肠而致。

大便溏泻,其气腥臭,证有虚实之分。虚证多为脾胃虚寒而致,常为久病损伤脾胃之阳或素体脾胃阳虚所致。实证常为寒湿困脾所为,由于外感寒湿,侵袭肠胃,或过食生冷,寒湿内生,脾阳受困。

大便酸腐秽臭,或如败卵,常为饮食不节,致食滞内停,日久化热。若食积早期尚未化热时,常见大便不爽,其味酸馊。

3.2.7 小　　便

正常小便的气味应来自尿内的挥发性酸,若尿液放置时间较久,因尿素分解可出现氨臭味。病理情况下,新鲜尿液的气味,可出现腥、臊、恶臭味,甚或为烂苹果味。仔细辨别尿液的气味,将有助于疾病的诊断。

小便短少,其色黄而混浊,并伴有尿频、尿急、尿痛,多为膀胱湿热所致,常由嗜食辛热肥甘之品,酿生湿热;或外感暑湿,湿热下注膀胱,尿液受其煎熬而致其味臊臭。

小便混浊或带血,其味恶臭,见于膀胱肿瘤,多由于肿瘤溃烂而又继发感染所致。

此外,有些药物和食物如蒜、葱等亦可使尿液呈特殊气味,应予以鉴别。

3.2.8 呕　吐　物

呕吐物清稀而味腥,为胃寒所致。其中又有虚实之分,实寒多为外感风寒或暴食生冷,寒邪客于胃肠,胃气上逆而致呕吐,常兼恶寒发热、脉浮紧等外感表证的表现或胃脘冷痛拒按之里实寒证表现。虚证多由于脾胃阳虚,难以腐熟水谷,饮食清浊不分,致胃失和降。

呕吐物稠浊,其气酸臭,多因胃热所致。

呕吐物酸腐浊秽,同时夹杂有不消化的食物残渣,为食滞胃脘所致。

呕吐物腥臭，或夹有脓血，多为胃痈所致。

总之，湿热或热邪致病，其呕吐物多混浊而有臭秽难闻的气味；寒邪或寒湿致病，其呕吐物多清稀而味腥。

3.2.9 病室气味

病室的气味常由患者身体或其分泌物、排泄物散发于室内所形成。病室充满血腥气味，说明患者曾有大出血。病室有难闻的腐臭、尸臭气味，多为脏腑衰败，病属危重。病室有烂苹果味，见于消渴病之重症，即现代医学所称的“酮体味”。病室有尿臊臭味，为水肿病的晚期，多由脾肾衰败而湿热浊气内蕴之正衰邪恋所致。病室见臭秽之气，多见于感受温热疫疠之气，熏蒸脏腑气血，使其败坏而致。病室有酸臭味，多见于久病活动不便，汗出不断而又未能洗浴的患者。

小结

1. 闻诊包括听声音、嗅气味。

2. 听声音包括：发音、语言、呼吸、咳嗽、呕吐、呃逆、嗳气、太息、喷嚏。发声的主要规律是：凡高亢壮厉、声音连续有力、前轻后重者，多属实证、热证；凡声低无力、声音断续、前重后轻、出音迟缓，多为虚证、寒证。

3. 嗅气味包括：体味、口味、汗味、痰味、涕味、大便、小便、呕吐物、病室气味。嗅气味总规律是：气味恶臭或酸臭者，多为实证、热证；无味或微腥者，多为虚证、寒证。

目标检测

一、填空题

1. 语声正常，是①_____、②_____的表现。

2. 熟睡鼾声若无其他明显症状，多因①_____，或②_____所致。

3. 喘以①_____、②_____为主，哮以③_____为特征。

4. 汗出_____，是风湿热邪久蕴皮肤。

5. 病室有烂苹果味，见于_____之重症。

二、判断分析题（判断是非，并分析原因）

1. 呃逆不都属于病态。

2. 哮即包括喘和哮。

三、名词解释

1. 郑声　　2. 错语　　3. 金实不鸣

四、问答题

1. 试述闻呼吸的一般临床意义。

2. 如何根据呕吐的声响气味及病程辨别病证的寒热虚实？

（郭文娟　李希贤）

4 问　诊

学习目标

1. 叙述问诊及问现在症的内容。掌握常见症状的临床表现及临床意义

2. 简述问诊的方法、注意事项以及现在症状的询问方法

3. 说出问诊的目的和意义

问诊是医生通过对患者或陪诊者进行有目的、有步骤地询问，了解疾病的发生、发展、诊治经过、现在症状和其他与疾病有关的情况，以诊察疾病的方法。

临证问诊的重要意义在于：第一，许多病情资料如疾病发生、发展、变化的过程及治疗经过，患者的自觉症状、既往病史、生活习惯、饮食嗜好等，只有通过问诊才能获得，而这些资料是医生分析病情、判断病位、掌握病性及辨证治疗的可靠依据。第二，某些疾病早期，患者仅有自觉症状，尚未呈现客观体征时，通过问诊获得病情资料，对诊断疾病尤其重要。第三，通过问诊还可了解患者的思想动态，尤其对某些情志病变的诊断具有重要意义，而且在问诊过程中若能及时给予开导劝说，还可起到治疗作用。

4.1　问诊的方法及注意事项

问诊时，首先应抓住患者的主要病痛，确定主诉，然后围绕主诉进行有目的、有步骤地询问；其次，在询问过程中应随时运用中医学理论对问到的资料进行综合分析，边问边辨，问辨结合，以指导下一步问诊。此外，整个问诊过程都应遵循整体观念，不仅要掌握病变局部的情况，也要注重整体病情变化，还要了解外界其他相关资料，以免遗漏病情，影响诊断的全面性。

问诊应选择较安静适宜的环境进行，以免受到干扰，尤其对某些病因不便告人的患者，应单独询问，以便其无拘束地叙述病情。询问病情，宜直接向患者本人询问，若因病重意识不清等而不能自述，可向知情人或陪诊者询问，但当患者能陈述时，应及时加以核实或补充，以使资料尽量准确、可靠。

医生要关心体贴患者的疾苦，在问诊时，对患者的态度，既严肃认真，又和蔼可亲，细心询问、耐心听取患者叙述病情，使患者感到温暖亲切，愿意主动陈述病情。

在问诊中要随时注意患者的精神、心理活动，不要给患者以各种不良刺激而使病情加重。如遇病情较重，或较难治愈的患者，医生切忌有悲观、惊讶的语言或表情，以免增加患者的思想负担。

医生询问病情，语言应通俗易懂，切忌使用患者听不懂的医学术语。如患者叙述病情不够清楚，可进行某些必要的提示，但绝不可凭个人主观意愿去暗示套问患者，以避免所获病情资料片面或失真，影响诊断的准确性。

问诊时还应注意针对患者的具体情况机动灵活，不能机械地苛求内容全面、完整。如危急患者应扼要地询问，不必面面俱到，以便迅速抢救患者，待病情缓解后，再进行详细询问，防止延

误抢救时机。

4.2 问诊的内容

问诊的内容主要包括一般情况、主诉、现病史、既往史、个人生活史、家族史等。询问时应根据初诊或复诊、门诊或住院等不同就诊对象的实际情况，有针对性地进行询问。

4.2.1 一 般 情 况

一般情况包括姓名、性别、年龄、职业、婚否、民族、籍贯、工作单位、现住址等。

询问一般情况的临床意义，一是便于与患者或家属进行联系和随访，对患者的诊断和治疗负责。二是可使医生获得与疾病有关的资料，为某些地方病、职业病、传染病、妇科病、男性病、儿科病及老年病的诊断治疗提供一定依据。

4.2.2 主 诉

主诉是患者就诊时陈述的最感痛苦的症状、体征及其持续时间。

主诉往往是疾病的主要矛盾所在，可为初步估计疾病的范畴、类别、病势的轻重缓急等提供重要线索，具有很高的诊断价值。如发热、咳嗽三天。提示新病外感，病在肺卫，多属实证，病势轻浅等。

询问时，一要善于确定主诉。因患者的陈述大多凌乱而主次不分，而主诉是患者最痛苦的症状或体征，就诊时往往最先叙述，医生应注意倾听。而且只能确定为一两个症状，不能超过三个。二要将主诉所述症状或体征的部位、性质、程度、时间、治疗经过等询问清楚，不能笼统、含糊。三要注意不能把病名列为主诉。如"感冒三天"，感冒即是病名。

4.2.3 现 病 史

现病史是指围绕主诉从起病到就诊时疾病的发生、发展演变过程以及诊疗的经过和患者现在的症状表现。现病史应从发病情况、演变过程、治疗经过及现在症状等四个方面进行询问。

4.2.3.1 起病情况

起病情况主要包括发病时间的新久(突然发病或缓慢起病)、发病原因或诱因，最初的症状及其性质、部位，当时曾作何处理等。如一般起病急、时间短者，多为外感病、实证；患病已久，反复发作，经久不愈者，多为内伤病、虚证、或虚实夹杂证。如因情志不舒而致胁肋胀痛，急躁易怒者，多属肝气郁结；如因暴饮暴食而致胃脘胀满疼痛者，多属胃有积滞等。询问患者的发病情况，对辨别疾病的病因、病位、病性有重要作用。

4.2.3.2 演变过程

疾病的演变过程，指从发病后至就诊时病情变化的主要情况，一般按发病时间先后顺序进行询问。如哪一阶段出现什么症状和体征，其性质、程度如何、有何变化、何时好转或加重，有无新的症状出现、病情有无变化规律等。询问病情的演变过程，对了解疾病邪正斗争情况及其发展趋势有重要作用。

4.2.3.3 诊治经过

询问患者此次就诊前曾作过的诊断和治疗情况，如从起病到就诊时曾作过何种检查和检查的结果；作过何种诊断和诊断的依据；经过哪些治疗和用过的药物及方法，治疗的效果及反应如何等。了解既往诊断和治疗的情况，可作为当前诊断与治疗的参考。

4.2.3.4 现在症状

现在症状是问诊的核心内容，是指患者就诊时所感觉到的痛苦与不适以及与疾病相关的全身情况。因其包括的内容较多，将另列一节专门讨论。

4.2.4 既往史

既往史又称过去病史，主要指患者患病以前的身体健康状况以及过去曾患其他疾病的情况。

4.2.4.1 既往健康状况

过去一般健康状况，如强壮、无病、或体弱、多病等，可能与其现患疾病有一定关系，可作为分析判断病情的参考依据。一般素体健壮，正气充足，抗病能力强，患病多为实证；素体虚弱，正气不足，抵抗力弱，患病多为虚证；素体阴虚，易热化燥化，病性多属热；素体阳虚，易寒化湿化，病性多属寒。

4.2.4.2 既往患病情况

患者过去曾患过何种其他疾病，尤其是传染病，是否复发过，现在是否痊愈，现在还有何病情表现，对现患疾病有无影响；是否接受过预防接种；有无药物或其他物品的过敏史；作过何种手术治疗等，都应加以询问。如“中风”患者多有“眩晕”病史，“肝病”患者可出现“传脾”的症状，而痢疾、疟疾、白喉、麻疹等疾病的发生，与传染病接触史和预防接种情况有直接关系等等。可见，询问既往病史，对诊断现患疾病有一定作用。

4.2.5 个人生活史

个人生活史，主要是指患者的生活经历、饮食起居、情志、嗜好、婚姻生育等。这些情况对某些疾病的产生及其病机变化有一定的影响，故在诊断上有重要的参考价值。

4.2.5.1 生活经历

主要询问患者的出生地、居住地及经历地，应特别注意这些地方是否是某些地方病或传染病的流行区域，以排除某些地方病和传染病。

关注你的心理年龄

第一类："儿童型"。这种类型的人大多数具有自发性，并在富有创造性的工作中表现较为出色，但不适合从事长期计划性工作。在与人相处方面，他们由于时常缺乏耐性，像小孩子一样容易"朝三暮四"，所以，"儿童型"的人通常难以信赖。

具有这种心的人，应当每天为他人做一些力所能及的有益事情并不求回报，以弥补性格上的某些不足。

第二类："少年型"。这种心理类型的人通常是理想主义者，常为某种美好的事物而充满激情乃至狂热；他们富有冒险精神。并且具有乐观、专注、求知欲旺盛等许多令人喜欢的品质。但他们的一贯的好斗性可能会很快演变成为固执和不妥协，因而容易导致同事之间发生分歧。此外，他们通常不信任直觉，受周围环境的影响很大，因而经常会作出错误的决定。

具有这种心理类型的人，应该树立长远目标，克服短期行为。

第三类："成年型"。心理学家普遍认为，这种类型的人通常自信，目标明确，且富有强烈的进取心。同时，他们又往往是具有责任感的伴侣和父母。不过。这类"成年型"心理状态的人，常会因沉湎于工作、学习而忘记自身的需要，其心身也易长期处在紧张状态，尤其当压力过大时，会作出过于敏感或者不适当的反应。

具有这种心理类型的人，应懂得适时地交出责任，放松自我。

链 接

4.2.5.2 饮食起居

了解饮食嗜好及生活起居等情况，对分析判断病因病性有一定意义。如吸烟日久易伤肺，饮酒过度易伤肝；素嗜肥甘厚味者，多病痰湿；偏食辛辣香燥者，易患热证；贪食生冷瓜果者，易患寒证；素日喜热恶凉者，多为素体阴偏盛；素日喜凉恶热者，提示素体阳偏盛；好逸恶劳，脾失健运，易生痰湿；劳倦过度，耗伤精气，易患诸虚劳损；起居无常，饮食无节，易患胃病等。

4.2.5.3 精神情志

人的精神情志变化致脏腑气血功能紊乱，可影响某些疾病的发生、发展与变化。了解患者的性格特征，当前精神情志状况及其与疾病的关系等，不仅有助于疾病的诊断，还可提示医生对因精神情志刺激所导致的疾病，在药物治疗的同时，辅以思想上的开导，将有助于治疗。

4.2.5.4 婚姻生育

对成年男女患者，应注意询问其是否结婚、结婚年龄及生育情况等，这些情况对诊断妇科病和男性病有重要意义。如成年女性应询问初潮年龄或绝经年龄、月经周期、行经天数和带下的量、色、质、味，妊娠次数、生产胎数以及有无流产、早产、难产等，这些都是妇科经、带、胎、产疾病的重要诊断依据，应了解清楚。

4.2.6 家 族 史

家族史是指询问与患者长期生活相处的父母、兄弟姐妹、爱人、子女及接触密切的人等的健康和患病情况。必要时注意询问直系亲属的死亡原因及时间。这些情况对某些遗传性疾病和某些传染性疾病的诊断极有帮助。如痫证、中风等常与血缘关系密切；而肺痨、胁痛等，则与生活接触有关。

4.3 问现在症

问现在症是指对患者就诊时所感到的痛苦与不适以及与病情相关的全身情况进行详细的询问。这些内容是患者对体内各种病理变化的真切感受，如痛、重、胀、闷等，目前尚缺乏客观的检测方法，唯有通过询问才能得知。问现在症是问诊的重要内容，是临床诊断的主要依据。

十 问 歌

明代张景岳的《景岳全书·传忠录》在总结前人问诊经验的基础上写成《十问篇》，内容言简意赅，可作初学者的参考，后人将其略作修改补充，成为"一问寒热二问汗，三问头身四问便，五问饮食六胸腹，七聋八渴俱当辨，九问旧病十问因，再兼服药参机变，妇女尤必问经期，迟速闭崩皆可见，再添片语告儿科，天花麻疹全占验"。

链接

主症是疾病特有的主要症状，它往往揭示疾病的中心环节，因此，应详细询问其特征，即症状发生的具体部位、性质、程度、时间、条件及诱因等。如发热、汗出、疼痛是三个最常见的主症，问清其发生部位、时间、程度和性质是诊断某些疾病的关键。

围绕主症询问其伴随症状的表现情况，有助于疾病的诊断与鉴别诊断，应注意询问清楚。如腹痛兼恶心呕吐者，多病在胃；腹痛兼肠鸣泄泻者，多病在肠等。

根据整体观念，疾病的病理变化往往不是孤立的，只有综合全身的情况，如饮食、睡眠、情志、二便情况以及妇女的经、带、胎、产和小儿的出生、发育、预防接种等，才能更准确地判断病证性质。

4.3.1 问寒热

问寒热是指询问患者有无怕冷或发热的感觉。寒与热是疾病最常见的症状之一，是辨别病邪性质和机体阴阳盛衰的重要依据。

怕冷是患者的主观感觉，分恶寒和畏寒两种。凡患者自觉怕冷，加衣被或近火取暖不缓解者，为恶寒；恶寒严重，且伴有身体战栗者，称为寒战，其病变机制与恶寒基本相同；患者身寒怕冷，加衣覆被，或近火取暖可以缓解者，为畏寒。所谓发热，是指患者自觉全身或某一局部发热，体温升高或正常。

问寒热，首先问患者有无怕冷或发热的症状。如有寒热症状，必须询问怕冷与发热是否同时出现；并注意问清寒热的轻重，出现的时间，持续的长短及其伴随症状等。

临床常见的寒热症状有恶寒发热、但寒不热、但热不寒、寒热往来四个类型。

4.3.1.1 恶寒发热

恶寒发热是指患者自觉恶寒，同时伴有体温升高。主外感表证。其机制是外邪侵袭肌表，影响卫阳"温分肉"的功能，肌腠失煦则恶寒；邪气外束，玄府闭塞，正气奋起抗邪，卫阳失于宣发则郁而发热。所以，恶寒与发热并见是诊断表证的重要依据。

寒与热产生的机制

寒与热的产生，主要取决于病邪的性质或机体的阴阳盛衰。如寒邪致病，其性属阴，凝滞清冷，多见恶寒；热邪致病，热为阳邪，其性炎热，故多见发热。在机体阴阳失调时，阳盛则热，阴盛则寒，阴虚则热，阳虚则寒。通过询问患者寒与热的感觉，可辨别病变的性质和阴阳盛衰的变化。

链 接

由于感受外邪的性质不同，恶寒发热的轻重及伴随症状也不同，临证又可分为以下三种类型：

1）恶寒重发热轻：即患者感觉恶寒明显，并有轻微发热，主风寒表证。寒为阴邪，袭表伤阳，则恶寒明显；寒性凝滞，致使卫阳郁闭失宣，故同时出现轻微发热。

2）发热重恶寒轻：即患者感觉发热较重，同时又感轻微怕冷，主风热表证。由于风热为阳邪，阳盛则热，故发热较重；又因风热袭表，腠理开泄，所以同时有轻微恶寒。

3）发热轻而恶风：即患者感觉有轻微发热，并有遇风觉冷，避之可缓的症状，较恶寒轻，称为恶风。属伤风表证。因风性开泄，腠理疏松，阳气郁遏不甚，故发热恶风皆轻，并有自汗出。

应当指出，外感表证的寒热轻重，除与病邪性质有关外，还与邪正盛衰有密切关系。如邪正俱盛者，恶寒发热皆较重；邪轻正衰者，恶寒发热均较轻；邪盛正衰者，多为恶寒重而发热轻。

4.3.1.2 但寒不热

但寒不热是指患者只感怕冷而不觉发热的症状。根据发病急缓，病程长短，可分为两种类型：

1）新病恶寒：多因感受寒邪较重，腠理密闭，阳气被郁，温煦失职或寒邪直接侵入脏腑，损伤阳气所致。患者突然恶寒，四肢不温，或腹部冷痛，或咳喘痰鸣者，为外感表证或表里俱寒证。因寒邪束表，阳气郁而不宣，故加衣被或近火取暖，其冷感无明显缓解。

保健话保暖

身要保暖：冬季天气寒冷，老年人首先要及时增添衣服，同时坚持体育锻炼，最好的办法是户外散步、打太极拳、做徒手操等非剧烈活动，以吸入新鲜空气，增强体质和御寒力。

头要保暖：由于冬季天气多伴有风，且常常寒流侵袭，如果外出时不戴帽子，不仅热能会从头部散发，还很容易受寒感冒。因此，老年人外出应戴帽子，尤其晨练者更不能麻痹。

背要保暖：背为督脉所居，感冒受风寒多从背部起始。所以保持背部温暖，不仅可防感冒、固肾强腰，而且可防旧病复发。因此，老年人冬季最好增添一件背心。以棉或丝棉为宜，保温隔寒性能好。夜间起床时应披衣防感冒。

肢要保暖：老年人冬季应及早穿厚袜子配棉鞋，以暖足固肾，有冻伤史者更应早穿。此外，晚间临睡前以温水热脚，搓脚心涌泉穴，以保持末梢血液循环良好，利于保健。对有冻伤史者，可用葱须加花椒的热水洗烫脚。

屋要保暖：起床后和临睡前应稍开窗换一下空气，屋内的温度一般不得低于18℃。湿度也应适中，尤其住有暖气的房间更要注意湿度。

链 接

2）久病畏寒：多因阳气虚衰，不能温煦机体所致。患者经常畏寒肢冷，得温可缓，舌淡嫩，脉沉迟无力等，为里虚寒证。因加衣被可减少阳气耗散，近火取暖可资助阳气，故畏寒得温可缓。

4.3.1.3 但热不寒

但热不寒是指患者但感发热恶热而不觉寒冷者。多为阳盛阴亏的里热证。根据发热的轻重、时间、特点等不同,可分为壮热、潮热、微热三种类型。

1) 壮热:即患者身发高热(体温39℃以上)持续不退,不恶寒反恶热者。主里实热证。常兼面赤、汗多、烦渴饮冷、舌红苔黄脉数等热盛症状。多因表邪入里化热,或风热内传,邪正相搏,阳热内盛,蒸达于外所致。

2) 潮热:即按时发热;或按时热甚,如潮汐之有定时。分日晡潮热与午后及夜间潮热等。

日晡潮热的特点是,热势较高,申时即日晡(下午3~5时)之时更甚。主阳明腑实证。由于阳明经气旺于日晡之时,加之胃肠热盛,邪正剧烈交争,故此时热甚,并见口渴冷饮,腹满硬痛,大便秘结,舌苔焦黄,脉沉实等症。故又称为阳明潮热。

午后及夜间潮热,临床见两种情况。患者午后发热明显,并有身热不扬(肌肤初扪之不觉很热,但扪之稍久即感灼手),头身困重者,属湿温潮热。此系湿邪遏制,热难透达,湿郁热蒸之故。午后或夜间低热,并有五心烦热,骨蒸潮热等特点者,属阴虚内热。系阴液亏损,阴不制阳,阳气偏亢而生虚热所致。此外,温病热入营分,灼伤营阴,可见身热夜甚,但热势较高,是营分证的主要标志之一。

3) 微热:即轻度发热。其热势较低,一般不超过38℃,或仅自觉发热而体温正常者,称为微热。微热大多发病时间较长,病因与病证较复杂,如阴虚潮热多为长期微热;气虚清阳被郁,亦可导致长期微热,甚或高热不退,称为气虚发热;情志不舒,气郁化火,亦可表现为时有微热,称为郁热。

小儿夏季热

小儿在夏季气候炎热时长期发热不已,兼见烦躁、口渴、无汗、多尿等症,至秋凉时不治自愈,系小儿气阴不足(体温调节功能尚不完善),不能适应夏季炎热气候之故。

链接

4.3.1.4 寒热往来

寒热往来是指恶寒与发热交替发作,故又称往来寒热,是邪正相争,互为进退的病理表现,主半表半里证,可见于少阳病和疟疾。临床有两种类型。

恶寒发热交替出现,发无定时,伴见口苦、咽干、目眩、胸胁苦满、不欲饮食、脉弦等,属少阳病。系外感病邪由表入里而尚未达于里,或里邪出表而尚未达于外,邪正相争于半表半里阶段,相持不下,邪胜则恶寒,正胜则发热,所以恶寒与发热交替发作。

寒战与高热交替发作,发有定时,每日发作1次,或二三日发作1次,并兼头痛剧烈、口渴、多汗等症,属疟疾病。系疟邪侵入人体,伏藏于膜原半表半里之间,入与阴争则寒,出与阳争则热,故寒战与高热交替出现,休作有时。

4.3.2 问 汗

正常汗出有调和营卫,滋润皮肤等作用。在体力活动、进食辛辣、气候炎热、衣被过厚、情绪激动等情况下可见汗出,属生理现象。若当汗出而无汗,不当汗出而汗多,或仅见身体的某一局部汗出,属病理现象,与正气不足和病邪侵扰等因素有关。通过询问了解患者汗出的异常情况,可诊察病邪的性质及人体阴阳盛衰。

询问时,应注意了解患者有汗无汗,出汗的时间、多少、部位及其主要兼症等。

4.3.2.1　有汗无汗

询问外感患者汗的有无,可判断感受外邪的性质和机体营卫是否失常。

1）表证有汗:兼见发热恶风、脉浮缓者,多属外感风邪所致的太阳中风表虚证。因风为阳邪,其性开泄,风邪袭表,腠理玄府开张,津液外泄,故有汗。若表证有汗,兼见发热重恶寒轻,咽红头痛,脉浮数者,为外感风热所致的表热证。因热为阳邪,其性升散,风热袭表,腠理疏松,津液外泄,故见汗出。若卫阳素虚,肌表不固,则更易汗出。

2）表证无汗:兼见恶寒重,发热轻,头项强痛,脉浮紧者,多属外感寒邪所致的伤寒表实证。因寒为阴邪,其性收敛,寒邪束表,腠理致密,玄府闭塞,因而无汗。

3）里证有汗:需根据出汗的时间、部位、汗量多少及伴随症状等情况辨别病证的寒热虚实。询问内容在"特殊汗出"中详述。

4）里证无汗:指里证患者当汗出时而不出汗,多属久病、虚证。常因阳气不足,蒸化无力,或为津血亏耗,生化乏源所致。

4.3.2.2　特殊汗出

所谓特殊汗出,是指出汗的时间、多少、部位、兼症等情况具有某些特征的病理性汗出。临床常见下列四种类型:

1）自汗:时时汗出,汗出不止,动则更甚者,称为自汗。常伴有神疲乏力、畏寒肢冷等症,多属于气虚、阳虚证。系阳气亏虚,不能固护肌表,玄府不密,津液外泄所致。活动则更加耗伤阳气,故而汗出更甚。

2）盗汗:睡后汗出,醒则汗止,称为盗汗。常伴有潮热、颧红、舌红少津、脉细数等症,多属于阴虚内热证。因入睡之时,卫阳入里,肌表不固,虚热蒸津外泄,故睡时汗出;醒后卫阳复归于表,肌表固密,虽阴虚内热,也不能蒸津外出,故醒后汗止。气阴两虚者,常自汗、盗汗并见。

3）大汗:指出汗量多,津液大泄。临床需辨虚实。

患者大量出汗,兼见发热、面赤、口渴喜饮、溺赤、便秘、舌红苔黄燥、脉洪数者,属里实热证。系外邪入里化热,或其他原因导致里热炽盛,蒸迫津液外泄之故。若危重患者出现大汗不止,称为绝汗,每可导致亡阴或亡阳,故又称脱汗。如重病之人汗出如油,热而黏手,并见高热烦渴,脉细数疾者,为亡阴之汗。若危重患者,见大汗淋漓,汗稀而凉,肢厥脉微者,属亡阳之汗。

4）战汗:指病势沉重之时,先见全身战栗抖动,表情痛苦,几经挣扎而后汗出者。战汗是邪正剧烈相争的表现,是疾病发展的转折点,应注意观察病情的变化。如汗出热退,脉静身凉,是邪去正复、疾病好转的表现;若汗出而身热不减,甚或烦躁不安,脉来疾急者,为邪盛正衰、疾病恶化的危候。

4.3.2.3　局部汗出

临床有些患者汗出异常,仅表现于身体的某些局部,结合汗出部位与伴随症状,可辨别疾病的寒热虚实。常见的局部汗出有以下几种:

1）头汗:指患者仅见头部或头项部汗出较多者,又称但头汗出。头汗出,兼见面赤、烦渴、舌尖红、苔黄、脉数者,系上焦热盛,迫津外泄之故。头汗出,兼肢体困重、身热不扬、脘闷、纳呆、舌红苔黄腻者，是中焦湿热蕴结，湿郁热蒸，逼津上越而致。头额冷汗不止，面色苍白，四肢厥冷，脉微欲绝者，是亡阳之象，由于阴寒内盛，元气将脱，虚阳上越，津随阳泄所致。此外，进食辛辣、热汤、饮酒之时，机体阳气旺盛，热蒸于上，亦可见头汗出，若素体阳气偏盛，则汗出更为明显。

2）半身汗出：指身体一半出汗，另一半无汗，或见于左侧，或见于右侧，或见于上半身，或见于下半身。无汗的半身是病变的部位。多因风痰或瘀痰、风湿之邪阻滞经络，营卫不得周流，气血运行受阻所致。多见于中风病、痿证及截瘫患者。

3）手足汗：手足心汗出而微者，一般为生理现象。如汗出过多，伴口咽干燥，五心烦热，脉细数者，多为阴经（手厥阴经过手心，足厥阴经过足心）郁热熏蒸所致；手足心汗，连绵不断，兼烦渴饮冷，尿赤便秘，脉洪数者，多属阳明热盛、蒸津外泄之故；若汗出过多，伴头身困重，身热不扬，苔黄腻者，多由湿热郁蒸中焦所引起。

4）心胸汗：指心胸部容易汗出或汗出过多。多见于各种心虚证，如有神疲倦怠，纳呆食少，心悸失眠等症，多属心脾两虚；若见心悸心烦，失眠多梦，腰膝酸软等症，多属心肾不交。

4.3.3 问　疼　痛

疼痛是临床上最常见的自觉症状之一，可发生在机体各个部位。导致疼痛的病因病机较复杂，可概括为虚实两类。因实致痛，或感受外邪，或气滞血瘀，或痰浊凝滞，或食滞、虫积等，阻滞脏腑、经络，闭塞气机，使气血运行不畅，“不通则痛”；因虚致痛，或气血不足，或阴精亏损，使脏腑经络失养，“不荣而痛”。

注意询问疼痛的部位、性质、程度、时间、喜恶等，可辨别疾病的虚实寒热。

4.3.3.1 问疼痛的部位

询问疼痛的部位，可通过机体各部位与脏腑经络的相互联系了解病位所在。

1）头痛：指整个头部或头的前后、两侧及顶部疼痛。根据头痛部位，可确定病在何经、何脏。如头痛连项者，病属太阳经；两侧头痛者，病属少阳经；前额连眉棱骨痛者，属阳明经；巅顶痛者，属厥阴经；头痛连齿者属少阴经等。

2）胸痛：指胸部正中或偏侧疼痛。胸居上焦，内藏心肺，属清旷之区，心肺有病，或阳气不足，或外邪侵袭，或痰瘀内阻等，均可产生胸痛。在进行问诊时，首先应注意分辨胸痛的确切部位，如胸前“虚里”部位作痛，或痛彻臂内，病位多在心；胸膺部位作痛，病位多在肺等。

养生“空手道”：栉发

头发与人的健康关系十分密切，观察一个人头发可以判断他的身体是否健康。“栉发”是以手指代替梳子在头部做梳发状按摩。头部为人体各种经络的汇聚部，头顶部有一“百会”穴，为诸阳之会。经常栉发能疏通血脉，使气血流畅，从而改善头部的血液循环，调节大脑功能的平衡，增加脑细胞的营养，延缓衰老。栉发也可以滋养头皮，防止和治疗脱发，使白发返乌。栉发还能缓解头痛，治疗失眠，有醒脑、聪耳、明目的作用。

具体方法如下：双手十指微屈，自然微微分开，形似梳子，插入头发。头顶或后枕部的头发由发根向上向外梳理，两侧的头发由发根到发梢，向后枕部梳理，前面的头发从前额向后脑梳理。梳时手指要摩擦头皮，栉发次数多多益善，“多过一千，少不下数百”。栉发时用力平衡，不能有疼痛的感觉，按久时头皮可能微热。

链接

3）胁痛：指胁的一侧或两侧疼痛。因肝胆居于右胁部，足厥阴肝经和足少阳胆经循行经过两胁部位，故胁痛多与肝胆病变密切相关。

4）胃脘痛：脘，指上腹部剑突下，是胃所在部位，故称“胃脘”。临床应结合疼痛的性质、程度及其兼症辨别胃病的寒热虚实。

5）腹痛：腹部的范围较广，可分为大腹、小腹、少腹等部位。横膈以下，肚脐以上为大腹，包括胃脘部、左上腹和右上腹，统属脾胃与肝胆；脐以下至耻骨毛际以上为小腹，属肾、膀胱、大小肠、胞宫；小腹两侧为少腹，是足厥阴肝经过之处。临床腹痛问诊常与按诊密切配合。首先查明疼痛的确切部位，判断病变所属脏腑。然后结合疼痛的性质及兼症，辨别病证虚实。

6）背痛：背部中央为脊骨，脊内有髓，督脉行于脊里，脊背两侧为足太阳膀胱经所过之处，两肩背部又有手三阳经分布。故脊痛不可俯仰者，多因督脉损伤所致；背痛连及项部，常因风寒之邪客于太阳经而致；肩背作痛，多为风湿阻滞，经气不利所引起。

7）腰痛：指腰脊正中，或腰部两侧疼痛。腰部中间为脊骨，两侧为肾所在部位，故称“腰为肾之府”。腰脊中间或腰骶部疼痛，多属寒湿痹证，或为瘀血阻络，或由肾虚所致；腰痛以两侧为主者，则多属肾虚，腰部失于温养。临床结合按诊，询问患者腰部两侧有无叩击痛，作为肾病诊断的重要指征。

8）四肢痛：指四肢部位疼痛，痛在肌肉、关节，或经络、筋脉等。多见于痹证，多因风寒湿邪侵袭，或因湿热蕴结，阻滞气血运行所致。亦有因脾胃虚损，水谷精微不能布达四肢而作痛者。若独见足跟或胫膝酸痛者，多属肾虚，多见于年老体衰或产后体虚之人。

9）周身疼痛：指头身、腰背、四肢等部均觉疼痛者。临床应注意询问疼痛时间，病程长短。一般来说，新病周身疼痛，多属实证，以感受风寒湿邪居多；若久病卧床不起而周身作痛，多属虚证，乃气血亏虚，失其荣养所致。

4.3.3.2 问疼痛的性质

产生疼痛的病因、病机不同，其疼痛性质亦各具特征。询问疼痛的不同性质特点，可辨疼痛的原因与病机。

1）胀痛：指疼痛且有胀的感觉，是气滞作痛的特征。如胸胁脘腹等处胀痛，时发时止，走窜不定，多为相关脏腑气机阻滞，不通而痛。但头目胀痛，则多见于肝阳上亢或肝火上炎的病证。

2）刺痛：指疼痛如针刺之状，为瘀血致痛的特征。刺痛以头部及胸胁脘腹等处较为常见，多为相关部位的组织器官血行瘀阻，不通则痛。

3）走窜痛：指痛处游走不定，或走窜攻痛，为风邪致病或气机阻滞的疼痛特征。其中肢体关节疼痛而游走不定的，常称为游走痛，多见于风湿痹证；胸胁脘腹疼痛而走窜不定的，常称为窜痛，多因相关脏腑气机受阻所致。

4）固定痛：指痛处固定不移，为寒邪凝滞或血行瘀阻的疼痛特征。如胸胁脘腹等处固定作痛，多属血瘀；肢体关节疼痛固定不移，多为寒湿痹证。

5）冷痛：指疼痛有冷感，遇寒加重，得温痛减，为寒证的疼痛特征。临床结合疼痛的程度及其伴随症状，有虚实之分。新病疼痛急剧者，多因寒邪阻络所致，属实证；久病疼痛徐缓者，多因阳气不足，脏腑、肢体失于温煦而致，属虚证。

6）灼痛：指疼痛有灼热感，遇热痛甚，遇冷痛缓，为热证的疼痛特征。常因火邪窜络，或阴虚火旺，组织被灼所致。临床需结合病程的新久、疼痛的程度及其兼症辨别虚实。

7）绞痛：指疼痛剧烈如刀绞，为实证的疼痛特征。多因有形实邪阻闭气机，或寒邪凝滞气机所致。如心脉痹阻引起的“真心痛”；蛔虫窜扰或寒邪内侵肠胃所致的脘腹痛；结石阻塞尿路引起的小腹痛等，往往具有绞痛性质。

8）隐痛：指疼痛不甚剧烈，尚可忍耐，但绵绵不休者，为虚证的疼痛特征。常见于头部和胸胁脘腹等部位。多由精血亏损，或阳虚内寒，机体失却充养、温煦而致。

9）重痛：指疼痛而有沉重感，为湿证的疼痛特征。常见于头部、四肢、腰部以及全身。若头部重痛，除湿困清阳外，亦可因肝阳上亢，气血上壅所致。

10）酸痛：湿邪致病还可见疼痛而有酸软感，常称为酸痛。但若腰膝酸痛，多属肾虚。

11）掣痛：指疼痛而抽掣牵扯其他部位，亦称为引痛、彻痛。多因经脉失养或阻滞不通所致，由于肝主筋脉，心主血脉，所以掣痛多与心肝病变有关。

12）空痛：指疼痛而有空虚感。一般多见于头部或小腹部，多因气血精髓亏虚，组织器官失其荣养所致。如头脑空痛，多属肾虚；小腹空痛，多属血虚。

总之，问疼痛，除需询问其不同性质特征和疼痛部位外，还应结合起病的急缓，病程的新久，疼痛的时间、程度等进行辨证。一般新病疼痛，痛势较剧，持续不止，痛而拒按者，多属实证；久病疼痛，痛势较轻，时痛时止，痛而喜按者，多属虚证。

4.3.4 问头身胸腹不适

头身胸腹的不适，除疼痛以外还有头晕、胸闷、心悸、胁胀、脘痞、腹胀、身重、麻木等。这些症状在临床上不仅常见，而且各有重要的诊断价值，故应注意询问。

4.3.4.1 头晕

头晕是临床常见症状之一，指患者自觉头脑有晕旋之感，轻者闭目则止，重者感觉自身或景物旋转，站立不稳，不能张目，甚则晕倒。其病因病机较为复杂。询问时，应注意头晕的性质特征并结合其伴随症状，以鉴别疾病的不同性质。

头晕而胀，伴烦躁易怒，面赤耳鸣，口苦咽干，舌红，脉弦数者，多为肝胆火旺，气火上逆；头晕胀痛，耳鸣烘热，腰膝酸软，舌红少苔，脉弦细，每因恼怒而加剧者，多为肝肾阴虚，肝阳上亢；头晕面白，神疲体倦，心悸失眠，舌淡，脉细，每因劳累而加重者，多为心脾两虚，气血不足，不能上荣，脑府失养之故；头晕且重，如物裹缠，胸闷呕恶，舌苔白腻者，多为痰湿内阻，清阳不升所致；头脑晕沉，记忆减退，腰酸遗精者，多数肾精亏虚，脑海失充所致；若外伤后头晕刺痛者，多属瘀血阻滞，脉络不通。

人类脑计划

人类脑计划，是生命科学中与人类基因组计划和人类曼哈顿计划并列的三大计划之一。它是医学、生物学、物理学、计算机科学、数学与工程技术交叉的边缘学科，是从不同层次对大脑数据进行分析、处理、整合，通过建立相关模型，建立神经信息学数据库进而建立全球脑科学的知识管理系统。它从微观分子水平与宏观整体认知的结合上研究脑、认知脑、保护脑和开发脑。目前重点进行项目有建立神经元和神经网络模型，用 MRI（磁共振）、FMRI（脑功能磁共振）、PET（正电子发射）和脑诱发电位等获得脑功能图像，根据实验数据建立神经信息理论模型并进行计算机仿真计算。

我国的脑计划始于 21 世纪初，研究的重点项目集中在四个方面：一是利用脑功能成像技术研究针灸及中药对脑功能影响和脑疾病的防治；二是通过汉语认知和特殊感知的研究，阐述脑内信息加工机制；三是建立中国人的标准脑和脑疾病的脑功能成像结构、功能数据库；四是建立中国正常人和脑疾病患者脑基因数据库、蛋白质数据库相应的数字模拟系统。

链接

4.3.4.2 胸闷

胸闷是指胸部有痞塞满闷之感，亦称胸痞。与心、肺病证有密切关系。如胸闷、心悸、气短者，多属心气不足，心阳不振；胸闷心痛如刺者，多属心血瘀阻；胸闷痰多咳喘者，多属痰湿内阻，肺失宣降。

4.3.4.3 心悸

患者经常自觉心慌、心跳、悸动不安甚至不能自主的一种症状，称为心悸。多是心神或心脏病变的反映。

心悸由受惊而致，或心悸易惊，恐惧不安者，称为“惊悸”。多由外界刺激所引起，如目见异物，遇险临危，恼怒愤慨等导致心神浮动，心气不定而引发心悸，多时发时止。其全身情况较好，病情较轻。

心跳剧烈，上至心胸，下至脐腹者，称为“怔忡”。常由惊悸进一步发展而来，多由劳累内因所引起，持续时间较长，全身情况较差，其病情较重。

惊悸、怔忡均属心悸的范畴，其病因病机较为复杂，临床应根据心悸的轻重特点及其兼症之不同来进行辨证。

4.3.4.4 胁胀

胁胀指胁的一侧或两侧有胀满不舒的感觉。多见于肝胆病变。由于肝胆居于右胁，其经脉均分布于两胁之故。如胁胀易怒，多为情志不舒，肝气郁结；胁胀口苦，舌苔黄腻，多属肝胆湿热。

4.3.4.5 脘痞

患者自觉胃脘部胀闷不舒，谓之脘痞，或称脘胀。多是脾胃病变的反映。如脘痞，嗳腐吞酸者，多为饮食伤胃；脘痞，食少，便溏者，多属脾胃虚弱。

4.3.4.6 腹胀

腹胀是指患者自觉腹部胀满痞塞不舒，如物支撑的一种症状。多见于脾、胃、肠、肝胆等病变。临床有虚实之分。如腹胀喜按属虚，多因脾胃虚弱，纳运失健所致；腹胀拒按属实，多因食积胃肠，滞而不化；或实热内结，阻塞气机；或寒湿内聚，凝滞气机；肝郁乘脾，肠胃失调等病证所引起。

4.3.4.7 身重

身重是指身体有沉重酸困的感觉。多与痰饮水湿停聚有关。常见于肺、脾、肾三脏病变。如风邪外袭，肺失宣降，通调水道功能失司，水泛肌肤而见身重，甚则浮肿；或脾气虚弱，失于健运，脾为湿困，阳气被遏，而见身重困倦、神疲、气短等症。此外，温热之邪，耗伤气阴，机体失于濡养，也可有身重之感。

4.3.4.8 麻木

麻木是指患者肌肤感觉减退甚至消失,亦称不仁。多因气血亏虚,或肝风内动,或湿痰瘀血阻络所致,临床应结合其伴随症状进行鉴别。

除疼痛和上述症状外,头身胸腹的不适还有很多,加恶心、神疲、乏力、气坠、心烦、胆怯、身痒等,临床时也应注意询问,并了解其临床意义。

4.3.5 问 耳 目

4.3.5.1 问耳

耳为肾窍,心寄窍于耳,手足少阳经脉分布于耳,主司听觉。故耳的病证多与心肾、肝胆有关。临床常见的听觉异常有耳鸣、耳聋、重听三种症状。临床应注意询问其特点、新久、程度及兼症等,作为辨证的依据。

1) 耳鸣:指患者自觉耳内鸣响,如闻蝉鸣,或如潮声,妨碍听觉。临床有虚实之分,一般地说,凡突发耳鸣,声大如雷,或如潮声,以手按压鸣声不减者,多属实证。多因肝胆火盛,上扰清窍所致。若渐觉耳鸣,声音细小,如闻蝉鸣,以手按压鸣声减轻或暂止者,多属虚证。常因肝肾阴虚,肝阳上亢,或由肾虚精亏,髓海不充,耳失所养所致。

2) 耳聋:指患者有不同程度的听力减退,甚至听觉丧失,不闻外声。亦称耳闭。一般新病耳暴聋者,多属实证。常由肝胆火逆,上壅于耳,清窍失灵或外感风温、湿热,邪蕴上焦;或痰浊瘀血,蒙蔽清窍所致。久病耳渐聋者,多属虚证。常因精气虚衰,不能上充清窍所致。此外,年老耳渐聋者,多是精衰气虚之故,属生理现象。

3) 重听:指听力减退,听音不清,声音重复。日久渐致重听,以虚证居多。常因肾之精气虚衰,耳窍失荣所致,多见于年老体衰的患者。若耳骤发重听,以实证居多。常因痰浊上蒙,或风邪上袭耳窍所致。

4.3.5.2 问目

目为肝窍,心之外使,五脏六腑的精气皆上注于目,主司视觉。临床常见症状有目痒、目痛、目眩、目昏、雀目、歧视等。

1) 目痒:指眼睑、眦内或目珠有痒感,轻者揉拭则止,重者极痒难忍。一般目痒甚者,多属实证。如两目痒如虫行,畏光流泪,并有灼热之感,是肝经风火上扰。若两目微痒而势缓者,多属血虚,目失濡养。

2) 目痛:指单目或双目疼痛。一般痛剧者,多属实证;痛微者,多属虚证。但临床上实证较多,如目痛难忍,兼面红目赤,口苦,烦躁易怒者,为肝火上炎;目赤肿痛,羞明眵多者,为风热上攻,多见于暴发火眼或天行赤眼。若目微赤微痛,时痛时止,并感干涩者,多由阴虚火旺所致。

3) 目眩:指视物旋转动荡,如在舟车之上,或眼前如有蚊蝇飞动之感,亦称眼花。临床有虚实之分。目眩兼有面赤、头胀、头痛、头重等邪壅于上的征象者属实证,多由风火上扰清窍,或痰湿上蒙清窍所引起。目眩伴有神疲、气短或头晕、耳鸣等征象者,属虚证,多由中气下陷,清阳不升,或肝肾不足,精亏血虚,以致目窍失于充养所致,常见于年老体弱,或久病体衰之人。

4) 目昏、雀盲、歧视:视物昏暗不明,模糊不清,称为目昏。若白昼视力正常,每至黄昏视物不清,如雀之盲,故称雀盲,或称雀目、鸡盲、夜盲。视一物成二物而不清,谓之歧视,或称视歧。三者均为视力减退的病变,轻重程度不同,且各有特点,其病因、病机基本相同,多由肝肾亏虚,精血不足,目失充养而致。常见于久病或年老、体弱之人。

4.3.6 问 睡 眠

睡眠是人体生理活动的重要组成部分,与人体卫气循行和阴阳盛衰密切相关。在正常情况下,卫气昼行于阳经,阳气盛则醒;夜行于阴经,阴气盛则眠。通过询问睡眠时间的长短、入睡难易、有无多梦等情况,可了解机体阴阳气血的盛衰、心肾等脏腑功能的强弱。临床常见的睡眠失常有失眠、嗜睡两种。

失眠的种类

(1) 短暂性失眠(小于1周)

大部分的人在经验压力、刺激、兴奋、焦虑时;生病时;至高海拔的地方;或者睡眠规律改变时(如时差、轮班的工作等)都会有短暂性失眠障碍。这类失眠一般会随着事件的消失或时间的拉长而改善,但是短暂性失眠如处理不当部分人会导致慢性失眠。短暂性失眠主要治疗原则为间歇性使用低剂量镇静安眠药或其他可助眠之药物(如抗忧郁剂),以及培养好的睡眠卫生习惯。

(2) 短期性失眠(1周至1个月)

严重或持续性压力,如重大身体疾病或开刀、亲朋好友的过世、严重的家庭、工作或人际关系问题等可能会导致短期性失眠。这种失眠与压力有明显的相关性。治疗原则为短期使用低剂量镇静安眠药或其他可助眠药物如抗忧郁剂和行为治疗(如肌肉放松法等)。短期性失眠如果处理不当也会导致慢性失眠。

(3) 慢性失眠(大于1个月)

慢性失眠的原因是很复杂的且较难去发现,许多的慢性失眠是多种原因合在一起所造成的。口服阿米替林或劳拉西泮可以改善失眠。

链 接

4.3.6.1 失眠

失眠又称不寐或不得眠。指患者经常不易入睡,或睡而易醒不能再睡,或睡而不酣时易惊醒,甚至彻夜不眠的症候,且常并见多梦。是阳盛阴虚,阳不入阴,神不守舍的病理表现。其致病原因常见的有两个方面:一是营血亏虚,不能上奉以养心神,或阴虚火旺内扰心神;二是邪气干扰,如痰热上扰心神或食滞内停,“胃不和则卧不安”等。如睡后易醒,兼见心悸健忘,纳少便溏,乏力倦怠,舌淡脉虚者,属心脾气血两虚;难以入睡,兼见心烦多梦、腰膝酸软,潮热盗汗,舌红少津,脉细数者,属心肾不交;失眠而时时惊醒,噩梦纷纭,兼见眩晕胸闷,胆怯心烦,口苦恶心,舌红苔黄腻,脉弦数或滑数者,属胆郁痰扰;胃脘胀痛,夜卧不安,兼见脘闷嗳气,吞酸呕恶,舌苔厚腻者,属食滞胃脘等。

4.3.6.2 嗜睡

嗜睡是指患者不论昼夜,睡意很浓,经常不自主地入睡,亦称多寐、多眠睡。多见于痰湿内盛,阳虚阴盛的病证。如困倦嗜睡,伴有头目昏沉,胸闷脘痞,肢体困重者,乃痰湿困脾,清阳不升所致。饭后嗜睡，兼有神疲倦怠，食少纳呆者，多由中气不足，脾失健运所引起。大病之后，精神疲乏而嗜睡，是正气未复的表现。若见精神极度疲惫，欲睡而未睡，似睡而非睡者，系心肾阳气虚衰，阴寒内盛之故。至于热性病出现高热昏睡，是热入心包之象。中风患者见昏睡而有鼾声、痰鸣者，为痰瘀蒙蔽心神，不属嗜睡范畴，应属昏迷之类。

4.3.7 问饮食口味

问饮食口味是询问病理情况下的口渴、饮水、进食、口味等情况。应注意了解有无口渴、饮水多少、喜冷喜热，有无食欲、食量多少、食物的喜恶，口中有无异常味觉和气味等。询问饮食口味情况，可了解体内津液的盈亏及输布是否正常、脾胃及有关脏腑功能的盛衰，对临床诊断有重要作用。

4.3.7.1 口渴与饮水

口渴是指口干渴的感觉，饮水是指实际饮水的多少。口渴与饮水，是体内津液的盛衰和输布情况的反映，两者密切相关。临床应注意询问口渴特点及其兼症。

1）口不渴饮：指患者口不渴，不欲饮，为津液未伤的表现，多见于寒证、湿证。由于寒邪或湿邪不耗津液，津液未伤，故口不渴且不欲饮。亦可见于无明显燥热变化的病证。

2）口渴多饮：指患者口渴明显，饮水量多。一般口渴欲饮水，是津液损伤的临床表现，多见干燥证、热证。如口干微渴，兼发热，微恶风寒，咽喉肿痛者，多见于外感温热病初期，伤津较轻。大渴喜冷饮，兼有面赤，汗出，脉洪数者，多属里热炽盛，津液大伤，多见于阳明经证。口渴多饮，小便量多，多食易饥，体渐消瘦者，为消渴病，多由肾虚水不化津而下泄所致。

3）渴不多饮：指患者虽有口干或口渴的感觉，但饮水不多或不欲饮水。是营阴耗损或津液输布障碍的表现，可见于阴虚、湿热、痰饮、瘀血等病证。若渴喜热饮，饮水不多，多为痰饮内停，或阳气虚弱，水津不能上承所致。口渴而不多饮，兼见身热不扬，头身困重，脘闷，苔黄腻者，属湿热证。因湿热内阻，津液气化障碍，不能上承于口，则口渴；因内有湿邪，故不能多饮。口渴饮水不多，也可见于温病营分证，因邪热入营，蒸腾营阴上承，故口不甚渴，饮水不多。先渴饮而作呕，或饮后即吐，多为饮停于胃的"水逆"证。先见呕吐而后渴欲饮水者，是津液耗伤，饮水自救之征。此外，若口干，但欲漱水而不欲咽，兼见舌有紫色瘀斑者，为内有瘀血。因瘀血内阻，气不化津，津不上承，故口干欲漱水，但水液不亏乏，乃气化不利，故不欲咽。

4.3.7.2 食欲与食量

食欲是指进食的要求和对进食的欣快感觉，食量是指实际的进食量。询问患者的食欲与食量，可判断脾胃功能的盛衰以及疾病的预后转归。

1）食欲减退：包括不欲食、纳少与纳呆，三者含义虽很相似，但又不能完全等同。不欲食，是指不想进食，或食之无味，食量减少，又称食欲不振。所谓纳少，主要是指进食量减少，常由不欲食所致。所谓纳呆，是指无饥饿感，可食可不食，甚则恶食。食欲减退是疾病过程中常见的病理现象。若新病食欲减退，一般是正气抗邪的保护性反应，故病情较轻，预后良好；久病食欲减退，兼有神疲倦怠，面色萎黄，舌淡，脉虚者，多属脾胃虚弱；食少纳呆，伴有头身困重，脘闷膨胀，舌苔厚腻者，多属湿盛困脾，运化失健。

2）厌食：厌恶食物，或恶闻食味，称为厌食，或称恶食，多见于食积。常兼嗳气酸腐，脘腹胀满，多属饮食不节，停滞胃腑，腐熟水谷功能失常。厌食油腻之物，兼胸闷呕恶，脘腹胀满者，多属脾胃湿热。厌食油腻厚味，伴胁肋胀痛灼热，身热不扬者，多为肝胆湿热。妊娠早期有厌食反应，多因妊娠后冲脉之气上逆，影响胃失和降，一般属生理现象。但严重者呕不能食，为妊娠恶阻，属妊娠疾患。

体质弱者饭后不宜走

饭后百步走，适合平时活动较少、长时间伏案工作、形体较胖、胃酸过多的人，但不适合体质较差、体弱多病的人。

这些人不但饭后不能散步，就连一般的走动也应减少。因为胃内容物增加，应平卧10分钟，此时活动会增加胃的震动，加重其负担，严重时会导致胃下垂。有心及血管疾病的患者不宜饭后活动，并且也不宜饭后卧床。

链接

3）消谷善饥：指食欲过于旺盛，食后不久即感饥饿，进食量多，亦称多食易饥。乃胃火炽盛，腐熟太过所致。若消谷善饥，形体反见消瘦者，多见于消渴病。如多食易饥，兼大便溏泄者，属胃强脾弱。所谓胃强，是指胃腐熟功能过亢，故多食易饥；所谓脾弱，是指脾运化水谷功能减弱，故大便溏泄。

4）饥不欲食：是指患者虽有饥饿感，但不欲进食，或进食不多。多因胃阴不足，虚火内扰所致。虚火内扰则易饥饿，阴虚胃弱，受纳腐熟水谷功能减退，故不欲食。

5）偏嗜食物：即患者偏嗜某种食物或异物。若嗜食生米、泥土等异物，称为嗜食异物，常见于小儿，多属虫积。

正常人由于地域与生活习惯的不同，常有饮食偏嗜，一般不会引起疾病。但若偏嗜太甚，则有可能导致病变，如偏嗜肥甘，易生痰湿；偏食生冷，易伤脾胃；过食辛辣，易病燥热等。妇女妊娠期间，偏嗜酸辣等食物，属早孕反应，一般不属病态。

此外，询问疾病过程中食欲食量的变化，可了解疾病的轻重预后。如食欲恢复，食量渐增，是胃气渐复，疾病向愈之兆；若食欲逐渐减退，食量渐减，是脾胃功能衰弱的表现，提示病情加重；久病或重病患者，一般食少无味，甚至不能食，如突然欲食或暴食，称为“除中”，是脾胃之气将绝的征象，属病危。

4.3.7.3 口味

口味，是指口中有异常的味觉或气味。由于脾开窍于口，其他脏腑之气亦可循经脉上至口，口中异常味觉或气味，常是脾胃功能失常或其他脏腑病变的反映。

1）口淡：指口中无味，舌上味觉减退。多为脾胃气虚，纳运失健，或见于寒证。

2）口甜：自觉口中有甜味。甘味入脾，过食肥甘，滋生湿热，或外感湿热，蕴结于脾胃，与谷气相搏，上蒸于口，致口中甜而黏腻不爽，舌苔黄腻；口甜亦可因脾虚而致，但舌苔薄净，口中涎沫亦稀薄。

3）口苦：自觉口中有苦味。苦味入心，心属火；胆汁味苦，其化生、排泄与肝之疏泄有关；苦属火，火盛则苦。故心火、胃热、肝胆火旺、胆气上逆的病变多见口苦。

4）口中泛酸：自觉口中有酸味，或闻之有酸腐气味。多由脾胃消化不良，食滞不化，腐化生酸，上泛于口；或由肝气郁结，横逆犯胃，肝胃不和，胃失和降，而泛吐酸水。

5）口咸：自觉口中有咸味。咸味入肾，咸属水，故口咸多与肾虚及寒水上泛有关。

6）口涩：口有涩味如食生柿子的感觉。每多与舌燥同时出现。为燥热伤津，或脏腑阳热偏盛，气火上逆所致。

7）口黏腻：口中黏腻不爽，常伴舌苔厚腻，多由湿浊停滞或痰饮食积等所致。口黏腻常与味觉异常同见，如黏腻而甜，多为脾胃湿热，黏腻而苦，多属肝胆湿热。

4.3.8 问二便

询问大小便状况，不仅可直接了解消化功能、水液代谢的情况，而且亦是判断疾病寒热虚实的重要依据。

问二便应注意询问其性状、颜色、气味、时间、量的多少、排便次数、排便时的感觉以及兼有症状等。其中颜色、气味等内容，已在望诊、闻诊中讨论，这里着重介绍二便的性状、次数、便量、排便感等内容。

4.3.8.1 问大便

健康人一般每日大便1次或隔日1次，成形不燥，干湿适中，排便通畅，多呈黄色，便内无脓血、黏液及未消化的食物等。便次、便质以及排便感的异常，主要有下列情况：

（1）便次异常

1）便秘：指大便秘结不通，排出困难，便次减少，或排便时间延长，欲便而艰涩不畅者，亦称大便难。多因热结肠道，或津液亏少，或阴血不足，以致肠道燥化太过，肠失濡润，传导失常而引起。亦有由于气虚传送无力，或阳虚寒凝，以致肠道气机滞塞而便秘者。

2）泄泻：指便次增多，便质稀软不成形，甚至便稀如水样者。多因内伤饮食、感受外邪、机体阳气不足、情志失调等原因，以致脾失健运，小肠不能分清别浊，水湿直趋于下，大肠传导失常而引起泄泻。一般地说，新病泻急者，多属实证，病久泄缓者，多属虚证。临床应注意询问大便的性状及兼症而进行辨证。如大便溏泄，兼纳少腹胀、大腹隐痛者，属脾胃气虚；呕恶酸腐，脘闷腹痛，泻下秽臭，泻后痛减者，属伤食；泻下黄糜，腹痛，肛门灼热者，多属大肠湿热；黎明前腹痛作泄，泄后则安，形寒肢冷，腰膝酸软者，称为“五更泄”，多属命门火衰，脾寒失运。

如何应用饮食疗法治疗便秘

大便是由食物残渣和水分组成的，因此，大便数量和次数的多少与饮食有密切关系。应用饮食疗法也可以达到治疗便秘的作用。

（1）首先要多喝开水，使肠腔内保持足够的使大便软化的水分，从而达到治疗大便干燥的目的。

（2）其次是多吃含渣滓较多的食物，特别是含纤维素多的新鲜蔬菜，如芹菜、韭菜等。因为这类食物既可供给人体丰富的维生素C，又能提供足够的食物残渣，刺激肠壁，促使肠蠕动加快，使粪便易于排出体外。

（3）必要时还可食些能产生气体的食物，如洋葱、黄豆、萝卜等来刺激肠道蠕动。如果由于进食过少形成的少量大便不足以形成对直肠黏膜的机械性刺激，则需鼓励患者多参加文体活动和体力劳动，以提高食欲，增加进食量。

（4）体重正常，血脂也不高的便秘患者，可多吃含油脂食物。血脂偏高的人，可在烹调时多加点植物油，有条件时还可多吃些新鲜水果，如苹果、梨等。此外，蜂蜜、决明子也有润肠通便的作用。一般说来，辣椒、浓茶、酒类等刺激性食品不利于大便的通下，不宜食用。

链接

（2）便质异常

1）完谷不化：即大便中含有较多未消化的食物。多见于脾胃虚寒或肾虚命门火衰所致的泄泻。

2）溏结不调：即大便时干时稀。多因肝郁脾虚，肝脾不调而致。若大便先干后稀，多属脾胃虚弱。

3）脓血便：大便中夹有脓血黏液，多见于痢疾。常因湿热积滞交阻于肠，脉络受损，气血瘀滞而化为脓血。

（3）排便感异常

1）肛门灼热：指排便时肛门有灼热感。多因大肠湿热下注，或大肠郁热下迫直肠所致，见于热泻或湿热痢。

2）里急后重：腹痛窘迫，时时欲便，肛门重坠，便出不爽，称为"里急后重"。多因湿热内阻，肠道气滞所致，为痢疾的主症之一。

3）排便不爽：即排便不通畅，有滞涩难尽之感。若腹痛，泻下黄糜，黏滞不爽，是湿热蕴结，肠道气机传导不畅；腹痛腹泻而排出不爽，兼腹胀矢气者，为肝郁乘脾，肠道气滞；便泄不爽，夹有未消化食物，酸腐臭秽难闻，泻后腹痛减轻者，见于伤食泄泻。

4）滑泻失禁：是指大便不能控制，滑出不禁，甚则便出而不知，称大便失禁，又称滑泻。多因脾肾虚衰、肛门失约所致。见于久病体虚，年老体衰，或久泻不愈的患者。若新病腹泻势急而大便未能控制，或是神志昏迷而大便自行流出，虽亦属肛门失约，但不一定是脾肾虚衰。

5）肛门气坠：即肛门有下坠之感，甚则脱肛，常于劳累或排便后加重，多属脾虚中气下陷。见于久泻或久痢不愈的患者。

4.3.8.2 问小便

健康成人在一般情况下，日间排尿3~5次，夜间0~1次，每昼夜总尿量约1000~1800ml。尿次和尿量受饮水、温度、出汗、年龄等因素的影响。

小便为津液所化，了解小便有无异常变化，可诊察体内津液的盈亏和有关脏腑的气化功能是否正常。一般应询问尿量的多少，排尿的次数及排尿时情况等。

（1）尿量异常

1）尿量增多：指尿次尿量明显超过正常量次。小便清长量多，畏寒喜暖者，属虚寒证。因阳虚气化无权，水液下渗而致。如患者口渴、多饮、多食，而且多尿、消瘦，属消渴病。

2）尿量减少：指尿次尿量皆明显少于正常量次。病人尿赤量少，多属实热证。热盛津伤或汗下伤津，尿源不足所致。患者尿少浮肿，为水肿病。多因肺、脾、肾功能失常，气化不利，水湿内停之故。

（2）尿次异常

1）小便频数：即排尿次数增多，时欲小便。如新病小便频数，短赤而急迫，为下焦湿热；小便频数，量多色清，夜间尤甚，为下焦虚寒，多因肾阳不足，肾气不固，膀胱失约所致。

2）癃闭：小便不畅，点滴而出为癃，小便不通，点滴不出为闭，一般统称为癃闭。因肾阳不足，阳不化水，或由气化无力，开合失司所致者，多属虚证；若因湿热下注，或有瘀血、结石阻塞而成者，多属实证。

（3）排尿感异常

1）小便涩痛：即小便排出不畅而痛，或伴急迫、灼热等感觉，多因湿热下注所致，见于淋证。

2）余沥不尽：是指小便后点滴不尽，又称尿后余沥。多因肾气虚弱，肾关不固，开合失司所致，常见于老年或久病体衰者。

3）小便失禁：小便不能随意控制而自遗，称为小便失禁。多属肾气不足，下元不固，以及下焦虚寒，膀胱失煦，不能制约水液所致。若神昏而小便自遗，属于危重证候。

4）遗尿：是指睡眠中小便自行排出，俗称尿床。多属肾气不足，膀胱失约。

4.3.9 问 妇 女

由于妇女有月经、带下、妊娠、产育等生理病理特点，所以对妇女的问诊，除上述内容外，还应注意月经、带下、妊娠、产育等情况。

妇女月经、带下的异常，不仅是妇科常见疾病，也是全身病理变化的反映。因而即使一般疾病也应询问月经、带下情况，作为诊断妇科或其他疾病的依据。

妇女妊娠、产育的病变，本书不作详细论述，将在《中医妇科学》教材中专门讨论。

4.3.9.1 问月经

月经是指周期性、规律性的子宫出血。一般每月1次，信而有期，故又称月汛、月水或月信。健康女子，一般到14岁左右月经开始来潮，称为初潮。到49岁左右，月经停止，称为绝经。

问月经应注意了解月经的周期，行经的天数(经期)，月经的量、色、质以及有无闭经或行经腹痛等伴随症状。必要时可询问末次月经日期，以及初潮或绝经年龄。

正常月经周期约28天，行经期一般3~5天。经期排出的血量一般为50~100ml，由于个体素质、年龄等不同，经量的多少，可略有差异。月经的颜色正红，经质不稀不稠，不夹杂血块。

临床常见的月经异常表现在期、量、色、质、伴随症状等方面。

1) 月经先期：指月经周期提前8~9天以上，连续发生2次以上者，亦称月经超前。多因气虚，统摄无权，冲任不固或因阳盛血热、肝郁化热、阴虚火旺，热扰冲任，血海不宁而致。

2) 月经后期：指月经周期错后8~9天以上，连续发生2次以上者，亦称经迟。多因营血亏损，血源不足；或阳气虚衰，生化不足，运血无力，血海不能按时满溢所致；或因气滞血瘀，冲任不畅；或因寒凝血瘀，冲任受阻而致。

3) 经期错乱：月经或前或后，差错在8~9天以上，连续发生3次以上者，称经期错乱，亦称月经先后不定期或月经衍期。多因肝气郁滞，气机不调，或因脾肾虚损，固摄无权，或因瘀血阻滞，血海蓄溢失常所致。

4) 月经过多：指月经量较以往明显增多，周期基本正常者。多因血热，冲任受损；或因气虚，冲任不固，经血失约；或因瘀阻胞络，络伤血溢等引起。

5) 崩漏：不在行经期间，阴道内大量出血，或持续下血，淋漓不止者，称为崩漏。一般来势急，出血量多的称崩，或称崩中；来势缓，出血量少，持续不止者称漏，或称漏下。崩与漏在病势上虽有缓急之分，但发病机制基本相同，在疾病演变过程中，又常互相转化，相兼出现，故统称为崩漏。其原因或由热伤冲任，迫血妄行；或因脾肾气虚，冲任不固，不能制约经血；或因瘀阻冲任，血不归经所致。

6) 月经过少：指月经周期基本正常，经量明显减少，甚或点滴即净者。因营血衰少，血海亏虚；或肾气亏虚，精血不足，血海不盈所致者，多属虚；因寒凝、血瘀或痰湿阻滞而引起者，多属实。

7) 闭经：女子至18岁仍未初潮，或曾行经而又中断达3个月以上而又未受孕者，称为闭经。因气虚血亏，血海空虚所致者，属虚证；因气滞血瘀，或寒凝痰阻，胞脉不通而致者为实证。

8) 经色、经质异常：若经色淡红质稀，为血虚不荣；经色深红质稠，乃血热内炽，经色紫暗，夹有血块，兼小腹冷痛，属寒凝血瘀。

9) 痛经：指正值经期或行经前后，出现周期性小腹疼痛，或痛引腰骶，甚至剧痛难忍者，亦称经行腹痛。若经前或经期小腹胀痛或刺痛，多属气滞或血瘀；小腹冷痛，遇温则减轻者，多属寒凝或阳虚；经期或经后小腹隐痛，多属气血两虚，胞脉失养。

赤白带下

阴道流出白色黏液，绵绵不断如带，也有量多淋漓，如涕如唾，称为“白带”；如白带中混有血液，赤白分明，称为“赤白带”；单纯淡红稠黏，似血非血，则称“赤带”。此外，还有青、黄、灰黑和五色杂见的，而产生“青带”、“黄带”、“黑带”和“五色带”等名称，但比较少见，统称“带下”。本病的发生，主要由于带脉不约，任脉失固，加上脾虚、肝郁等因素，湿浊、湿热之邪下注。辨证论治重在颜色、气臭、清浊方面，凡带下色白，黏腻稀薄，秽气不重，伴见腰酸神疲，食欲不振，不耐劳动，劳动后白带更多，多属脾虚湿浊，用完带汤。带下赤色或赤白相杂，质稠黏，有腥臭，伴见口干口苦，小便色黄，在月经前后带下较多，多属肝郁湿热，用加减逍遥散和清肝止淋汤。

老年或病后体弱的妇女，带下清稀如注，腰冷酸重，四肢不温，头晕目花，脉沉微弱，称为“白崩”，系奇经极虚，必须峻补，用内补丸。

链接

4.3.9.2 问带下

带下是指妇女阴道内的一种少量、无色、无臭的分泌物，具有润泽阴道的作用。带下过多，淋漓不断，或有色、质的改变，或有臭味，均为病理性带下。问带下，应注意量的多少，色质、气味及伴随症状等。因带下颜色的不同，而有白带、黄带、赤带、青带、黑带、赤白带及五色带等名称，临床以白带、黄带、赤白带较为多见。

1）白带：指带下色白量多，质稀如涕，淋漓不绝，无臭味者。多属脾肾阳虚，寒湿下注。

2）黄带：指带下色黄量多，质稠臭秽者。多属湿郁化热，湿热下注所致。

3）赤白带：即白带中混有血液，赤白杂见，多属肝经郁热，或因湿热下注而成。

若绝经后又见杂色带下，气味臭秽者，应警惕患有癌症的可能，须及早做专科检查，以防延误病情。

4.3.10 问 小 儿

儿科古称“哑科”，医生主要通过询问陪诊者获得有关疾病的资料。不仅问诊困难，而且准确性较差，故问小儿病除一般问诊内容外，应注意结合小儿的生理病理特点进行询问。因小儿具有脏腑娇嫩，生机蓬勃，发育迅速的生理特点；在病理上具有发病较快，变化较多，易虚易实的特征，因此，临床着重询问下列几个方面的内容。

4.3.10.1 问出生前后情况

新生儿（出生后至1个月）的疾病多与先天因素或分娩情况有关，故应着重询问妊娠期及产育期母亲的营养健康状况，有何疾病，曾服何药，分娩时是否难产、早产等，以了解小儿的先天情况。

婴幼儿（1个月至3周岁）发育较快，需要的营养远较成人为多，而脾胃功能又较弱，喂养不当，易患营养不良、腹泻以及五软、五迟等病。故应重点询问喂养方法及坐、爬、立、走、出牙、学语的迟早情况，从而了解小儿后天营养状况和生长发育是否符合规律。

4.3.10.2 预防接种、传染病史

小儿6个月至5周岁，从母体获得的先天免疫力逐渐消失，而后天的免疫功能尚未形成，故

易感染水痘、麻疹等急性传染病。预防接种，可帮助小儿建立免疫功能，以减少感染发病（表4-1）。患过某些传染病，如麻疹，常可获得终身免疫力，而不会再患此病。密切接触传染病患者，如水痘及某些肝病等，常可引起小儿感染发病。因此，询问上述情况可作为确定诊断的重要依据。

表4-1 预防接种简介

疫苗名称	接种时间	预防疾病
卡介苗	出生24小时内、4岁、7岁	结核病
脊髓灰质炎糖丸	出生后二、三、四3个月每个月1次(Ⅰ、Ⅱ、Ⅲ型)，4岁、6岁	脊髓灰质炎
百白破疫苗	三、四、五3个月每个月1次，1岁5个月	百日咳、白喉、破伤风
麻疹疫苗	8个月，1岁8个月	麻疹
流行性乙型脑炎疫苗	1岁，初中学生	流行性乙型脑炎

链接

4.3.10.3 易使小儿致病的原因

小儿脏腑娇嫩，抵抗力弱，调节功能低下，易受气候及环境影响，感受六淫之邪而导致外感病，出现发热恶寒、咳嗽、咽痛等症；小儿脾胃薄弱，消化力差，极易伤食，出现呕吐、泄泻；婴幼儿脑神经发育不完善，易受惊吓，而见哭闹、惊风等症。所以要了解小儿致病原因，应注意围绕上述情况进行询问。

小结

1. 问诊是医生通过对患者或陪诊者进行有目的、有步骤的询问，了解疾病的发生发展、诊治经过、现在症状和其他与疾病有关的情况，以诊察疾病的方法。

2. 问诊的内容包括一般情况、主诉、现病史，既往史、个人生活史、家族史等。

3. 主诉是患者就诊时陈述的最感痛苦的症状或体征及其持续的时间。

4. 现病史是围绕主诉从起病到就诊时疾病的发生、发展演变过程以及诊疗经过和病人现在的症状表现。

5. 问现在症是指对患者就诊时所感到的痛苦与不适以及与病情相关的全身情况进行详细的询问。重点询问寒热症状、出汗情况、疼痛不适等常见症状和饮食、睡眠、二便等常规内容

目标检测

一、单项选择题

1. 询问家庭史最主要的意义是

A. 分析病因　B. 辨别病性　C. 指导治疗

D. 排除遗传病　E. 推断预后

2. 下列何证一般不询问精神神志情况

A. 眩晕　B. 胸闷　C. 关节痛

D. 胃脘痛　E. 胁痛

3. 下列哪项是影响患者如实准确反映病情最重要的因素

A. 年龄　　B. 性别　　C. 文化程度

D. 表达能力　　E. 神志状况

4. 指出下列何病与既往所患疾病无关

A. 感冒　　B. 哮病　　C. 痫病

D. 中风　　E. 肝病

5. 下列哪项最应注意询问精神情志的情况

A. 感冒　　B. 肝病　　C. 肾病

D. 疟疾　　E. 痹证

二、填空题

1. 寒与热的产生,主要与①________和②________相关。

2. 刺痛以①________、②________、③________、④________等处多见。

3. 背脊疼痛,不可俯仰者,多为①________所致;项背强痛,恶寒发热者,多为②________所致。

4. 疾病发展过程中,食欲恢复,食量渐增,是①________、②________的表现。

5. ①________,②________为癃;③________,④________为闭,统称为癃闭。

三、判断题

1. 饮食偏嗜皆属病态。

2. 昏睡不属嗜睡。

3. 患者出现寒热并见症状,皆属外感表证。

4. 便秘患者的便质皆干硬。

5. 耳鸣如潮,按之不减,属阴虚火旺。

四、名词解释

1. 畏寒　　2. 壮热　　3. 战汗

4. 雀目　　5. 不寐　　6. 除中

五、问答题

1. 何谓自汗、盗汗？其病因病机如何？

2. 问月经应了解哪些内容？

3. 问口渴的临床意义有哪些？

4. 何谓主诉？确定主诉的注意事项有哪些？

5. 何谓现病史？现病史包括哪些内容？

6. 何谓发热？临床常见哪些类型？怎样鉴别？

7. 疼痛的病机如何？怎样辨别？

（李琳荣　李希贤）

5 切　　诊

学习目标

1. 叙述寸口脉诊的方法,正常脉象的特征,常见脉象(浮、沉、迟、数、虚、实、洪、细、弦、紧、滑、涩、濡、缓、弱、微、促、结、代)的特征与临床意义,相兼脉的结合与主病规律。能够基本上辨识临床常见脉象(浮、沉、迟、数、洪、细、弦、滑、弱、促、结、代等)。叙述按诊的基本手法和按腹部的内容

2. 简述脉诊的原理及诊脉的意义,脉象的生理变异,长、短、芤、革、牢、伏、散、动、疾脉的特征和临床意义,诊妇人脉、诊小儿脉的特殊性。简述按肌肤、按手足、按腧穴的基本内容

切诊分脉诊和按诊两部分。两者同是运用双手对患者体表进行触、摸、按压,从而获得辨证资料的诊察方法。

5.1 脉　　诊

脉诊亦名切脉、摸脉,是医生用手指触按患者一定部位脉之搏动,体察脉之形象,以了解病情、辨别病证的诊察方法。

5.1.1 脉象形成的原理

脉象是脉之搏动应指而产生的形象。脉即血脉,为血之府,约束营气,内行气血,由心所主,脉动的产生有赖于心脏的搏动。人之血脉贯通全身,内连脏腑,外达肌表,周流不休,其内气血的生理与五脏六腑密不可分,脉象成为反映全身脏腑功能、气血、阴阳的综合信息。

5.1.1.1 脏腑与血脉的关系

心、脉是形成脉象的主要脏器。心脏搏动是生命活动的标志,也是形成脉象的动力。脉象的至数与心脏搏动的频率、节律相应,并受心脏气血的影响。

脉为血之府,是气血运行的通道,有约束和推进血流顺从脉道运行的作用,是气血周流不息,正常循行的重要条件。因此,脉的功能状态能直接影响脉象。

肺的呼吸运动是主宰脉动的重要因素。肺气对脉率、脉形都有影响。

脾胃的功能是运化水谷精微,为气血生化之源,“后天之本”。气血的盛衰和水谷精微的多寡,表现为脉之“胃气”的多少。脉象中的“胃气”,在切脉时可以感知,主要在切脉的指下具有从容徐和软滑的感觉。脉中的胃气虽可看作脾胃运化功能的反映,但实际上更直接地反映了全身营养状况的优劣和能量的储备状况。临床上根据胃气的盛衰,可以判断疾病预后的善恶,故又有“脉以胃气为本”之说。

肝藏血,即指肝有储藏血液,调节血流量的作用。肝主疏泄,可使气血调畅,经脉通利,脏腑功能正常。肝的生理功能失调,可以影响气血的正常运行,从而引起脉象的变化。

肾藏精,为元气之根,是脏腑功能的动力源泉,亦是全身阴阳的根本。肾气充盛则脉搏重按不绝,尺脉有力,是谓"有根"。

5.1.1.2 气、血、津液与血脉的关系

气、血是构成人体组织和维持生命活动的基本物质。它们对脉象的影响以气的作用更为重要,这是因为气属阳主动,血液的运行全赖于气的推动,脉的"壅遏营气"作用则有赖于气的固摄,心搏的强弱和节律亦赖气的调节。

5.1.2 诊脉的部位

在脉诊发展史上,从《内经》之前脉诊的产生到西晋·王叔和所著《脉经》流传于世,关于诊脉部位的记载不下十余种,从遍诊法到如今的寸口诊法之演变,大体上反映了中医脉诊学的发展历程。最具代表性的是遍诊法、人迎寸口诊法、张仲景三部诊法及寸口诊法。以下仅对寸口诊法加以叙述。

寸口又名气口或脉口。寸口诊法是指切按掌后高骨(即桡骨茎突)内侧一段脉动(桡动脉搏动)形象,以推测人体生理病理状况的一种诊察方法。

寸口诊法始见于《内经》,直至《难经》才详细叙述"独取寸口"的诊脉方法,提出以关作为寸、尺的分界线,将寸口分为三部九候,三部者,寸关尺,九候者,浮中沉。随着脉学的发展,其余各种诊脉方法逐渐被淘汰,仅寸口诊法保存下来并继续发展。西晋王叔和在总结前人经验的基础上,完善了独取寸口法的方法和内容,确定寸关尺分属脏腑的位置及方法,定出 24 种脉名、脉形、主证,使独取寸口法被确立肯定,并成为唯一的诊脉方法。他所著的《脉经》是我国现存最早的脉学专著,它的问世使脉学进入了一个新时期,开创了后世脉学之典则。

寸口脉为什么能够反映五脏六腑的病变?原因主要有三:①寸口位于手太阴肺之原穴部位,而手太阴肺经起于中焦,还循胃口。所以,在寸口可以体察后天之本脾胃的强弱,且脉之有无胃气至关重要,有胃气则生,无胃气则死。②十二经脉中经气的流注,起于肺而止于肺,寸口为脉之大会,是十二经脉汇流之处,五脏六腑气血循环的起止点。因此,五脏六腑有病,气血运行失常,能够通过肺经反映于寸口。③寸口部位肌肤薄嫩,脉易暴露,切按方便。

寸口脉分为寸关尺三部。即以掌后高骨(桡骨茎突)为标记,其稍内侧动脉搏动处为关,关前(腕端)为寸,关后(肘端)为尺,两手各有寸关尺三部,共六部脉。

《难经》将寸关尺三部又分别分为浮中沉三候,三三而九,这是寸口诊法的三部九候。关于寸口脉脏腑分属问题,起源于《内经》,但在《难经》中才正式确立,多数医家以《脉经》为本,具体运用时:寸部候上焦,即膈以上胸部及头部的疾病,其中左寸候心,右寸候肺;关部候中焦,即膈以下至脐以上部位的疾病,其中左关候肝胆,右关候脾胃;尺部候下焦,即脐以下及足部疾病,两尺部均候肾气。必须指出,寸口脉寸关尺分配脏腑其所候的是五脏六腑之气,而不是脏腑之脉出于何处。

一根红线两头牵，安知脉象有万千
——悬丝诊脉，扑朔迷离

在我国古典小说和传统戏曲里，常有太医为皇帝的后妃们“悬丝诊脉”的情节。具体方法是：后妃和太医各居一室，由太监或宫女将一根红丝线拴在后妃的手腕上，线的另一端交给太医把按，通过丝线辨别病情。这样做是为了维护宫廷礼仪，以防乱了宫闱。

传说孙思邈给长孙皇后看病就用此法。因孙氏系从民间召来，不是有职衔的太医院的御医，太监就有意试他，先后把丝线拴在冬青根、铜鼎脚和鹦鹉腿上，结果都被孙氏识破，最后才把丝线系在娘娘腕上。孙思邈诊得脉象，知是滞产，便开出一剂药方，娘娘遂顺利分娩。同行问其窍门，孙思邈笑而不答。

那么，历史上是否真的有悬丝诊脉之事？患者的脉象能否通过丝线传导给医生呢？为了弄清这个问题，有人在1968年请教过施今墨老先生。施老先生是旧时北京四大名医之一，曾给清廷皇室内眷看过病。他介绍说，这悬丝诊脉可说是亦真亦假。所谓真者，确曾有其事；所谓假者，悬丝纯粹是一种形式。原来，大凡后妃们生病，总是由贴身的太监介绍病情，太医也总是详细地询问这些情况，诸如胃纳、舌苔、二便、症状、病程等。为了获得真实而详尽的情况，有时太医还要给太监送些礼物。当这一切问完之后，太医也就成竹在胸了。到了悬丝诊脉时，太医必须屏息静气，沉着认真。这样做，一是谨守宫廷礼仪，表示臣属对皇室的恭敬；二是利用此时暗思处方，准备应付，以免因一言不慎、一药不当而招祸。

由此可见，悬丝诊脉虽确有其事，但不过是一种蒙上了神秘色彩的骗人形式而已。如果太医事先不通过各种途径获知详细病情，那么他再高明，也不会看好后妃们的病。

链接

5.1.3 诊脉方法及注意事项

5.1.3.1 时间

诊脉的最佳时间是清晨。清晨之时，人体未受到饮食、活动、情绪等干扰，内外环境处于平衡状态，脉搏的任何细微变化都容易体察出来。实际诊病中，患者并不只限于平旦之时就诊，尤其对于突然发病或病情恶化的患者，不能刻板拘泥。遵循其本义，旨在使患者在诊脉时努力排除干扰因素，如劳动、运动等形体活动之后必须休息片刻，完全平静下来才能诊脉；情绪波动，也会扰乱气血，引起脉搏变化，待思绪平定后才可候脉。

古人强调诊脉必满五十动，临床运用时，要求诊脉有充足的时间，一般在1分钟以上，以便于认真诊查，尤其对于以节律异常为特点的脉如结、代、促脉，可以防止漏诊。

5.1.3.2 体位

患者就诊时，常正坐在医生对面或侧面，前臂平伸，腕部大致与心脏处于同一水平，手心向上，手指自然弯曲放松，腕下垫以脉枕，使腕部充分展开。若患者采取卧位，则尽量避免侧卧，以免下面被压手臂的气血运行不利，脉象受扰，而应采用仰卧位，将手臂平伸于床。临床中，对于关节僵直、屈伸不利、手臂不能平伸和强迫体位等患者，则不能强求体位，需诊者变通指法，努力排除干扰，以求最大限度获取真实脉象。

5.1.3.3 调息

调息是对医者的要求。古人常以自己的呼吸节律作为标准,一呼一吸为一息,来计算患者的脉动节律,故诊病时,要求医者调整呼吸,使之均匀和缓。正常呼吸频率为每分钟 16~18 次,每次正常呼吸时脉动 4 次,较长呼吸时脉动 5 次,即脉动次数为每分钟 60~80 次。随着均匀的呼吸,亦可知脉动之节律是否规整。故调息在古人诊脉中具有重要意义。

调息的另一个重要作用是调神。医者凝心静气,注神于指端,才能细察脉象,不致谬误。

5.1.3.4 指法

即医生诊脉时的操作手法,是脉诊的手指基本功。有三指平布法、移指法、一指直压法,其中后两者现在多用于儿科,而前者为诊成人脉常用之法,它包括布指与运指两个方面:

(1) 布指

动作要领为:三指平齐,运用指目,中指定关,布指同身。

三指平齐:诊脉时,医者坐在患者的对面或侧面,用左手诊病人右手,右手诊患者左手,亦可医不换手,但必须保证医者使用食指、中指、无名指,分别一一对应切按于患者寸、关、尺三部。为使三指在诊脉中举按一致,力度均匀,必须将三指屈曲,使指端平齐。

运用指目:人的触觉在指端皮肉突起最高的地方最为灵敏,如眼睛一样,能敏锐地感知脉象的细微变化,故古人称之为"指目",一般都运用指目进行诊脉。然而,由于人的指端皮下有动脉血管通过,当患者脉动极其微弱时,医生容易将自己指端的动脉搏动误以为患者脉象,临证时需细心辨别,必要时可改用指目附近其余部位,避开干扰。

中指定关:准确地确定寸关尺三部,是正确进行诊脉的保证。确定寸关尺的一般方法,是先确立关位。诊者下指时,先以中指探得掌后高骨处,其内侧脉动处即是关部。按定之后,再以食指在关前(远心端)定寸,以无名指在关后(近心端)定尺(图 5-1)。

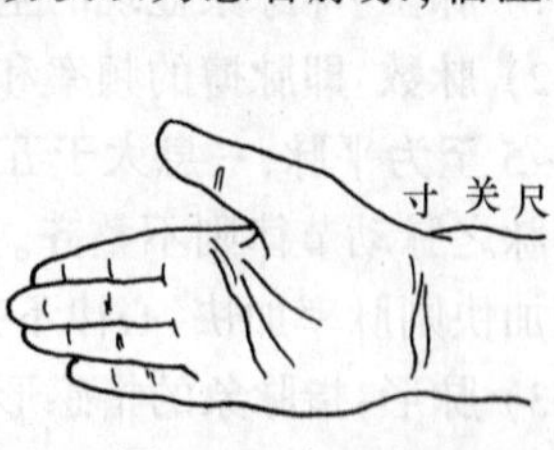

图 5-1 寸口诊法

布指同身:人有高矮不同,同身寸相差有别,故布指疏密要与患者的手臂长短及医生的手指粗细相适应。患者的手臂长或医生手指较细者,医生三指之间宜宽松,反之则宜紧凑,三指之间疏密有度。

(2) 运指

运指即手指的具体运作,是对诊者三指在诊脉时运动规律的总结。常用指法有举、按、寻、单按、总按。

举法:是指医生的手指用较轻的力量按在寸口脉搏动处,以体察脉象。用举法取脉,称为"浮取"或"轻取"。

按法:是指医生的手指用较重的力量按在寸口脉搏动处,甚至按到筋骨,以体察脉象。用按法取脉,称为"沉取"或"重取"。

医生手指用力适中,按至肌肉、不浮不沉处以体察脉象,称为"中取"。

寻法:寻即寻找之意,是医生将手指挪移于脉管之上下、内外纵横,细心体察脉之形象、趋势。寻法与举按法相互结合,可使脉象的任何细微变化,都无以遗漏。

总按:即三指平布,同时用力按脉。总按法适用于诊察阴阳、经络、脏腑、气血等生命活动的整体变化(图 5-2)。

单按:即用一指单按其中一部脉象,另外两指微微提起。其目的在于重点诊察某一脏某一腑,或寸关尺某一部的变化(图 5-3)。

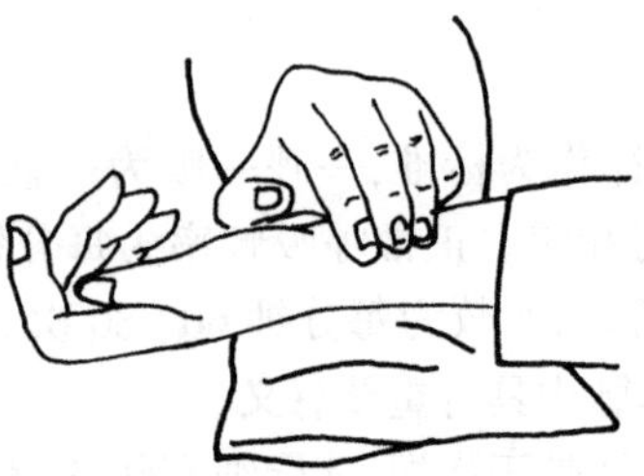

图 5-2　总按

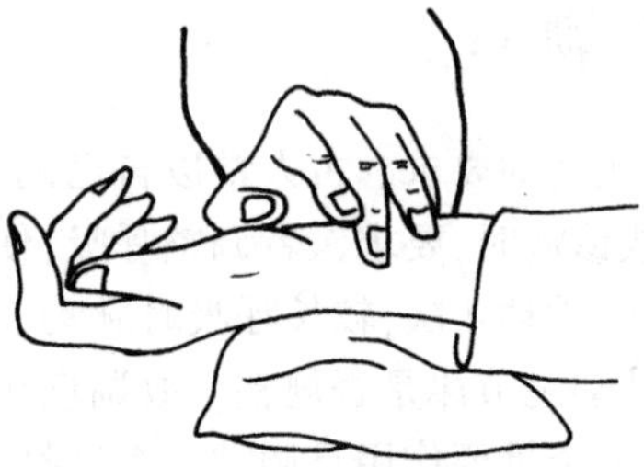

图 5-3　单按

实际诊脉时,总按与单按常结合使用。一般先总按,以察脉象的整体变化,然后再单按以察各部的变化。

5.1.4 脉象要素

脉象是手指感觉脉搏跳动的形象,或称为脉动应指的形象。脉象的辨识主要依靠手指的感觉,因此,学习诊脉要多练指感,通过反复操练,细心体察,才能对脉搏的部位、至数、力量和形态等方面形成比较完整的指感。同时必须加强理性认识,只有从理论上掌握各种脉象的要素,再结合切脉的经验,才能比较清楚地识别各种不同脉象。

古人对于脉搏形象的描述,主要从位、数、形、势四个方面加以分析归纳。

1) 脉位:即脉象显现的空间位置。脉管搏动表浅为浮脉,搏动深沉为沉脉。

2) 脉数:即脉搏的频率和节律。中医以一呼一吸之"一息"作为脉搏的计时单位。一息脉来4~5至为平脉,一息大于五至为数脉,不足四至为迟脉。平脉之脉动节律基本规整,而结、代、促等脉之脉动节律则不整齐。脉的至数和节律取决于心脏的心率和节律,即所谓"心动脉应"。心率加快则脉率加快,心律不齐则脉律不齐。

3) 脉形:指脉象的指感形状和性状;如脉道有宽、窄,手指感觉到脉道宽大者为大脉,狭小者为细脉;脉体有长短,脉动范围超过寸、关、尺三部者称为长脉,应指不及三部、但见关部或寸部者为短脉。

4) 脉势:即脉动的变化程度、变化率和变化趋势。它主要是从脉动应指力量的大小和变化速率,来区别脉的虚、实、盛、衰变化趋势。

5.1.5 正常脉象

正常脉象指人在正常生理功能状态下的脉象,又称为平脉。由于人体体质不同,生活习惯、年龄、性别、种族等迥异,对于不同个体,其平脉表现并不完全相同。同一个体,在其终身的成长过程中,由于机体生长壮老已的发展,其平脉亦各具其特点。在不同的季节、昼夜或运动、情绪波动时,由于受到外界环境与自身的生理调节,其平脉亦各不相同。但无论怎样变异,平脉均具有共同的特点。在疾病过程中见到平脉,说明正气未伤,病情轻浅,或邪去正安,预后良好。

5.1.5.1 正常脉象的体象及特点

正常脉象的体象为:寸、关、尺三部均有脉,不浮不沉,尺脉沉取有一定力量;一息4~5至(相当于60~80次/分),节律一致,不大不小,从容和缓,柔和有力,并随生理活动和气候环境的不同而有相应正常变化。

平脉有胃、神、根三个特点。

胃：有胃气的脉象表现为脉位居中，不浮不沉；脉率和匀，不疾不徐，节律一致；脉形适中，不大不小；脉势从容、和缓、流利。其中脉势之从容、和缓、流利至为关键，即使是病脉，不论浮沉迟数，但有徐和之象，便是有胃气。胃气充足之脉即为平脉，所谓“有胃为平”；缺少胃气之脉即为病脉；全无胃气之脉则为死脉，即真脏脉，是病情危重的反映。诊察胃气的盛衰有无，对判断疾病的进退凶吉有一定的临床意义。

神：神是人体生命活动的外在表现，对于诊脉而言，脉中亦贵有神。历来对脉中之神的认识，有如下三种：①胃气即神。有胃气之从容和缓即为有神。②脉有力为神。李东垣曰：“脉中有力，即有神也。”③至数匀齐为有神。若脉见结促代，三五不齐，甚则见十怪脉都属无神。总而言之，脉之有神表现为：形体柔和，来去从容，往来如一，应指有力。微弱之脉，微弱之中不至于完全无力的为有神；弦实之脉，弦实之中仍带有柔和之象的为有神。

根：肾为先天之本，是人体脏腑组织功能活动的原动力。脉之有根，犹树之有根，枝叶虽枯槁，根本将自生。它是肾中元气盛衰的重要标志。脉之有根，表现为二：①尺脉沉取应指有力；②六部脉沉取不绝。若久病重病患者，脉象轻举浮大，沉取全无，是正气衰竭的表现。但临床还可见到仅仅是肾气衰弱，或为寒邪等邪气阻遏的患者，亦表现为尺脉欲绝，则并非根本之败，此当四诊互参。

5.1.5.2 脉象的生理变异

人生活在自然界、社会当中，内外环境是一个整体，随着外界气候、季节、昼夜的变化，人的许多生理功能会相应发生改变。另外，人有男女、长幼、高矮、胖瘦、种族之不同，生活中会有饮食、运动、起居等生活习惯的改变，随着机体的相应调节，脉象会出现各种生理性变异。

四季气候：一年之中，春季阳气上升，而冬寒未尽，升发之阳气受到约束，故春脉微弦；夏季炎热，气血涛涛，故脉象显现为洪大；秋季阳气欲敛，脉之来势洪盛已减，轻而如毛，其脉稍浮；冬季万物潜藏，阳气内收，脉动亦趋于内而稍沉。春弦、夏洪、秋浮、冬沉的脉象，均为人体受气候影响的平脉表现。

地理环境：南方之地，气候温热，空气湿润，人体腠理疏松，脉多细软或略数；北方之地，气候寒凉，空气干燥，人体腠理致密，脉多表现为沉实。

上海中医药大学研究者曾观察1980年日全食对心血管患者的影响。通过日食前后脉对照，认为日全食时阳气受遏，人体之阴阳失调，故与日食前后2天同时刻的脉比较，日食时火旺者脉大，可能是由交感神经兴奋所致。而过后（当天晚上）脉象变沉，脉率变慢，可能是交感神经兴奋低下的表现，尤以阳虚者为显著，证实了天人相应的自然规律。

链接

性别：男女体质不同，因而脉象亦有差异。一般女性脉象较弱于男子而略快，其两尺之脉又较男子微盛。另外妇女又有月经、妊娠等独特的生理过程，所以又有月经脉、妊娠脉等特定脉象。

年龄：年龄越小，脉搏越快。婴儿每分钟脉率为120~140次，至14岁时方接近成人，每分钟75~80次。老年人脉多缓，青壮年脉搏有力，脉来滑利；老年人气血衰弱，脉搏较弱，脉来弦涩。

体格：身高臂长之人，脉的显现部位较长；身矮臂短之人，脉的显现部位较短。瘦人肉薄，脉位偏浮；胖人肉厚，脉位偏沉。凡常见左右手六脉沉细等同，而无病象者称为六阴脉；六脉常见洪大等同，而无病象者，称为六阳脉。

情志:精神情志会影响气血运行,从而引起脉象变化。如喜则气缓而脉来和缓;怒则气上而脉多弦急;惊则气乱而脉象无序;忧思气结而脉象迟滞。当情绪平静之后,脉象亦可恢复正常。

饮食:饭后水谷精微得充,气血旺盛,脉多滑数有力;反之,饥饿时脉多缓细无力。

劳逸:安静休息时,脉多平缓,而当剧烈活动之后,脉多疾数。脑力劳动之人脉象多弱,运动员、长期从事体力工作者,脉多迟缓有力。

生活习惯:惯用左手之人,左脉略大;惯用右手者,右脉略盛。

尚有寸口部无脉,而脉跳显现于腕关节部背侧面者,称为反关脉。若脉从尺部斜飞向虎口腕侧,称为斜飞脉。以上两者均为桡动脉解剖位置生理性变异,不属于病脉。

5.1.6 常见脉象及临床意义

历代文献中对于脉象种类及命名的记载很不一致,《脉经》中分为 24 脉;《景岳全书》中分为 16 脉;《濒湖脉学》中分为 27 脉;《诊家正眼》中又增加疾脉,合为 28 脉,一直为后人所遵循。

5.1.6.1 各种脉象及主病

(1) 浮脉

脉象特征:脉位表浅,近在皮毛之下,轻轻触按脉位上皮肤即能觉到明显的脉搏跳动,若稍重按,脉搏应指反而不明显,即所谓“轻取即得,重按稍减而不空,举之泛泛而有余”。

临床意义:正常人桡动脉解剖位置表浅或体瘦,或外界环境温度较高时,浅表血管因散热而扩张,均可见浮脉。

病理情况下浮脉主表证,亦主虚阳外越。

脉理分析:外邪侵袭肌表,卫阳与邪抗争,气血集结于表,脉气鼓搏于外,致脉浮。浮而有力为表实,示邪正俱盛;浮而无力为表虚,示邪盛正虚。外感风寒则脉来浮紧;外感风热则脉来浮数。

久病体虚之人,阴不敛阳,阳气不能潜藏,虚阳浮越于外,可见脉浮而无力,多属病重。

(2) 沉脉

脉象特征:沉脉位居肌肉深部,轻按不应指,重按脉跳豁然清楚,即“轻取不应,重按始得”。

临床意义:气候寒冷,使机体表面血管收缩,或肥胖之人可见沉脉,此为正常生理性变化。

> **扁鹊诊脉辨“睡人”**
>
> 约 2500 年前(即公元前 500 年的战国时代),一位官员赵简子生病了,昏睡了 5 天仍不省人事,看遍了所有名医皆束手无策,不知是什么疾病,于是召来扁鹊诊治。扁鹊把脉完便对赵简子的家臣说:血脉正常,不必惊怪!以前秦穆公也曾如此,睡了 7 天就自动醒来,还可以清楚地说出梦境,现在你们家主人的病,与秦穆公相同,所以据我推测,不等 3 天便会醒来,而且可以清楚地说出梦境。
>
> 过了 2 天半,赵简子果真醒来,还对家臣说他做梦时神游之事。于是家臣便把扁鹊诊治之事一五一十地告诉赵简子,赵简子听了大喜,便赐给扁鹊良田四万亩。
>
> 链接

病理情况下,沉脉主里证。脉沉而无力为里虚,沉而有力为里实;沉而迟为里寒,沉而数为里热。

脉理分析:病邪在里,气血内困,则脉沉而有力;脏腑虚弱,气血内虚,而脉气难以鼓动,则脉沉而无力。

(3) 迟脉

脉象特征:脉来迟慢,一息不足四至,每分钟脉搏在60次以下。

临床意义:正常健康人素喜运动或从事体力劳动者、老年人、妇女产后可见到生理性迟脉。

在病理情况下出现迟脉,主寒证,亦见于邪热聚结的里实证。

脉理分析:寒主凝滞,寒邪伤人,气血运行迟滞,故脉来缓慢;阳虚阴盛,内寒自生,血运无力而循行缓慢,亦可致脉迟。邪热结聚,阻滞血脉流行,亦使脉迟,但迟而举按有力,如《伤寒论》之阳明腑实证。

(4) 数脉

脉象特征:脉来急促,一息5~7至(每分钟100~140次)。

临床意义:正常人进行体力活动或进食过多、饮酒、吸烟、喝浓茶、咖啡等,或在惊恐、情绪激动时均可见到数脉,为生理性脉象。

病理情况下见到数脉,主热证,亦主虚证。

脉理分析:邪热亢盛,气血运行加速,故脉见数象。实热内盛,正气不衰,邪正相争,则数而有力。久病阴虚,虚热内生,则数而无力或细数。久病虚阳外越而见数脉,必数大无力,按之豁然而空。

(5) 洪脉(钩脉)

脉象特征:轻触即得,按之来势充实有力,应指形大满指,但脉去骤然,有下陷之感,亦即来盛去衰。

临床意义:饮酒后,或处高温环境中,或素体强壮者,可见轻度的洪脉,为生理性脉象。

病理情况下见到洪脉,主热盛,或孤阳独亢。

脉理分析:内热充斥,脉道扩大,气盛血涌,有如波涛之击石,撞则凶,去则缓,形成来强去弱之象。久病气虚,或虚劳、失血、久泻久利出现洪脉,是阴液枯竭,孤阳独亢,或虚阳亡脱,致脉气外张而扩大,必见脉来洪而无力无神,多属危证。

附 大脉

体状粗大,脉幅宽阔,来盛去大。大脉可见于健康人,其特点为脉大而和缓从容,寸口三部皆大,为体魄健壮之征象。疾病时出现脉大,是由于阳热亢盛,致使血脉扩大;或虚劳日久,血虚不能敛气,气失所依,必脉来大而无力。

(6) 微脉

脉象特征:极细极软,若有若无,按之欲绝。

临床意义:主阴阳气血虚衰。

脉理分析:由于阳气虚衰,气血虚脱,气虚则无力鼓动运血,致脉气软散无力,不任重按,按之欲绝,血衰则无以充盈脉道,致脉来细微,若有若无。

(7) 细脉(小脉)

脉象特征:脉来应指极细,状如一线,但脉跳动应指起落明显,来去分明。

临床意义:正常人在受寒或精神紧张时可出现细脉。

病理情况下,细脉主气血两虚,诸劳虚损;又主湿邪为病。

脉理分析:气血不足,不能充盈脉道,故脉来细直如线;湿邪阻压脉道,亦是形成细脉的原因。

(8) 散脉

脉象特征:浮大而散,轻按即得,中候渐空,按之绝无,并有节律不整,散乱的感觉。即"浮散无根,至数不齐"。

临床意义:主元气离散。气血消亡,脏腑衰竭,可出现散脉。孕妇见散脉为堕胎之先兆,产妇见散脉为娩出之征兆;久病见散脉为病情危重。

病理分析：由于元气大虚，气血虚极，阴不敛阳，虚阳浮越，致脉来浮散无根，至数不齐而乱。甚则阴不敛阳，阴竭阳脱，生命垂危。

(9) 虚脉

脉象特征：浮、中、沉取均软而无力，即"三部脉举之无力，按之空虚"，为无力脉的总称。

临床意义：主虚证。见于气血阴阳诸虚。虚而浮为气虚，虚而涩为血虚，虚而数为阴虚，虚而迟为阳虚。

脉理分析：正气亏损，气不足以运血，则脉来无力；血不足以充脉，故按之空虚。

(10) 实脉

脉象特征：来势坚实有力，形大而长，举之有余，按之有力，来去俱盛，三候皆然。

临床意义：平人见实脉，为正气充盛，脏腑功能良好的象征。

病变中出现实脉，主实证。沉而实为里实，浮而实为表实，实而滑主痰食，实而紧为伤于寒邪。久病重病之人见到实脉，为脉证不符，是邪盛正衰、元气外越的表现。

脉理分析：由于邪气实而正气不虚，邪正相搏，气血壅盛，脉道坚满，故脉搏动有力坚实。

(11) 滑脉

脉象特征：脉搏来去流利、圆滑，如触圆润的珠子在盘中滚动一般，速来速去。

临床意义：平人脉滑而和缓者，是气血充盛，身体健康的征兆；已婚妇女停经后，出现滑脉多为妊娠。病变中见到滑脉，主痰饮、食滞、实热。

脉理分析：正常人见到滑脉，是气血充盛的征象，血盛则血流量大，气足则推动血行有力，血流速度较快，血管扩张，管壁较薄，柔度较大，而形成滑脉。血行通畅，则往来流利、应指圆滑。孕妇脉滑，是血盛养胎之兆。

病中脉滑，是邪气盛，正气亦盛，抗邪有力，气血涌盛而致。

(12) 涩脉

脉象特征：脉形细弱，脉搏往来艰涩而不流利，如轻刀刮竹，涩滞不前，致上下搏动，在指下亦体会不清，似有停顿，但又非同结、代、促之止。与滑脉相反。

临床意义：主伤精血少，气滞血瘀，痰食内停之证。

脉理分析：伤精血少，血中津液亏少，不能濡润脉管，见脉涩而无力；气滞血瘀，痰食胶固，使血液黏滞，气血运行不畅，必见脉涩而有力。

(13) 长脉

脉象特征：脉体较长，脉动应指的范围超过寸、关、尺三部，即"首尾端直，超过本位"。

临床意义：正常人五脏健旺，气血充盛，百脉调和，脉来和缓柔匀，超过本位，是身体健旺之征。

病中见到长脉，必兼有其他脉象。长而有力为有余，见于阳证、实证、热证；长而无力怠缓主不足，见于虚寒证。

脉理分析：邪气盛，气逆血壅，脉道充盈，过于本位，见长而有力之脉。若虚寒证见到长脉，为脉证相逆，病情危重。

(14) 短脉

脉象特征：脉搏跳动应指不满三部，常常仅见于关部或寸部，而另外两部低沉，不易触及，即"首尾俱短，不能满部"。

临床意义：短主气病。短而有力为气滞，短而无力为气虚。

脉理分析：痰饮食积等阻滞脉道，血行不畅，脉来短而有力；或气虚，无力推动血行，脉道涩滞，致脉来短而无力。

(15) 弦脉

脉象特征：脉来搏指有力，挺然指下，端直以长，如按琴弦。

临床意义：正常人在春天应升发之气，可以见到轻微弦脉，但弦而不失其柔和。健康老年人也可出现弦脉，是人体正常衰变的发展规律。

病中出现弦脉，主肝胆病、痛证、痰饮、疟疾。

脉理分析：肝主疏泄，以柔和舒畅条达为贵。各种原因导致肝胆疏泄失职，影响气机调畅而郁滞，导致气血收敛，脉道拘束，血行劲急有力，故出现弦脉。

(16) 芤脉

脉象特征：轻取即得，脉体大而应指无力，稍按脉管则有空虚感觉，如中空之芤草。即“浮大中空，如按葱管”。

临床意义：主失血，伤阴，失精。

脉理分析：大失血、大汗、大吐、大下伤津竭液，气无所归，阳无所附，阴精虚于内，阳气浮于外，因而构成芤脉。

芤脉为大出血时的脉象，临床常见，但不易取到。实验结果和临床实践表明，只有当失血者年龄较大，血管弹性降低，失血到一定量，造成循环血容量不足，但机体的失血性调整反应尚未能使血管强烈收缩时才能出现芤脉图像。所以，成年人血管弹性良好者或出血过速过大者难以出现，故临床实践中不易摸到芤脉。

链接

(17) 紧脉

脉象特征：脉管绷紧，相当紧硬，指下好像摸在拉紧着的绳索上；来去有力，脉跳的弹性很大，且向两侧弹动；脉管端直以长，即“脉来绷急有力，状如牵绳转索”。

临床意义：主寒证，痛证，宿食内停。

脉理分析：寒主收引，或疼痛刺激，引起脉管收缩拘急，但血液仍向外鼓动，左右冲击，故脉来有劲弹指，状如切绳。

(18) 缓脉

脉象特征：脉来不快不慢，一息四至。

临床意义：缓为脾胃本脉，和缓有神，为脾气健旺，身体健康之征。如在病中见到脉转和缓，是疾病向愈之征兆。

缓脉必兼他脉才主病，见于风邪伤卫、湿证、脾虚，浮而缓为太阳中风，沉而缓为寒湿，缓而细为脾胃虚寒。

脉理分析：太阳中风，卫强营弱，脉来缓怠；湿性黏滞，气机为湿邪所困，或脾胃虚弱，气血之源不足，均使脉搏鼓动无力而缓慢。

(19) 革脉

脉象特征：轻按即得，浮取长大坚实硬直，略带弦急，重按则空，即“浮而搏指，中空外坚，如按鼓皮”。

临床意义：主亡血、失精、半产、漏下。

脉理分析：阴血衰竭，则血脉空虚；阴不敛阳，则阳气浮越。血虚于内，气浮于外，致脉形外急内虚，状如鼓皮。

(20) 牢脉

脉象特征：牢是坚牢不移，而又深居在内之意。脉行于肌肉深部，轻按中按均不应指，重按始得清楚，脉跳应指实大弦长，坚牢不移，即沉、实、大、弦、长。

临床意义：主阴寒凝积。若久病见牢脉，是胃气将绝，脉证相逆，难治。

脉理分析：牢脉是由于阴寒内盛，凝聚阻滞，积结内伏，致阳气沉潜在下，阴阳搏击于内，使脉气沉潜，见脉体实大弦长，坚牢不移。

(21) 弱脉

脉象特征：形体细小，脉位深在，轻取不应，重按应指细软无力，即“极软而沉细”。

临床意义：主虚证。见于气血亏虚，元气耗损。

脉理分析：阳衰气微，无力推动血行，则脉来软弱无力；由于血液亏耗，不能充盈脉管，则脉道缩窄。

(22) 濡脉(软脉)

脉象特征：轻按浮取即得，脉管细小如线，脉跳柔软无力，即“浮而细软”。

临床意义：主虚证，湿证。

脉理分析：气血亏虚，气虚不敛，脉气松弛而软，阴虚不敛，虚阳上泛，致脉浮；阴血虚极，脉道不充，则脉细。湿邪侵袭，机体抗邪，气血奔集于表，致脉浮；湿邪压抑脉道，致脉细而软。

(23) 伏脉

脉象特征：伏是隐伏之意，脉位在肌肉深部，脉行于筋骨之间，须重按推筋着骨，始得应指清楚，甚则伏而不见。

临床意义：主邪闭，痛极，或虚脱。

脉理分析：因寒热邪气内结，或痰食水湿阻滞经脉，或剧痛，致气血不通，经脉壅遏，阳气沉潜而脉伏。久病虚损，不能鼓动脉气畅达于外，亦使脉来潜伏不显。

(24) 动脉

脉象特征：动脉应指跳动如豆，厥厥动摇，滑数有力，一般以关部较为明显，偶可见于寸部、尺部。

临床意义：主惊恐，疼痛。

脉理分析：惊则气乱，痛则气结，气机升降相逆，阴阳相搏，气血冲动而形成动脉。

(25) 促脉

脉象特征：脉来数而时有一止，止无定数。

临床意义：促而有力主阳盛实热，气滞血瘀，痰食停积；促而无力主脏气虚衰。

脉理分析：阳邪亢盛，热迫血行，故脉急数；热灼阴津则津血衰少，心气受损，致急行之血气不相接续，故脉有歇止；若气滞血瘀，痰食阻滞，脉气接续不及，亦可产生间歇，两者均为邪气内扰，脏气失常所致，故脉来促而有力。如脏气衰败，真元衰惫，致气血运行不相顺接，则见促而无力。

(26) 结脉

脉象特征：脉来缓而时有一止，止无定数。

临床意义：结而有力主实证，见于气血痰食阴寒结聚；结而无力主虚证，见于阳气不足。

脉理分析：气血、痰食、阴寒结聚，阻遏脉气不相接续而致结而有力；或正气虚衰，阴邪偏盛，阳气虚弱，致脉气无力接续，见结而无力。

(27) 代脉

脉象特征：脉来时有一止，止有定数，良久复来。

临床意义：主脏气衰微，风证痛证，跌打损伤，七情惊恐。

脉理分析：脏气衰微，气血亏损，致脉气不相接续，见脉代而无力。风邪伤寒，跌打挫伤而痛甚，因一时气机阻塞，脉气不相衔接，亦见代脉。惊则气乱，恐则气下，则气机不顺，脉气不能相接，而见代脉。

(28) 疾脉

脉象特征：脉来急疾，一息七八至以上(每分钟 140~180 次)。

临床意义:疾而有力为阴气将竭,疾而无力为元气将脱。

脉理分析:阳热盛极,阴气将竭,脉来急疾,按之有力,可见于伤寒、温病在热极之时,真阴竭于下,孤阳亢于上;元气将脱,脉来急疾,按之若无,可见于久病重病之人,危在旦夕。

5.1.6.2 相似脉的鉴别

上述28种脉象有些很相似,极容易混淆,为了更好地掌握和使用,现将一些相似脉鉴别(表5-1)如下:

表5-1 28脉分类比较

类	纲	脉名	脉象	主病
脉位异常	轻取即得	浮脉	轻按应指清楚,重按稍弱	主表证,也主虚阳外越
		芤脉	浮大中空,如按葱管	主失血,伤阴,失精
		濡脉	浮而细软	主虚证,主湿证
		散脉	浮散无根,至数不齐	主元气离散
		革脉	浮而搏指,中空外坚,如按鼓皮	主亡血,失精,半产,漏下
	重按始得	沉脉	轻取不应,重按始得	主里证
		伏脉	推筋着骨始得,甚则伏而不见	主邪闭,痛极,虚脱
		牢脉	沉取实大弦长	主阴寒凝积
脉数异常	脉来迟缓	迟脉	一息脉来不足四至	主寒证,亦主邪热内结
		缓脉	一息四至	主风邪伤卫,湿证,脾虚
	脉来快速	数脉	脉来急促,一息5~7至	主热证,亦主虚证
		动脉	滑数而短	主惊恐,疼痛
		疾脉	脉来急疾,一息7~8至以上	主阴气将竭或元气将脱,亢阳无制
	脉率不整	促脉	脉来数而时有一止,止无定数	主阳盛实热,气滞血瘀,痰食停积;或脏气虚衰
		结脉	脉来缓而时有一止,止无定数	主气血痰食阴寒结聚,或阳气不足
		代脉	脉来时有一止,止有定数,良久复来	主脏气衰微,风证痛证,跌打损伤,七情惊恐
脉形异常		洪脉	应指形大满指,来盛去衰	主热盛或孤阳独亢
		细脉	脉细如线,应指明显	主气血两虚,诸劳虚损,亦主湿证
		长脉	脉体较长,超过本位	主阳证、湿证、热证,亦主虚寒证
		短脉	首尾俱短,不能满部	有力为气滞,无力为气虚
		弦脉	端直以长,如按琴弦	主肝胆病,痛证,痰饮,疟疾
脉势异常	流利度异常	滑脉	来去流利,应指圆滑	主痰饮,食滞,实热
		涩脉	脉形细弱,往来艰涩,如轻刀刮竹	主伤精血少,气滞血瘀,痰食内停
	脉来无力	虚脉	三部脉举之无力,按之空虚	主虚证
		微脉	极细极软,若有若无	主阴阳气血虚衰
		弱脉	极软而沉细	主气血亏虚,元气耗损
	脉来有力	实脉	三部脉举按均有力	主实证
		紧脉	脉来绷急有力,状如牵绳转索	主寒证,痛证,宿食内停

芤脉与革脉：两者均为轻取即得，脉体大，重按则有中空之感。所不同者，芤脉应指无力，脉管较柔软，而革脉应指弦急坚实，显示脉管较硬。

沉脉与伏脉、牢脉：三者脉位都在深部，轻取、中取不得；所不同者，沉脉重取乃得，伏脉则更需推按至筋骨方可得到，牢脉并有实大弦长之特点。

迟脉与缓脉：均脉来迟缓，缓脉为一息四至，迟脉为一息四至以下。

数脉与疾脉：均脉来急促，数脉为一息5~7至，疾脉为一息七至以上。

实脉与洪脉：均为脉来坚实有力，应指形大，但洪脉浮取明显、脉去骤然，有下陷之感亦即来盛去衰；实脉三部举按均有力，来盛去盛。

细脉与濡、弱、微脉：四脉均为脉形细小。所不同者，细脉仅指脉形而言，可以有力，可以无力；濡、弱、微脉均为无力之细脉，且濡脉脉位表浅，弱脉脉位深，而微脉较两者更为细软无力，甚则按之欲绝。

弦脉与紧脉：两者均脉来搏指有力，挺然指下，但紧脉较弦脉要更加绷紧。

短脉与动脉：两者均脉位短缩，不及三部；而动脉尚兼有滑、数之象。

结、代、促脉：都属于节律失常而脉来时有一止的脉。但结脉、促脉之歇止不规整，且结脉脉来缓，促脉脉来数，代脉为有规则的歇止。

5.1.6.3 相对脉的比较

浮脉与沉脉：脉位浅深相反的两种脉象，浮脉脉位表浅，轻取即得，重按反减，沉脉脉位深，轻取不应，重按始得。

迟、缓脉与数、疾脉：是脉率相反的两组脉象，迟、缓脉一息跳动四至或四至以下，而数脉、疾脉一息大于五至。

虚脉与实脉：是脉之搏动力量强弱相反的两种脉象，虚脉为三部脉举按皆无力，而实脉为三部脉举按均有力。

滑脉与涩脉：是脉之流利度相反的两种脉象，滑脉为脉搏来去流利圆滑，而涩脉脉搏往来艰涩而不流利，往来不爽，涩滞不前。

长脉与短脉：是脉位长短相反的两种脉象，长脉之脉体较长，脉动应指的范围超过寸、关、尺三部；而短脉脉搏跳动应指不满三部，常常仅见于关部或寸部。

大脉与细脉：是脉之宽度相反的两种脉象，大脉为脉搏应指宽大，而细脉应指极细，状如一线。

5.1.6.4 真脏脉

真脏脉又称怪脉、败脉、死脉、绝脉，多见于疾病的后期，脏腑之气衰竭，胃气败绝的病证。其特点是无胃、无神、无根。真脏脉最早见于《内经》，至元代危亦林《世医得效方》整理，分为十怪脉。后世虽有些医家又有“七绝脉”之称，但均包含在“十怪脉”中。十怪脉是中医28脉以外的异常脉象，形象表现复杂，切脉难度较大，不易掌握，但常可预示异乎寻常的病变。长期临床实践证明，“十怪脉”是客观存在的，而且并非少见，其中绝大部分是某种疾病的危重脉象，临床中有重要的实用价值。

(1) 釜沸脉

脉象：轻取即应，应指无力，稍重按脉搏消失。脉来极数(181次/分钟以上)，脉律基本规整。

主病：三阳热极，无阴所致。

(2) 解索脉

脉象：脉率乍疏乍密，快慢交替出现但无规律，脉力强弱不等，脉象散乱无序，如解索状。

主病：肾与命门之气绝。

(3) 雀啄脉

脉象：脉搏应指脉律不齐，往往在1次强的脉搏(常态脉搏)之后接连出现3次以上快而稍弱的脉搏，之后有间歇时间稍长的歇止，反复出现。

主病：脾气绝。

(4) 麻促脉

脉象：脉率极快(160次/分钟以上)，脉律不齐，零乱如麻子，常居沉位，脉来细弱无力。

主病：营卫枯涩，危急之候。

(5) 虾游脉

脉象：脉来甚急(160次/分钟以上)，脉搏时隐时现，脉来应指浮而无力，稍按则无。

主病：主死候。

(6) 鱼翔脉

脉象：初发时脉率极数(160次/分钟以上)，脉体清晰；继而脉力逐渐或突然减弱，脉搏表浅，浮而无力，稍按即无或似有似无。

主病：三阴寒极，肾绝亡阳。

(7) 屋漏脉

脉象：脉搏起落缓慢，形似屋漏水状，应指三部脉丰满有力，浮中沉取均应，一息二至(40次/分钟以下)，脉律多规整。

主病：脾胃气绝。

(8) 弹石脉

脉象：脉来应指急数(100~160次/分钟)，脉体坚硬，弹性极差。

主病：真肾脏脉，主死。

(9) 转豆脉

脉象：浮取即得，重按则弱而少力，应指速滑流利，脉形如豆，极滑且硬，脉率快(大于100次/分钟)。

主病：主心气绝。

(10) 偃刀脉

脉象：脉来应指弦细而坚硬，浮中沉取均可得，而以沉取更为清楚。

主病：真肝脉，主死。

5.1.6.5 诊妇人脉

男女异性，阴阳偏盛。女子脉象常较男子略濡弱而稍快，此外，妇人还有经、带、胎、产的特殊生理现象，与其有关的脉象变化简述如下：

(1) 诊月经脉

妇人左手关、尺部脉忽然较右手洪大，且并无口苦、身热、腹胀等热证或下焦实证的表现，为月经将至，气血充盛。经水既至，气血和畅，脉现滑而稍缓。经后血去脉空，脉多细缓。若行经期前后出现异常脉象，即为月经病脉。如脉来滑数，多为血热而致月经先期；脉来迟涩，常为寒凝而致月经后期，伴以经行腹痛等症；脉来弦缓，每见于肝脾不调之月经先后不定期；脉来虚大或尺脉细弱，常见于气虚或肾虚之崩漏。

（2）诊妊娠脉

中医对于以脉象来判断是否早期妊娠积累了大量经验，约言之有以下几种：

1）已婚妇女素来月经正常，又无带下等症，而突然闭经，伴以恶心、嗜酸等饮食异常的表现，脉来滑数冲和，即应考虑为妊娠。

2）因肾主胞胎，两尺脉候肾，故两尺脉滑数搏指，异乎寸脉的，便是妊娠胎气鼓动之象，即《素问·阴阳别论》所谓："阴搏阳别，谓之有子。"

3）手少阴心经神门穴部位及尺部脉动增强，亦是妊娠脉象的特点，因气血聚养胎儿，胎气鼓动肾气而致，即《素问·平人气象论》所谓："妇人手少阴脉动甚者，妊子也。"

对于已确诊妊娠的妇女，通过诊脉亦有助于预测胎儿的发育状况。若脉来沉滑而洪大，说明胎儿健壮。若脉滑而细小，往往为阴血不足、胎失所养之征。脉沉而细涩，为精血不足，胎元不固，或为瘀血内阻，常为死胎之兆。

（3）诊临产脉

临产脉又称离经脉，因其离乎妊娠期的正常脉象故名。它大抵有以下特征：

1）尺脉转绳如珠：两尺候肾，肾主胞胎。将产之时累动肾气，是以临产离经之脉尺部转急，如切绳转珠。

2）中冲脉异常搏动：中冲穴为手厥阴心包经井穴，位于中指指尖，非临产时此处几乎无脉跳动，临产之时，可触及中指两侧之脉搏动由第一指节渐达指端中冲穴处脉动明显。

（4）诊产后脉

产后气血偏亏，脉多虚缓。若脉微而涩，多见到产后出血不止；脉细弱而见乳汁不足，多属气血虚弱；脉弦滑而乳汁量少，多为气机郁滞；若脉弦紧，多为寒凝气滞之产后腹痛。

5.1.6.6 诊小儿脉

小儿脉与成人不同。小儿脉气未充，寸口部位狭小，难以细分寸关尺。且小儿临诊时容易哭闹，致气机发生变化，脉象随之改变，故难于掌握。因此，诊小儿脉在睡眠及安静时最为准确，同时应注意四诊合参。对于小儿脉诊，前人有一指总候三部方法，简称"一指定三部法"。

一指定三部法：医者用右手握小儿手，轻柔暴露寸口部。对3岁以下小儿无法分辨寸关尺，医者以右手大拇指按于小儿掌后高骨部脉上，总按三部，诊其至数为主；对4岁以上小儿，则以高骨中线为关按下拇指，并以拇指向两侧滚动候寸、尺部；7~8岁小儿，以食指定于关位，并以其作稍前、稍后的挪动确定寸、尺部；9~10岁小儿以中指定关后，次第独按下食指、无名指以定寸、尺部；15岁小儿身长接近于成人，可以按成人三部诊法进行。

小儿脉象主病：小儿正常脉象较成人软而数，年龄越小，脉动越快。初生儿脉象以一息七八至为平脉（120~140次/分钟）；1岁小儿一息六七至为平脉（110~120次/分钟）；4岁小儿一息六至为平脉（110次/分钟）；8岁小儿一息五至为平脉（90次/分钟）。

小儿肾气未充，脉气止于中候。不论平素脉体浮沉，重按多不见。如重按至沉候乃见，便与成人之牢实脉等同。小儿病因单纯，脉象变化较为简单，主要以浮、沉、迟、数、强、弱、缓、紧等八种常见脉象为主，以辨别表里、寒热、虚实及邪正盛衰，而不必详及28脉。如浮脉主表证，浮而有力为表实，浮而无力为表虚。迟脉为寒，有力为实寒，无力为虚寒。另外小儿尚可见滑、紧、结、代等脉，滑脉多为伤食或痰涎壅盛，紧脉主寒主痛，结代脉多为心之阳气受损。

5.1.6.7 相兼脉

疾病是一个复杂的过程，往往有多种致病因素相兼为患，因此，脉象往往不只一脉独见，常为两种或两种以上的单因素脉同时出现,复合构成的脉象即称为“相兼脉”或“复合脉”。

28脉中,有的脉象属于单因素脉,如浮、沉、迟、数、缓、疾、长、短、大、细、滑、涩等脉;有些脉本身就是由几种单因素脉合成,如濡脉由浮、细、虚脉合成;弱脉由沉、细、虚三种脉合成;动脉由滑、数、短三者合成;牢脉由沉、实、大、弦、长五种因素合成。

相兼脉,徐灵胎称之为合脉,有二合脉、三合脉、四合脉等。如浮紧和滑数为二合脉,浮细而缓、沉细而数为三合脉,浮数滑实为四合脉。复合脉象的主病,往往是各个单因素脉所主病的总和,如浮主表证,紧为寒证,浮紧脉主表寒证;沉主里证,细主虚证,数主热证,沉细数为里虚热证,其他照此类推。

现将临床常见的相兼脉及其主病列举如下:

浮紧脉:主外感风寒之表寒证。

浮缓脉:主外感风邪,营卫不和之太阳表虚证。

浮数脉:主外感风热之表热证。

浮滑脉:主表证夹痰或挟食,常见于素体多痰或内有宿食又感受外邪者。

浮细脉:主阴虚或血虚之人外感,或伤于秋燥。

沉迟脉:主里寒证,有力为实寒,无力为虚寒。

沉弦脉:主肝郁气滞,或水饮内停。

沉涩脉:主血瘀,尤见于阳虚而寒凝血瘀者。

沉缓脉:主阳虚,水湿停留。

沉细数脉:主阴虚内热。

沉细虚脉:主气血两虚。

弦细脉:主肝肾阴虚或血虚肝郁,或肝郁脾虚。

弦数脉:主肝火、肝胆湿热、肝阳上亢或痰火内扰。

滑数脉:主痰热、湿热或食积化热。

洪数脉:主里实热证,如阳明经热证或气分热盛。

5.1.6.8 脉症顺逆与从舍

(1) 脉症顺逆

脉症顺逆是指以脉与症的相应、不相应来判断疾病的顺与逆。脉与症都是机体在疾病过程中的病理变化反映于外的现象,在一般情况下,脉与症是一致的,即有是脉就有是症。两者相应出现,是脉与症相符,为顺证,易治;若脉与症不符或者相反,则说明病情变化复杂,主逆证,难治。

如病属有余之证,脉见洪、浮、数、实是脉症相符,为顺证,表示邪盛正旺,抗邪有力。若反见沉、细、微、弱是脉与症相反,为逆症,表示邪盛正衰,抗病无力,易致邪陷。凡新病、暴病脉来浮、洪、数、实为顺,久病脉来微、弱、涩为顺。证有余而脉不足,或脉有余而证不足均为逆证,轻者疾病缠绵难愈,重者为病情危重的征兆。

(2) 脉症从舍

脉与症相合是生理反应、病理变化的正常规律,但亦有反常现象,如实证见虚脉、虚证见实脉,即出现脉症不符,此时两者中有真有假,必须辨别清楚,去假存真,进行“从”、“舍”。

1) 舍脉从症:症真脉伪时,必须舍脉从症。例如,症见腹胀满,疼痛拒按,大便燥结,舌红苔黄厚焦燥,而脉迟细者,症所反映的是实热内结胃肠的阳明腑实证,是真;脉所反映的是因热结于里,阻滞血脉流行而出现的迟细脉,并非寒证、虚证,是为假象,此时当舍脉从症。

2）舍症从脉：脉真症假时，必须舍症从脉。例如：热邪亢盛，闭郁于内，症见四肢厥冷，而脉滑数，脉所反映的是真热，症所反映的是由于热邪内伏，格阴于外，出现四肢厥冷，是假寒，此时当舍症从脉。

病案分析

患者袁某，女，71岁。头晕目眩，胸脘痞满，呕吐不止，大便不行。一医说，脉结胸痞，病本虚寒，授以真武汤加人参；一医又说，苔黄便秘，疑有实火，拟用大黄黄连而议不决。

诊视脉濡而缓，10~20至一止，此为代脉，代为气滞。患者年过70，呕吐眩晕，胸膈不利，证属寒滞，故脉濡缓而代。"老得代脉者生"，以气弱而滞为老年之常，拟辛苦温散法。药用姜半夏、广陈皮、姜竹茹、云茯苓、炒枳壳、制厚朴、炒六曲、番泻叶等

复诊：服药后，大便通利，膈宽呕止，眩晕稍平。

链接

5.1.6.9 脉诊的临床意义

（1）识别病证

"以常达变"是中医临床诊断应用的基本原则。人体在生理情况下，由于脏腑、气血、阴阳保持相对稳定，脉象表现为平脉。在病理情况下，由于外邪、内伤等各种致病因素的影响，打破生理平衡，脏腑气血发生变化，脉象表现为病脉。而不同的病证，常可出现不同的病脉，故临床可应用各种脉象作为诊断疾病的依据，例如：浮脉主表，或为里虚；沉脉主里，多属寒积；迟脉为寒；数脉为热；虚脉主虚证；实脉主实证；滑脉多为实热、痰饮和食滞；弦脉主肝胆病、痛证和痰饮；芤脉主失血和亡阴等等。正如《濒湖脉学》中所言"一脉一形，各有主病"。

（2）分析病机，指导治疗

病机是疾病发生发展与变化的机制。疾病的发生与发展，虽然错综复杂，千变万化，但就其病机而言，不外乎邪正盛衰、阴阳、表里、寒热、虚实及其相互之间的关系。通过脉诊可以辨别邪正的消长、阴阳的盛衰以及疾病性质的表里、寒热、虚实等情况，从而阐明病机，指导治疗。如外感病人出现浮脉，为外邪侵袭机体体表，正气抗邪于外，阳气浮越于表，因而脉见浮象，且浮而有力，表明正气旺盛，机体抗病力强，可采用发汗解表之法来治疗。若脉浮紧或浮缓，兼有恶寒重，发热轻，头身疼痛，苔白滑等症状，则是风寒外袭之表寒证，宜用辛温发汗法治疗。若脉浮数，兼有发热重，恶寒轻，口渴，舌质红，苔薄黄等症，则为风热外袭之表热证，应用辛凉发汗之法来治疗。若脉浮而无力，则表明感受外邪，但人体正气不足，治疗时不能仅用汗法，必须同时加以补益药，以扶正祛邪。又如脉见沉象，多示病邪在里，正邪相搏于里；或正气不足，鼓动脉搏乏力。前者脉沉而有力，主里实；后者脉沉而无力，主里虚。治疗时，前者宜用泻实之法，以祛除邪气；后者宜用补虚之法，以扶助正气。

（3）判定病情，推断预后

通过脉诊可以判定病情的轻重，推断预后吉凶，其具体依据有两方面。

1）根据脉象中胃气的多寡来判断：脉来从容和缓是有胃气的主要特点。中医诊脉历来重视胃气的有无，《素问·平人气象论》不仅阐述了"有胃气则生，无胃气则死"的理论，而且还提出以所含胃气多寡将脉象分为三种的基本原则，即有胃气者为平脉，胃气少者为病脉，无胃气者为死脉、真脏脉。由此可知，根据脉象中胃气多寡存无，可判断病情的轻重，正邪的消长。

2）根据脉证顺逆来判断：一般情况下脉与证是相符合的，如表证见浮脉，里证见沉脉，这种

与证相合的脉,称为顺脉。如若相反,表证见沉脉,里证见浮脉,这种与证不相合的脉,称为逆脉。又如久病体多虚弱,故以出现虚弱脉为顺,而见实脉为逆。病脉与症状都是机体疾病过程中所产生的证候,通常两者反映多属一致。假如脉与证不一致,称为脉证不符,则反映病情复杂,治疗较困难,预后也多不良。以脉与证是否相符,可以推断病情和预后的顺逆,这在临床应用中值得注意。

5.2 按 诊

按诊亦属于望、闻、问、切中的切诊,是指医生以一定的手法直接接触病人的肌肤、胸腹及其他部位,以了解局部的冷热、滑涩、软硬、润燥、压痛、痞块或其他异常变化,从而推断疾病的部位和性质及病情轻重等情况的一种诊断方法。按诊与其他诊法同等重要,为临床各科提供了诊断依据。

5.2.1 按诊的方法及注意事项

5.2.1.1 体位

由于切诊所要检查的目的及部位不同,患者应采取不同的体位。选择体位,总的原则是要求患者在尽可能放松的情况下充分暴露被诊部位。按诊头、颈、肌肤、手足等部位时,患者一般采取坐位,医者用左手轻托固定受诊部位,辅助右手进行触、摸、按、压。按诊胸腹时患者须采取仰卧位,放松全身,两腿自然伸直,医生站在患者右侧,用右手或双手进行检查。在切按腹内情况时,患者须下肢自然屈曲,使腹肌松弛,以便于诊察。对于内脏下垂的患者,可采取站立位。对于腹胀腹水的诊察,尚需采用侧卧位,以探知腹水量的多少。

5.2.1.2 手法

按诊的手法主要是触、摸、按、叩四法,其中叩法来自于现代医学,是对中医切诊手法的完善。

1) 触法:是医生用手指或手掌轻轻接触患者局部,如额部、四肢及胸腹部皮肤,以了解局部凉热、润燥等情况。

2) 摸法:医生用手稍加用力抚摸局部,如肿胀部位,以探明局部的感觉情况及肿物的形态大小等。

3) 按法:医生以重手按压局部,如胸腹深部及肿物内部,以了解有无压痛、肿块的形状、质地、活动度、肿胀程度及性质等。

以上三种手法的区别在于指力轻重不等,所达部位深浅有别,触法仅用力轻诊皮肤表面,摸法稍用力达到皮下软组织,按法则力达筋骨及腹腔深部。临床中各种手法常综合运用,一般先触摸,后按压,由轻到重,由浅入深,以了解病变情况。

4) 叩法:即叩击法,是医生用手叩击身体某部,使之震动产生叩击音、波动或震动感,以此来确定病变性质和程度的一种检查方法。叩击法分为直接叩击法和间接叩击法两种。

直接叩击法是医生用手指直接叩击体表部位。如对鼓胀患者可进行直接叩诊,若叩之腹部音清如鼓者为气鼓,叩之音浊者为水鼓。也可将左手掌掌心向内贴于患者腹部一侧,以右手在另一侧对应部位叩击,若对侧左手感到有震动波者,是腹内水停的表现。为防止腹壁皮下组织波动造成干扰,可由一个助手以手轻按在腹上方。

间接叩击法有两种:①用左手掌面平贴于体表,右手握成空拳状叩击右手背,边叩击边询问患者所叩部位有无压痛及局部引痛,以推测病变部位和程度。如腰部有叩击痛,则提示局部骨骼、肌肉或肾脏有病变。②医生以左手中指平伸紧贴于患者体表部位,以右手中指指尖垂直叩下,此方法主要用于诊察胸腹腔内积水积气情况。

5.2.1.3 按诊的注意事项

临床进行按诊时应注意以下几点:

1) 根据疾病的不同部位,应选择适当的体位和方法,同时尽可能使患者姿态自然而放松。

2) 按诊时,医生要体贴患者,手法轻巧,由轻到重,使患者逐渐适应,避免突然暴力,天冷时要事先把手暖和后再行检查,以免引起患者反应性挛缩而影响诊断的准确性。

3) 尽量争取病人主动配合,使患者能客观准确地反映病位的感觉。

4) 边检查边注意观察患者的表情变化,了解其痛苦所在。

5) 如患者诉说腹部某处疼痛,则应先从周围无痛之处开始检查,逐渐靠近疼痛部位,避免患者由于恐惧而致防备性腹壁僵硬所造成的触按困难。

6) 对某些部位的检查,如四肢及乳房的肿块,尚需与健康侧进行比较,以确定其病变大小和肿胀程度。

5.2.2 按诊的内容

5.2.2.1 按额部

按患者额部可探测患者有无发热及发热程度,同时按患者的手心作为对照,若患者手心热甚于额部,为内伤虚热证;若额部热甚于手心,为外感表热证。

5.2.2.2 按头颈部

按婴儿囟门时要注意其有无高凸或低陷。注意鉴别囟填、囟陷及解颅。

按颈部须注意有无肿块,对于肿块,则必须进一步检查肿块有无压痛、肿块大小、软硬、数目以及肿块与周围组织有无粘连,并注意鉴别痰核瘰疬、癌瘤转移、炎性淋巴结肿大等。

5.2.2.3 按胸胁

胸胁是人体外壳的一部分,内藏心、肺、肝、胆等脏腑,其中缺盆下(锁骨上窝)腹之上有骨之处名曰“胸”;胸骨体下端尖突谓之“鸠尾”(剑突),肌肉部分谓之“膺”(胸大肌);腋下至肋骨尽处谓之“胁”;左乳下心尖搏动处为“虚里”。

(1) 切胸部

切胸胁时,医生以右手自患者颈下,顺着锁骨上下部、左右胸部、膺、膻中、虚里穴,然后由胸中央而下至胁肋处进行轻按、叩,以了解胸胁部有无触痛、塌陷及皮肤的凉温、干湿等。

(2) 切乳部

切按乳房时,医者应在患者侧面,患者取坐位或侧卧位,充分暴露两侧乳房以作比较。患者两臂上举或抱头,使乳房平贴于胸壁上。医生以手指掌面用适当压力将乳房组织压向胸壁,并作滑动触诊,勿捏起触诊,以免将乳腺组织误以为肿块。当扪及乳房肿块时,应注意肿块的大小、硬度、形状、有无压痛、能否移动、肿块表面皮肤温度等。

(3) 切虚里

虚里位于左乳下第四、五肋间,内为心尖搏动处,为心气之所至。根据虚里状况可直接得知心气的虚实盛衰,它比寸口脉候心更为直接有利。尤其因虚里内应心系,为心之外窗,因此虚里是诊心的重要部位,临床上通过虚里的动悸、应衣、疼痛、弥散、内陷等情况可测知心的病理状况。虚里又为宗气之外候,宗气贯心脉司呼吸,且为十二经脉之所宗,故虚里又为诊察体内各脏腑经络尤其心肺的重要部位。

诊虚里时,患者取正坐位或仰卧位,医生站在其右侧,用右手掌外侧(相当于小鱼际部)平抚虚里部。正常情况下,虚里搏动不显,仅按之应手,其搏动范围直径约为2~2.5cm,动而不紧,缓而不急,是心气充盛、宗气积于胸中的表现,为平人无病的征象。

虚里按之其动微弱者,为宗气内虚之征,若跳动甚剧,喘气急促,为宗气虚极外泄,病情危重之象。

按之弹手,洪大搏指,或绝而不应者,为心气衰竭。按之动而涩滞不利,是心脉郁滞之象。按之跳动无力,不相接续,为血行不畅。

虚里搏动数急而时有一止,为中气不守。搏动迟弱,或久病体虚而动数者,为心阳不足。

胸高而喘,虚里搏动散漫而数者,为心肺之气将绝。虚里动高,聚而不散者,为热甚,多见于外感热邪或小儿食滞、痘疹将发之时。

(4) 切胁部

肝胆位居右胁,足厥阴肝经及足少阳胆经分布于两胁,故诊胁肋主要是了解肝胆疾患。

胁痛喜按,胁下按之空虚无力为肝虚。胁下肿块刺痛拒按者为气滞血瘀;胀痛或兼刺痛,伴恶心、黄疸,为肝胆湿热;若右胁下肿块质地坚韧、表面凹凸不平者,应警惕肝癌。疟疾日久,左胁下结成癥块,称为疟母,乃久疟不已,血瘀痰凝所致。

5.2.2.4 按脘腹

腹部大体分为心下、胃脘、大腹、小腹、少腹五部分,见图5-4。剑突下方称心下,上腹部相当于胃脘,脐周为大腹,下腹部中央系小腹,小腹两侧为少腹。心下、胃脘、大腹部位又名中焦,内居脾胃;小腹、少腹部位又名下焦,内居肾、膀胱、大肠、小肠、女子胞等。脏腑之气皆汇聚于腹,并且通过经络的联络沟通了内在脏腑与外腹的联系,使腹部的不同区域又分属于不同脏腑。若脏腑经络发生病变,必反应于腹的一定部位而出现各种征象。故诊察腹部,司外揣内,能推断内在脏腑之病变。

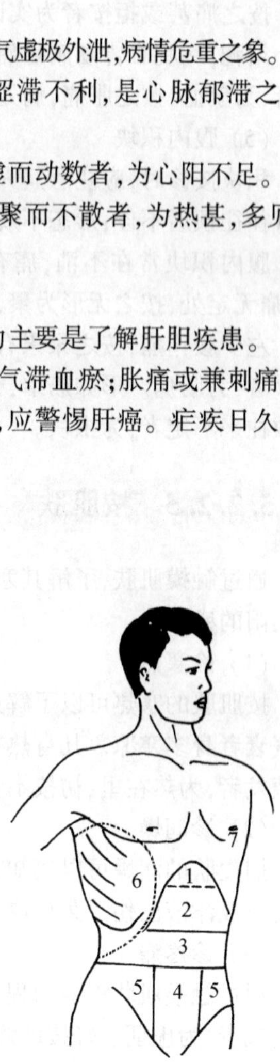

图5-4 胸腹部位划分图
1. 心下 2. 胃脘 3. 大腹 4. 小腹
5. 少腹 6. 胁肋 7. 虚里

(1) 腹皮凉热

通过探测腹部的凉热,可以辨别疾病的寒热虚实。腹皮按之不温暖而冷者,为寒证,喜暖手按者为虚寒;按之热或灼手者,为热证,喜冷物按者,属实热证。小儿肚脐按之热者为宿食。危重病人少腹冰冷者,为阳气欲绝;治疗后脐下转温者为阳气回复之征。

(2) 腹壁软硬

平人腹壁按之柔软而重按脐腹有力。凡腹壁瘦薄,脐腹按之柔软无力者,多为虚证。腹部按之陷软无力者为脏气虚损。按之如指入灰者,为脏腑精气衰竭。腹壁按之硬者,为邪实居内。按之腹皮陷下而久久不起者,为水停肌肤。

(3) 腹部胀满

腹部胀满,按之有充实感及压痛,叩之声音重浊者为实满;腹部膨满,但按之不实,无压痛,叩之作空声者为气胀,多属虚满。

腹部高度胀大,如鼓之状者,称为鼓胀,分为水鼓与气鼓。以左右手分置腹之两侧,一手轻拍,另一手可觉到波动感,且按之如囊裹水,腹壁有凹陷者,为水鼓;以手叩之如鼓,无波动感,按之亦无凹陷者,为气鼓。另外,有些高度肥胖的人,亦见腹大如鼓,但按之柔软,且无脐突及其他重病征象者,当与鼓胀鉴别。

(4) 腹部压痛

按之痛甚或拒按者为实证,按之痛减或喜按者为虚证。胃脘胀闷、按之则痛者,为痰热互结之小结胸;胸脘腹皆硬满疼痛,手不能近者,为水热互结之大结胸。按之痛处固定不移,刺痛不止者,为瘀血;按之胀痛,病处按此连彼者,为气滞。

(5) 腹内积块

积块按诊时,应注意其大小、形态、硬度、压痛、表面光滑与否等情况。大者病多深,生长迅速者往往预后不佳;形态不规则,表面或边缘不光滑者亦属重证。

腹内积块常在不消,痛有定处,按之有形而不移者为积,病属血分,又名癥积;包块时聚时散,痛无定处,按之无形为聚,病属气分,又称瘕聚。

左少腹作痛,按之累累有硬块者,为肠中宿粪。右少腹作痛,按之疼痛,随手起亦痛,有包块应手者,为肠痈。形如筋结,久按转移,细心诊察觉指下如蚯蚓蠕动,腹壁凹凸不平,按之起伏,聚散往来不定者,为虫块。

5.2.2.5 按肌肤

通过触摸肌肤,了解其寒热、润燥、疼痛、肿胀、疮疡等情况,可以分析疾病的寒热虚实及气血阴阳的盛衰。

(1) 诊寒热

按肌肤的寒热可以了解人体阴阳的盛衰、表里、虚实和邪气的轻重。凡阳气盛者身多温热,阳气衰者身多寒凉。凡身热初按热甚,久按热反转轻者,是热在表;若久按其热反甚,热自内向外蒸发者,为热在里;初按不觉热,按久灼手,是湿遏热伏于内的表现。

(2) 诊润燥

扪皮肤的润燥可以察知有汗无汗及津液的盈亏。凡皮肤润滑为有汗或津液未伤,皮肤干燥为无汗成津液已伤。久病皮肤枯涩或甲错,是阴血已伤,或内有瘀血。

(3) 诊疼痛

通过触摸肌肤疼痛的程度,可以分辨疾病的虚实深浅。凡按之硬痛拒按者,为实证;按之濡软痛减者,为虚证。轻按即痛者,痛在皮表肌肉;重按方痛者,病在肌肉筋骨。

(4) 诊肿胀

凡按之凹陷不易起者,为水肿;按之凹陷,举手即起者,为气肿。

(5) 诊疮疡

触摸疮疡局部,审察其寒热、软硬、疼痛情况,可以辨别其属阴、属阳及有脓、无脓等。若疮疡按之肿硬不热,平塌漫肿者,属阴证;按之红肿热痛根盘紧束者,属阳证。疮疡按之硬而热轻,或按之仅觉肿而不痛者,是未成脓;按之边硬顶软热甚者,是已化脓。轻按即痛者,是脓在浅表,重按方痛者,是脓在深部;按之有波动者,是脓已成。至于肌肉深部的脓肿,则以"应手"或"不应手"来决定有脓无脓,方法是两手分放在肿物两侧,一手时轻时重地加以按压,另一手静候深处有无波动感,若有波动感应手,即为有脓;反之则无脓。并且可根据波动范围大小来测知脓液的多少,波动范围越大,则脓液越多,反之越少。

5.2.2.6 按手足

按手足主要为了探明温凉,以显示阳气的盛衰。凡疾病初起而手足俱凉者,属阳虚寒盛;手足俱热者,为阳热炽盛。若手足俱凉,伴身热面赤,烦躁便秘,舌红绛,口干喜冷饮者,谓之"热厥",多由邪热内闭,阳气不能达于四肢而致。

手足温热,若手足背较热者,为外感发热;手足心较热者,为内伤发热。

阳虚患者,若四肢犹温,为阳气尚存;若四肢厥冷,为阳气衰亡。

阿是穴——以痛取位

孙思邈擅长针灸,熟知药材,提倡综合治疗。他认为"若针而不灸,灸而不针,皆非良医也。针灸不药,药不针灸,尤非良医。知药知针,固是良医"。

有一天,孙思邈替一个腿痛的患者治病。他开了汤药,患者服后无效。他又配合做针刺疗法,扎了几次,患者还是喊痛。他想,除了书上讲的穴位外,难道没有别的新穴位?于是他一面用大拇指在患者腿上轻轻地掐,一面问患者:"是不是这儿痛?"掐着掐着,患者忽然叫了起来:"呵!——是,是这儿!"孙思邈就在这个部位扎了一针,患者的腿痛果然止住了。

孙思邈想,书上没有这个穴位,取个什么名呢?噢,对了,患者说"呵!是……"那就叫"阿是穴"好了。孙思邈所创用的以痛取位的"阿是穴",是他对针灸学发展的一大贡献,已被千余年来无数针灸学者所验证肯定。

链接

在儿科方面,小儿高热而手指尖独冷,主惊厥;中指独热主外感风寒;中指指尖独冷,为麻疹将发之兆。

5.2.2.7 按腧穴

腧穴是人体脏腑气血输注于体表的部位,生理上,腧穴具有传输经络气血的功能,病理上,它是病邪侵入人体的门户。因此,穴位可以作为反映内在病理变化的体表反应点。

在切按腧穴时,医者常用拇指或食指指腹在穴位区域进行按揉性循摸,以探查穴下的结节状、条索状、线状、卵圆状等阳性反应物,并且用指腹或探针等探测工具点压穴位,以测知患者的穴位的反应,如痛、胀、酸、沉、针刺样、触电样、传导等感觉。

一般来说,穴位区域的阳性反应结节硬胀伴有疼痛者,多为急性病;结节柔软不痛,多为慢性病。穴位处的强压痛或感觉过敏多为急性病症,为实证;而轻压痛或酸胀、麻木等感觉多为慢性病症,为虚证。

根据脏腑所属经络穴位的阳性反应,可以诊断相应脏腑的疾病,如肺俞穴处摸到结节,或按中府穴有明显压痛者,为肺病的反应。胃病按胃俞、脾俞等穴常见有压痛。肠痈(阑尾炎)常在上巨虚穴及阑尾穴处有明显压痛。诊断脏腑病变的常用腧穴有:

肺病:中府、肺俞、太渊。

心病:巨阙、膻中、大陵。

肝病:期门、肝俞、太冲。

脾病：章门、太白、脾俞。
肾病：气海、太溪。
大肠病：天枢、大肠俞。
小肠病：关元。
胆病：日月、胆俞。
胃病：胃俞、足三里。
膀胱病：中极。

小结

1. 诊脉的部位常用寸口。
2. 平脉的特点是有胃、有神、有根。
3. 28种病脉包括浮、芤、濡、散、革、沉、伏、牢、迟、缓、数、动、疾、促、结、代、洪、细、长、短、弦、滑、涩、虚、微、弱、实、紧、脉。
4. 相兼脉主病是各个单因素脉所主病的总和。
5. 脉症相符为顺证，脉症不符为逆证，当舍症从脉或舍脉从症。
6. 按诊常用的手法有触、摸、按、叩。
7. 按诊包括按额部、头颈部、胸胁、脘腹、肌肤、手足、腧穴。

目标检测

一、单项选择题

1. 触按疮疡局部，下列哪项属于虚证
A. 肿而硬板不热　B. 肿处烙手而压痛　C. 根盘平塌漫肿
D. 根盘收束隆起　E. 肿处已软而痛甚
2. 腹部肿块，痛无定处，按之无形，聚散不定者为
A. 瘕聚　B. 癥积　C. 食积　D. 鼓胀　E. 痞满
3. 按脘腹不包括下述哪项
A. 胃脘　B. 脐腹　C. 小腹　D. 虚里　E. 少腹
4. 叩诊腹大而胀的患者，叩之如鼓者为
A. 水鼓　B. 气胀　C. 食积　D. 癥积　E. 瘕聚
5. “诸病有声，鼓之如鼓”是何种诊法
A. 触法　B. 摸法　C. 按法　D. 叩法　E. 压法
6. 初按不甚热，按久热明显，称为
A. 骨蒸潮热　B. 寒热往来　C. 身热不扬　D. 虚阳浮越　E. 阴虚发热

二、判断题

1. 诊脉时在寸口部不见脉搏，并不等于都是无脉症。
2. 脉来流利圆滑者，不仅是滑脉。
3. “反关脉”、“斜飞脉”属于“怪脉”。
4. 凡脉率快的脉，都属数脉。
5. “举”指轻取诊脉，“按”指重取诊脉，“寻”指中取诊脉。
6. 凡脉体细小的脉，就是细脉。
7. 脉体短而不及本位的脉不一定都是短脉。

8. 数脉主热证,也可见于虚证。

9. 小儿寸口狭小,常以“一指定三关”,此即叫做“单按”。

三、名词解释

1. 真脏脉　2. 总按　3. 六阴脉　4. 反关脉

四、问答题

1. 脉有胃气表现在哪些方面?

2. 试述平脉的体象、临床意义。其生理变异与哪些因素有关?

3. 什么叫六阳脉?

4. 阳气亏虚者可以见到哪些脉象?有何共同特征?并简述其病机。

5. 什么叫浮脉?临床意义是什么?

6. 试举出四种主痛的脉象,并指出其脉象特征。

7. 什么叫缓脉?其临床意义是什么?

8. 简述洪脉的脉象特征及临床意义。

9. 简述细脉的脉象特征及临床意义。

10. 什么叫短脉?临床意义如何?

11. 试举出四种脉力较强的脉象,并指出其脉象特征。

12. 简述虚脉的脉象特征及临床意义。

13. 何谓虚里?切按虚里的临床意义如何?

14. 怎样辨腹部肿块?

(史俊芳)

6 八 纲 辨 证

学习目标

1. 叙述八纲及八纲辨证的概念。掌握八纲各证候的含义、一般表现、审证依据以及鉴别要点

2. 简述八纲之间的相兼、错杂、真假、转化关系及八纲辨证的意义

3. 初步学会运用八纲辨证理论分析临床典型病例

6.1 八纲辨证的概念

八纲,即表、里、寒、热、虚、实、阴、阳八个辨证的纲领。

医生运用八纲理论,对望闻问切等诊法所获得的各种病情资料,进行分析综合,从而辨别病位的浅深,病性的寒热,邪正的盛衰和病证阴阳类别的辨证思维过程,称为八纲辨证。

八纲辨证是从各种具体证候的个性中抽象出来的、分析疾病共性的辨证方法,它把临床千变万化的病证,归纳为四对八类证候,即任何一种疾病,从大体病位来说,不外乎表或里;从基本病性来说,一般可分寒与热;从邪正斗争的关系来说,主要反映为实或虚;从病证类别来说,都可归属于阳或阴两大类。因此,疾病的病理变化及其临床表现尽管极为复杂,但运用八纲进行辨别归类,则可起到执简驭繁的作用,适用于临床各科的辨证施治。而各科辨证理论的运用,都是八纲辨证的深化。因此,八纲辨证是各种辨证方法的纲领。

需要指出的是,八纲辨证并不是把各种证候截然划分为八个证候,它们之间是相互联系不可分割的,并随着疾病的发展变化而不断变化。如表、里、寒、热、虚、实之间相互联系而形成相兼证候,其中,既有对立两证候同时出现的错杂证候,如表里同病、寒热交错、虚实夹杂;在一定条件下,疾病还可以出现不同程度的转化,导致表邪入里、里邪出表、寒证化热、热证转寒、实证转虚、因虚致实等;当疾病发展到一定阶段,还可以出现一些与疾病本质相反的“假象”,以掩盖病情的真象,如真寒假热、真热假寒、真虚假实、真实假虚等。阴证、阳证也是如此,阴中有阳,阳中有阴,亦可从阴转阳,从阳转阴。因此,临床进行八纲辨证,不仅要熟练掌握八纲基本证候的特点,还要注意八纲证候之间的相兼、转化、错杂、真假等关系,才能正确而全面地认识疾病,诊断疾病。

6.2 八纲基本证候

6.2.1 表 里 辨 证

表里是辨别病位内外深浅和病势进退的一对纲领。表与里是相对的概念,如躯壳与脏腑相对而言,躯壳为表,脏腑为里;脏与腑相对而言,腑属表,脏属里;经络与脏腑相对而言,经络属表,脏腑属里;经络中三阳经与三阴经相对而言,三阳经属表,三阴经属里;皮肤与筋骨相对而

言,皮肤为表,筋骨为里等。因此,对于病位的外内浅深,不能简单、机械地按部位划分,应以证候表现为主要依据。

八纲辨证的源流

《内经》中虽无"八纲"这一名词,但已有其具体内容的散在性论述,且基本确定了其相互间的辨证关系。张仲景在《伤寒杂病论》中已具体运用八纲对疾病进行辨证论治。将表、里、寒、热、虚、实、阴、阳八者作为辨证的纲领始于明代。如张景岳《景岳全书·传忠录》有"阴阳篇"、"六变篇"之称即所谓"二纲六变",并以二纲统六变,将其作为辨证的纲领。

近代医家祝味菊在《伤寒质难》中说:"所谓'八纲'者,阴、阳、表、里、寒、热、虚、实是也",是"八纲"名称的正式提出。早期全国高等中医药院校大学教材《中医诊断学》中,正式将八纲列为专章进行讨论,于是八纲辨证的内容得以在全国普及。

链接

就人体部位而言,身体的皮毛、肌肉、经络相对为外,脏腑、骨髓相对为内。因此,从某种角度上说,外有病属表,病较轻浅;内有病属里,病较深重。从病势上看,外感病中病邪由表入里,是病渐增重为病进;病邪由里出表,是病渐减轻为病退。

冬季预防感冒"三步曲"

天气寒冷,人们患感冒的机会就多。现将预防感冒的"三步曲"介绍如下:

第一步:遇冷做体式呼吸。外出活动如果所穿衣服不足以御寒时,不能把身子往一块紧缩,而应立刻做体式呼吸,方法是将两手抬至腹前,做深呼吸,吸气时意想四肢吸气,并将两手臂略向外扩张,这样就可以增强抗寒能力不致感到冷了。

第二步:身冷搓后颈。如果冷气已侵入肌体,感到全身发冷,就用手掌使劲搓颈后发际,每手搓100下,一般就可出汗了,出了汗就可避免感冒。

第三步:感冒擦葱、姜、盐。如果已经有了感冒感觉,那就在当天晚上临睡前,将葱白、生姜各20g,盐粉3g捣烂,用纱布包好,按顺序贴前胸、后背、手心、肋窝、肢心等六部位,然后盖被睡觉,夜间略出点汗,第二天早起就会好的。但两天内要注意防寒,以免反复。

链接

表里辨证对外感病来说,其意义尤为重要,是对外感病发展阶段的最基本的认识,它可说明病情的轻重浅深及病机变化的趋势,从而掌握疾病的演变规律,取得诊疗的主动权,是采取解表或攻里等治法的依据。

6.2.1.1 表证

表证是六淫、疫疠、虫毒等邪气经皮毛、口鼻侵入机体,正气抗邪,卫气失宣所表现的轻浅证候的概括。多见于外感病初期阶段。一般具有起病急,病情较轻,病程较短,有感受外邪的因素可查等特点。

临床表现　恶寒(或恶风)发热(或自觉无发热),头身疼痛,苔薄白,脉浮。或见鼻塞、流涕、喷嚏、咽喉痒痛、微咳等症。

辨证分析　表证由外邪侵袭皮毛肌腠,阻遏卫气的正常宣发所致。以新起恶寒、发热并见,苔薄,脉浮,内部脏腑的症状不明显为辨证要点。外邪客于皮毛肌表,卫气受阻,不能"温分肉",

则恶风寒，正气奋起抗邪，则郁而发热。邪气郁滞卫表，经气不利，则头身疼痛、病邪在表，尚未入里，故舌象无明显的变化，苔薄白。邪在皮毛，正邪相争于表，脉气鼓动于外，则脉浮。肺外合皮毛而主表，鼻为肺窍，邪从皮毛、口鼻而入，内应于肺，肺失宣降，则见鼻塞、流涕、喷嚏、咳嗽等症。

6.2.1.2 里证

里证是泛指病变部位在内，脏腑、气血、骨髓等受病所反映的证候。

里证与表证相对而言，其概念非常笼统，包括的范围极为广泛，可以说凡不是表证(及半表半里证)的特定证候，一般都可属于里证的范畴，即所谓“非表即里”。里证多见于外感病的中、后期阶段或内伤疾病之中。

里证的成因，大致有三种情况：一是外邪袭表，内传入里，形成里证；二是外邪直接入里，侵犯脏腑等部位，即所谓“直中”为病；三是情志内伤、饮食、劳倦等因素，直接损伤脏腑，或脏腑气机失调，气血津液等受病而成。

临床表现　由于里证的病因较复杂，病位很广泛，故其症状表现繁多，一般很难说哪几个症状就是里证的代表症状，但其基本特点是无新起恶寒发热并见，或但寒不热，或但热不寒，以脏腑症状为主要表现，如壮热、烦躁、神昏谵语、腹痛腹泻、呕吐便秘、舌苔厚，舌质多有变化，脉沉等。其起病可急可缓，一般病情较重，病程较长。

辨证分析　病在里而不在表，则无寒热并见；若阴寒内盛则但寒不热；若里热亢盛则壮热不恶寒，热扰心神则神昏谵语；邪犯脾胃，气机失调，则腹痛腹泻，呕吐便秘。厚苔主里，脏腑气血受病，则舌质多变化而脉沉。

6.2.1.3 表里证鉴别要点

辨别表证和里证，主要是审察寒热症状、舌象、脉象等变化。

一般而言，外感病中，发热恶寒同时并见的属表证；但发热不恶寒或但寒不热的属里证；寒热往来的属半表半里证。表证以头身疼痛、鼻塞或喷嚏等为常见症状，内脏症状不明显；里证以脏腑病变如咳喘、心悸、腹痛、呕泻之类表现为主症，鼻塞、头身痛等非其常见症状；半表半里证则有胸胁苦满等特有表现。表证舌苔变化不明显，里证舌苔、舌质多有变化；表证多见浮脉，里证多见沉脉。此外，起病的缓急、病情的轻重、病程的长短等也是辨表里证的参考依据。

6.2.2 寒热辨证

寒热是辨别疾病性质的一对纲领。

病邪有阳邪与阴邪之分，正气有阳气与阴液之别。从分析病邪的属阴属阳与分析机体正气阴阳的偏盛偏衰，所得寒证、热证的认识是基本一致的。如阳邪致病导致机体阳气偏盛而阴液受伤，或是阴液亏损而阳气偏亢，均可表现为热证；阴邪致病容易导致机体阴气偏盛而阳气受损，或是阳气虚衰而阴寒内盛，均可表现为寒证。

辨清寒热，对认识疾病的本质并指导治疗有重要意义。

6.2.2.1 寒证

寒证是感受寒邪，或阴盛阳虚所表现的证候。有虚实表里之分。感受外界寒邪，或过服生冷寒凉所致,起病急骤,体质壮实者,多为实寒证;因内伤久病,阳气耗伤而阴寒内生者,多为虚寒证,即阳虚证;寒邪袭于肌表,多为表寒证;寒邪客于脏腑,或因脏腑阳气亏虚所致者,多为里寒证。

脑　　风

风邪从风府穴上入于脑,头痛脑户觉冷,项背恶寒,名为"脑风",用神圣散。

"寒厥头痛"由肝经迸气上逆,也称"厥阴头痛"。痛时脑内觉冷,畏风常欲蒙被而睡,面容惨淡忧郁,微带青晦,呕吐清涎黏沫,四肢不温,脉象沉弦或沉紧。治宜温肝和胃,用当归四逆汤或吴茱萸汤加当归、肉桂。

头痛从巅顶连及前额,特别怕冷,见风如直入脑户,痛亦偏在巅顶和前额,但并不剧烈,得温轻减,脉象虚细。由于督脉虚寒,阳明脉亦衰,用鹿角胶、熟地、熟附片、白芷、川芎、升麻,煨姜温养。

神圣散:葛根　麻黄　细辛　藿香

当归四逆汤:当归　桂枝　白芍　细辛　木通　甘草　大枣

吴茱萸汤:吴茱萸　人参　干姜　大枣

链接

临床表现　各类寒证的表现不尽一致,常见的有:恶寒、畏寒、冷痛喜暖,肢冷蜷卧,口淡不渴,痰、涎、涕、唾等分泌物清稀无臭味,小便清长,大便稀溏,面色白或青黑色,舌淡苔白而润,脉迟或紧等。

辨证分析　寒邪损伤阳气,或阳虚阴寒内盛,形体失却温煦,则恶寒、畏寒、冷痛喜暖、蜷卧等症;寒不消水,津液未伤,则口淡不渴,痰、涎、涕、尿等分泌物、排泄物澄澈清冷,苔白而润;寒凝血脉,气血运行不畅,则面白或青黑,舌淡或暗,脉迟或紧。

6.2.2.2　热证

热证是感受热邪,或阴虚阳亢,机体的功能活动亢进所表现的证候。有虚实表里之分。火热阳邪侵袭,或过服辛辣温热之品,或七情过激,郁而化热,或体内阳热之气过盛所致,病势急而形体壮者,多为实热证;内伤久病,或房室劳伤,阴精耗损而虚阳偏亢者,多为虚热证,即阴虚证。风热之邪侵袭肌表,多为表热证;热邪盛于脏腑,或因阴液亏虚所致者,多为里热证。

临床表现　各类热证的表现不尽一致,常见的有:发热,恶热喜冷,口渴饮冷,痰、涎、涕黄稠有味,小便短黄,大便干结,面红目赤,心烦躁扰,甚则吐血衄血,四肢抽搐,舌红苔黄、干燥少津,脉数等。

辨证分析　阳热偏盛,或虚热内蒸,则发热恶热,喜冷。火热伤津,或阴液亏少,则口渴饮冷,痰、涎、涕等分泌物黄稠有味,小便短赤,大便干结,舌苔黄燥。热迫血脉,加快血行,气血上涌,则面红目赤,舌质红绛,脉数;迫血妄行,则吐血衄血;热扰心神,则心烦躁扰;热盛动风,则四肢抽搐等。

6.2.2.3　寒热证鉴别要点

寒证与热证的鉴别,应注意寒热表现的特征及寒热的喜恶,四肢的温凉,口渴与否,二便的情况,面色的赤白,舌象、脉象等七方面(表6-1)。

表 6-1 寒热证鉴别表

症状 证型	寒热	四肢	口渴	二便	面色	舌象	脉象
寒证	恶寒喜热	冷	不渴	小便清长、大便稀溏	白	舌质淡苔白腻	迟缓或紧
热证	恶热喜冷	热	渴喜冷饮	小便短赤、大便干结	赤	舌质红苔黄	数或洪

6.2.3 虚实辨证

虚实是辨别邪正盛衰的一对纲领，主要反映疾病过程中人体正气的强弱和邪气的盛衰。虚指正气不足而邪气不盛，实指邪气亢盛而正气不衰，邪正剧烈相争。

辨别疾病的虚实证候，可以了解病体的邪正盛衰，为治疗提供依据。

6.2.3.1 实证

实证是对人体感受外邪，或体内病理产物蓄积，或阴阳气血失调以有余、结实、滞闭、亢进等为特征的各种临床表现的病理概括。实证的特点是邪气充盛而正气不虚，有充分的抗邪能力，邪正斗争较为剧烈。

临床表现　由于感邪性质、病理产物的不同，病邪侵袭、停积部位的差异，各类实证各有不同的临床表现，很难全面概括。常见的有：壮热，恶寒，疼痛剧烈拒按，神昏谵语，呼吸气粗，痰涎壅盛，呕吐酸馊不消化之物，泻下臭秽，或大便秘结不通，小便不利，或淋漓涩痛，舌质苍老，舌苔厚腻，脉实有力等。

辨证分析　实证的概念非常笼统，范围极为广泛，临床表现十分复杂，一般新起、暴病、病情激剧、体质壮实者多实证。实证的病因病机主要可概括为两个方面：一是风寒暑湿燥火、疫疠以及虫毒等邪气侵犯人体，正气奋起抗邪，邪正剧烈交争，则病势较为亢奋、急迫。以寒热显著、疼痛剧烈、呕泻咳喘明显、二便不通、脉实等症为突出表现。二是脏腑功能失调，气化不利，气机郁滞，血行受阻，以致痰、饮、水、湿、瘀血、宿食、脓液、砂石等病理产物停积体内，进一步影响脏腑功能活动而见呕恶、喘逆，痰涎壅盛，胀痛拒按，舌质苍老，舌苔厚腻等症。

6.2.3.2 虚证

虚证是对人体正气虚弱、物质不足、功能衰退等产生的各种临床表现的病理概括。虚证的特点是正气亏虚而邪气不盛。

临床表现　由于人体正气包括阳气、阴液、精、血、津液、营、卫等，故阳虚、阴虚、气虚、血虚、津液不足、精髓亏虚、卫气虚等，都属于虚证的范畴。各种虚证的表现极不一致，很难用几个症状全面概括。常见的有：面色淡白或萎黄，神疲乏力，心悸气短，呼吸微弱，形寒肢冷，自汗，小便失禁，大便滑泄，舌质淡胖，脉虚沉迟；或潮热盗汗，两颧潮红，五心烦热，口咽干燥，形体消瘦，舌红少苔，脉虚细数。

测测你的运动量

每人每天究竟进行多大的运动量合适，这确实很难掌握。但美国俄克拉荷马州立大学一位副教授经过多年的潜心研究，设计出了一个测定个人运动量的方法。这是一套简单而便于使用的测算方式，你有空也可以试一下。

睡眠：每睡一个小时记0.85分。计算一下你每天睡几个小时，就按这个单位的乘积记分。

静止活动：包括案头工作、阅读、吃饭、看电视、坐车等。这些活动的运动量最底，把消耗在这些活动上的时间起止，以每小时记1.5分计算。

步行：如果是悠闲缓慢的散步，每小时记3分；如果快步走，每小时记5分。

户外活动：慢跑每小时记6分，快跑每小时记7分；游泳、滑冰每小时记8分；各种球类运动和田径运动每小时记9分；骑自行车每小时记4分；做体操、跳舞每小时记3分。

家务劳动：每小时记5分。

每当你一天的各项活动结束后，就可以把以上的分数加起来。如果你获得的总分数在45分以下，说明你的运动量不够，应增加活动量；如果你的总分数在45~60分之间，就说明你的运动量正合适；如果你的总分数超过了这个限度，只能说明你的运动量已经过度，对身体没有更多的益处，是调整一下运动度的时候了。

链接

辨证分析 虚证的形成，有先天禀赋不足、后天失调和疾病损耗等多方面的原因。如饮食失调，营血生化之源不足；思虑太过、悲哀忧恐，过度劳倦等，耗伤气血营阴；房事不节，耗损肾精元气；久病失治、误治，损伤正气；汗、吐、泻、出血等耗损气血津液，均可形成虚证。临床一般以久病、势缓、耗损过多、体质素弱者多虚证。

上述临床表现的病机主要是阳气不足和阴虚内热。伤阳者，阳虚而温运无力、气化失司、固摄失职，则见形寒肢冷，神疲乏力，面色淡白或萎黄，心悸气短，呼吸微弱，自汗出，二便滑脱失禁，舌质淡胖，脉虚沉迟等；伤阴者，阴虚失其滋养濡润，则形体消瘦，口咽干燥，阴不制阳，虚热内生，则潮热盗汗，两颧潮红，五心烦热，舌红少苔，脉虚细数。

6.2.3.3 虚实证的鉴别要点

虚证与实证的鉴别，首先应掌握其病证特点。一般以正气不足、衰退、松弛为特征的表现，多属虚证；有余、结实、强盛为特征的表现，多属实证。然后在四诊过程中注意望舌之老嫩，闻语言气息之高低，问病程之新久、疼痛之轻重喜恶，切脉之有力无力等资料的辨析。如舌质苍老为实，舌质胖嫩为虚；声高气粗属实，声低气弱属虚；外感初起多实，久病内伤多虚；痛剧拒按属实，隐痛喜按属虚；脉来有力为实，脉来无力为虚。

6.2.4 阴阳辨证

阴阳学说在辨证诊断上主要有两方面的应用。

6.2.4.1 阴阳是类证的纲领

阴阳辨证是基本的辨证大法。阴、阳分别代表事物相互对立的两个方面，其运用范围极广，既可用来概括整个病情，又可用于每个症状的分析归纳。根据阴阳学说中阴与阳的基本属性，疾病性质、临床证候，以及具体的症状和体征，一般都可归属于阴或阳的范畴。如八纲中表、里、寒、热、虚、实，揭示了疾病过程中病位、病性、邪正盛衰等不同侧面对立统一的矛盾现象，各自代表疾病某一方面的特征，不能反映出疾病的全貌。六者在八纲中的地位是互等的，不能相互概括，也不能相互取代。而阴阳两纲可对各种病情从整体上作出最基本的、总的概括和归纳。即表、热、实属阳，里、虚、寒属阴。所以，阴阳又是八纲的总纲，是归纳证候类型的一对纲领。

(1) 阴证

凡符合阴的一般属性的证候，称为阴证。如里证、寒证、虚证等。

临床表现　神疲乏力，面色晦暗，语声低微，气短息弱，畏寒肢冷，喜暖，小便清长，大便稀溏，口不渴，舌淡胖嫩，脉虚细弱等。

辨证分析　阴主静，主寒。凡见抑制、沉静、衰退、晦暗、向下、表现于内、不易发现的症状，以及阴邪致病，病情变化较慢者，可归属为阴证。正气不足，功能衰退，则神疲乏力，语声低微，气短息弱。阳气亏虚，温运无力，气化失司，则面色晦暗，畏寒肢冷喜暖，口不渴，小便清长，大便稀溏，舌淡胖嫩，脉虚细弱。

(2) 阳证

凡符合阳的一般属性的证候，称为阳证。如表证、热证、实证等。

临床表现　发热、面赤、神情烦躁，语声粗壮，呼吸急迫，口苦，渴饮，小便短赤，大便秘结。舌红绛，苔黄燥，脉洪数实。

辨证分析　阳主动，主热。凡见兴奋、躁动、亢进、明亮、向上、表现于外、容易发现的症状，以及阳邪致病，起病急、变化快者，一般都可归属为阳证。阳邪致病，或人体功能活动亢进，则神情烦躁，语声粗壮，呼吸急迫。阳热偏盛，伤津耗液，入血扰神，则发热、面赤、口苦、渴饮、心烦躁扰、尿赤便干，舌红苔黄，脉洪数实。

6.2.4.2　阴阳的具体辨证内容

中医学中的阴阳不仅是抽象的哲学概念，而且有许多具体的医学内容，如阳气、阴液、心阴、脾阳等。所以，阴阳辨证又包含有具体的辨证内容，主要有阳虚证、阴虚证、阴盛证、阳盛证，以及亡阳证、亡阴证等。此外，阳亢证、虚阳浮越证等，亦是阴阳失调的病理变化。所谓阴盛证即是实寒证，阳盛证即是实热证。故以下仅分析阴虚、阳虚、亡阴、亡阳四证。

(1) 阴虚证

阴虚证是指体内阴液亏损，滋养、濡润等作用减退而无以制阳，虚阳偏亢所现的虚热证候。属虚证、热证。具有病程长、病势缓等特点。

临床表现　形体消瘦，潮热盗汗，颧红，五心烦热，口燥咽干，小便短黄，大便干结，舌红少津少苔，脉细数。

辨证分析　阴虚多由外感热病后期，或内伤杂病日久，耗伤阴液；或因五志过极、房事不节、过服温燥之品等，暗耗阴液而成。阴液亏少，则机体失却滋养濡润，则形体消瘦，口咽干燥，尿黄便干。阴不制阳，则阳热之气相对偏旺而生内热，则见潮热盗汗，颧红，五心烦热，舌红少津少苔，脉细数等一派虚热、虚火躁扰不宁的征象。

常见的阴虚证有肺阴虚证、心阴虚证、肝阴虚证、肾阴虚证、胃阴虚证等，以并见各脏器的病状为诊断依据，详见脏腑辨证的内容。

(2) 阳虚证

阳虚证是指体内阳气亏损，温煦、推动、蒸腾、气化、固摄等作用减退所表现的虚寒证候。属虚证、寒证。多见于病久体弱者，病势一般较缓。

临床表现　神疲乏力，气短，自汗，畏寒肢冷，口淡不渴，或渴喜热饮，小便清长或尿少浮肿，大便溏薄，面色㿠白，舌淡胖，苔白滑，脉沉迟或细弱无力。

辨证分析　阳虚多由病程日久，或久居寒凉之处，阳热之气逐渐耗伤，或因气虚而进一步发展，或因年高而命门之火不足，或因过服苦寒清凉之品等，以致脏腑功能减退，机体失却阳气的温煦，不能抵御阴寒之气，寒从内生，则见神疲乏力，气短自汗，畏寒肢冷，脉沉迟或细弱无力。阳虚不能蒸腾气化水液，则见口淡不渴，或渴喜热饮，小便清长或尿少浮肿，大便溏薄，舌淡胖等症。

临床常见的阳虚证有心阳虚证、脾阳虚证、肾阳虚证、胃阳虚证、胞宫（精室）虚寒证，以及虚阳浮越证等，并表现有各自脏器的证候特点。

(3) 亡阴证

亡阴证是指体液大量耗损，阴液严重溃乏而欲竭所表现出的危重证候。

临床表现　汗热味咸而黏、如珠如油，恶热，手足温，虚烦躁扰，口渴欲饮，皮肤皱瘪，小便极少，面色赤，唇舌干燥，脉细数疾而按之无力。

辨证分析　亡阴可在久病而阴液亏虚的基础上进一步发展而来，也可因壮热不退、大吐大泻、大汗不止、严重烧伤致阴液暴失而成。阴液欲竭，机体失养或仍有火热阳邪内炽，真阴外泄，则见身热恶热，汗热味咸，如油如珠，烦渴欲饮，面赤唇焦，脉细数疾等症。

亡阴常涉及心、肝、肾等脏腑，临床一般不再逐一区分。亡阴者救治不及，势必阳气亦随之而衰亡，危及生命。

(4) 亡阳证

亡阳证是指体内阳气极度衰微而表现出阳气欲脱的危重证候。

临床表现　冷汗淋漓、汗质稀淡，神情淡漠，面色苍白，肌肤不温，手足厥冷，呼吸气微，舌淡而润，脉微欲绝。

辨证分析　亡阳证一般是在阳虚的基础上进一步发展而来，亦可因阴寒之邪极盛而致阳气暴伤，或因大汗、失精、大失血等阴血消亡而阳随阴脱，或因剧毒刺激、严重外伤、痰瘀阻塞心窍等而使阳气暴脱。由于阳气极度衰微而欲脱散，温煦、推动、固摄等功能失职，故见冷汗淋漓、四肢厥逆、面色苍白、神情淡漠、气息微弱、脉微欲绝等垂危病状。

临床所见的亡阳证，一般是指心肾阳气虚脱。由于阴阳互根互用，阳气衰微欲脱，亦可使阴液消亡。

亡阴和亡阳均出现于疾病的危重阶段，必须及时、准确地辨识，积极进行抢救。否则极易导致死亡。若危重病人突然汗出，往往是亡阴或亡阳之兆，根据汗质的稀冷如水或黏热如油，身凉或身热、面白或面赤、脉微或数疾等，一般不难辨别。

亡阴亡阳鉴别（表6-2）

表6-2　亡阴亡阳鉴别表

证型＼症状	汗	四肢肌肤	气息	渴饮	舌象	脉象
亡阴	汗热味咸	温和	气粗	渴喜冷饮	红干	细数躁疾按之无力
亡阳	汗冷味淡	厥冷	气微	不渴喜热饮	白润	微细欲绝浮数而空

链接

6.3 八纲证候之间的关系

6.3.1 证候相兼

证候相兼，指各种证候的相兼存在。本处所指为狭义的证候相兼，即从表里病位、寒热病性、虚实病性等不同的角度对病情进行综合判断，以全面揭示疾病的本质。也就是说，在疾病某一阶段，其病位无论是在表、在里，但病情性质上没有寒与热、虚与实相反的证候存在。

常见的八纲证候相兼有表实寒证、表实热证、里实寒证、里实热证、里虚寒证、里虚热证。按理尚应有表虚寒证、表虚热证。但因表证的病性属实，故实际不可能存在表证与虚寒、虚热的证候相兼。临床所谓表虚证，多指表证而有汗出者。其实际含义有二：一是指感受风邪而致的表证，称为外感表虚。以恶风、发热、自汗、头痛、项强、脉浮缓为主要临床表现。多由风邪外束，太阳经气不利致头痛项强；正气卫外，阳气浮盛则发热；风性开泄，腠理疏松，玄府不固而汗出恶风，脉浮缓。二是因脾肺气虚，卫阳不固，肌表疏松而致经常汗出，容易感冒者，属内伤表虚。以平时常自汗出，容易感冒，兼面色淡白，动则气喘，纳少便溏，倦怠乏力，舌淡苔白，脉细弱为其主要临床表现。因脾主肌肉，为卫气生化之源；肺主皮毛，宣散卫气。脾肺气虚，卫气不固，则致内伤表虚。

6.3.1.1 表实寒证

表实寒证是指外感寒邪，卫阳被束，邪正相争与皮毛肌表，腠理密闭所表现的证候。以恶寒发热，无汗而喘，头身疼痛，苔薄白，脉浮紧为其主要临床表现。

6.3.1.2 表实热证

表实热证是指外感热邪，邪正相争与卫表，卫气被郁所表现的证候。以发热，微恶风寒，无汗或少汗，口微渴，舌边尖红，苔薄白，脉浮数为其主要临床表现。

6.3.1.3 里实寒证

里实寒证是指寒邪侵袭人体，阻遏脏腑阳气，凝滞气血津液所表现的证候。以畏寒喜暖，四肢不温，面色白，口不渴，苔白而润，脉迟或紧为基本特征。因里证的范围很广，寒邪侵袭脏腑气血的部位不同，如寒邪客肺、寒邪犯胃、寒滞肝脉等，其临床表现各有不同，详见脏腑辨证和气血津液辨证。

6.3.1.4 里实热证

里实热证是指阳热之邪侵袭人体，由表入里，或寒邪化热入里，或脏腑气血壅滞，积而化热所表现的证候。以身热恶热，口渴饮冷，尿赤便干，面红目赤，心烦躁扰，甚则神昏谵语，出血动风，舌红苔黄而燥，脉洪滑数实为其基本特征。因里证的范围很广，邪热壅滞脏腑气血的部位不同，其临床表现各异，如邪热壅肺、心火上炎、肝胆火旺、胃热炽盛等，详见脏腑辨证和气血津液辨证。

6.3.1.5 里虚寒证

里虚寒证是指体内阳气亏虚，阴寒相对偏盛所表现的证候，即阳虚证，又称虚寒证。详见八纲证候中的阴阳辨证。

6.3.1.6 里虚热证

里虚热证是指体内阴液亏虚，阴不制阳，虚阳偏亢所表现的证候，即阴虚证，又称虚热证。详见八纲证候中的阴阳辨证。

6.3.2 证候错杂

证候错杂是指疾病某一阶段同时出现表里病位、寒热、虚实病性相反的证候。如表里同病、寒热错杂、虚实夹杂等。临床辨证应对其进行综合诊察。

6.3.2.1 表里同病

表里同病指表证和里证在疾病的某一阶段同时出现。常见三种情况：初病既见表证又见里证；或表证未罢，又及于里；或本病未愈，又加标病。

表里同病的出现，往往与寒热、虚实互见。常见的有四种类型：第一类是表里同病而寒热虚实并无矛盾，如表里实寒证、表里实热证等。第二类是表里同病，寒热性质相同，但虚实性质相反的证候，如表实寒里虚寒证，表实热里虚热证。第三类是表里同病，虚实性质相同，但寒热性质相反的证候，如表实寒里实热证，即"寒包火"证。第四类是表里同病，寒热虚实性质均相反的证候，如表实寒里虚热证。

在表里同病的情况下，疾病的证候一般都是由内在的病理本质所决定，如内有积热或阳气偏亢者，其外感表证多从热化；内在阳气不足者患外感病时，很少见表热证候。所以，表里寒热虚实的错杂证候，虽然从理论上尚可组合为表实热里实寒证、表实热里虚寒证等，但临床一般很少见到。

6.3.2.2 寒热错杂

寒热错杂是指寒证与热证同时存在。临床有两种情况。

1）表里寒热错杂：有表寒里热（即表实寒里实热证、表实寒里虚热证）和表热里寒（即表实热里实寒证、表实热里虚寒证）之分。前者较为常见，后者较少见。如患者恶寒发热，无汗，头身疼痛，咳嗽气喘，痰黄黏稠，口渴咽痛，脉浮紧，则为表实寒里实热证。如患者平素脾胃虚寒，溺清便溏，四肢不温，又外感风热，见发热、头痛、咽红肿痛，咳嗽等症，则为表实热里虚寒证。

2）上下寒热错杂：有上热下寒（上焦有热中焦有寒）和上寒下热（如寒在胃热在膀胱）之分。如病人胸中烦热，频欲呕吐，又见腹痛喜暖，大便稀溏，属上热下寒证。如胃脘冷痛，呕吐清涎，又见尿频、尿急、尿痛、尿黄，属上寒下热证。

寒热错杂的辨别，除了要分清表里上下经络脏腑之外，还要辨清寒热孰多孰少和标本先后主次，才能为治疗用药提供依据。

6.3.2.3 虚实错杂

凡虚证中夹有实证，或实证中夹有虚证，以及虚实并见者，均属虚实错杂证。如表虚里实，表实里虚，上实下虚，上虚下实等。由于虚与实错杂互见，故治疗上有攻补兼施法，但需分清虚实的孰多孰少，用药才有轻重主次之分。

上热下寒

足胫寒冷，面反发红似酣，兼见形寒，脉象沉细，或伴大便泄泻，系下元虚寒，阳气上越，称作“戴阳”，为虚脱证候之一。急用白通汤回阳，可加猪胆汁或黄连少许反佐，以防寒热格拒。服药后头汗出，脉忽浮大者难治。

肾阴亏而虚火上炎，也能呈现足冷头热，但多兼见咽干、目红，当用引火归元法，治宜七味地黄丸。胸中烦热者，加黄连少许以反佐。

白通汤：葱白　干姜　附子

七味地黄丸：熟地　山萸　山药　茯苓　丹皮　泽泻　肉桂

链 接

1）实证夹虚：指以实邪为主，正虚为次的病证。多见于实证过程中正气受损或素体虚弱而新感外邪的病人。如暑温患者，见高热、面赤、烦躁、大汗出、口渴喜饮、乏力倦怠，为暑热炽盛，耗损津气的实中夹虚证。

2）虚证夹实：指以正虚为主，邪实为次的病证。多见于实证迁延日久，正气大伤，而余邪未尽或素体大虚，复感邪气的患者。春温后期，低热不退、口干舌燥、神倦、耳聋、脉虚大，为真阴耗损，余热未清的邪少虚多证。

3）虚实并重：指正虚与邪实均十分明显的病证，多病情沉重。可见于严重的实证患者，又正气大伤或原来正气甚弱，又感较重邪气的患者。如小儿疳积，大便泄泻，完谷不化，腹部膨大，形瘦如柴，午后烦躁，贪食不厌，苔厚浊，脉细稍弦，为饮食积滞，损伤脾胃的虚实并重证。

6.3.3 证候转化

证候转化是指一种证候在一定条件下转化为对立的另一种证候，原有证候消失。八纲中相互对立的证候，原则上在一定条件下均可相互转化。

6.3.3.1 表里出入

疾病在发展过程中，由于正邪相争表证不解，可以内传而变成里征，称为表证入里；某些里证，其病邪可以从里透达向外，称为里邪出表。掌握病势的表里出入变化，对于预测疾病的发展与转归，及时改变治法，及时截断、扭转病势，或因势利导，均具有重要意义。

1）表证入里：指先有表证，然后出现里证，表证随之消失的病变，一般见于外感病的初、中期阶段，是病情由浅入深，病势发展的反映。如外感风热之邪，形成表热证，若表邪不解，入里而成里热证，即表证入里。

2）里邪出表：指某些里证，病邪有向外透达之势，并不是里证转化成表证。如麻疹患儿，热毒内闭则疹不出而见发热、喘咳、烦躁，若麻毒外透，则疹出而烦热喘咳亦除。外感温热病中，高热烦渴之里热证，随汗出而热退身凉；热入营血，随斑疹、白痦的出现而身热、谵语、烦躁减轻。又如肝胆湿热随黄疸的出现而胁肋胀痛、发热呕恶等症减轻；病位深的痈疽，向外溃破而脓出毒泄等，一般都可认为是在里之邪毒有向外透达之机，是邪有出路的好趋势，一般对病情向愈有利。

6.3.3.2 寒热转化

寒证与热证，有着本质的区别，但在一定的条件下，寒证可以化热，热证也可以化寒。

1）寒证化热：指原为寒证，后出现热证，而寒证随之消失的病变。常因治疗不当，过服温燥之品；或失治，外感寒邪未及时发散，而机体阳气偏盛，阳热内郁到一定程度而从阳化热，转变成热证。如寒湿痹病，初为关节冷痛、重着、麻木，病程日久，或温燥太过，而变成患处红肿灼痛；哮病因寒引发，痰白稀薄，久之见痰黄而稠、舌红苔黄；痰湿凝聚的阴疽冷疮，其形漫肿无头，皮色不变，后转变为红肿热痛而成脓等，均是寒证转化为热证的表现。

2）热证转寒：指原为热证，后出现寒证，而热证随之消失的病变。多因失治、误治，损伤阳气；或因邪气过盛，耗伤正气，正不胜邪，功能衰败，阳气散失而转化为虚寒证，甚至表现为亡阳证。如高热患者，大汗不止，阳从汗泄，或吐泻过度，阳随津脱，而出现体温骤降，四肢厥冷，面色苍白，脉微欲绝等，即由热证转化为寒证（亡阳证）。

寒证与热证的相互转化，反映了疾病的邪正力量的对比，其关键又在机体阳气的盛衰。寒证转化为热证，是人体正气不衰，尚能抗御邪气，阳气较为旺盛，邪气从阳化热；热证转化为寒证，是邪气过盛而正气不支，阳气耗伤甚或衰败，提示正不胜邪，病情险恶。

6.3.3.3 虚实转化

在疾病发展过程中，由于正邪盛衰的变化，实证可以转变为虚证，虚证亦可转化为实证。实证转虚临床常见，基本上是病情转变的一般规律；虚证转实临床少见，实际上常常是因虚而致实，形成虚实夹杂证。

1）实证转虚：指病情先表现为实证，由于失治、误治，病邪久留，耗伤正气，或病程迁延，邪气渐却，阳气或阴血已伤，渐由实证变成虚证。

2）虚证转实：指病情本为虚证，由于积极的治疗、休养、锻炼等，正气逐渐恢复，与邪气相争，以祛邪外出，表现为属实的证候。如腹痛加剧，或出现发热汗出，或咳嗽而咳吐痰涎，脉象较前有力等，此时虽然症状反映激烈、亢奋，但为正气奋起欲驱邪外出，于病情有利。另外，患者素有虚证，因新感外邪，或伤食、外伤等，表现以实为主，虚证暂时不够明显，辨证诊断为实证。这虽然不是直接由虚证转化为实证，但从虚实证候之间的关系来说，亦可视作是一种虚证转实。若本为虚证，由于正气不足，气化失常，以致病理产物等停积体内，而表现某些实的证候者，一般不能理解为是虚证转实，而应属于虚实夹杂的范畴。

6.3.4 证候真假

证候真假是指某些疾病在病情危重阶段，可以出现一些与疾病本质相反的“假象”，以掩盖病情的真象。所谓“真”，是指与疾病的内在本质相符的证候；所谓“假”，是指疾病表现的某些不符合内在本质的症状或体征。

6.3.4.1 寒热真假

当病情发展到寒极或热极的时候，有时会出现一些与其病理本质相反的假象，如“寒极似热”、“热极似寒”，即所谓真寒假热、真热假寒。

1）真热假寒：指内有真热而外见某些假寒表现的证候。即所谓“热深厥亦深”。古代又称阳盛格阴证。多由阳热内盛，格阴于外，阳气内闭而不能布达四末所致。故其外有四肢凉甚至厥冷，恶寒甚或寒战，神识昏沉，面色紫暗，脉沉迟（或细数）等似为阴寒证的表现，但其本质为热，必有四肢冷而胸腹灼热，口鼻气灼，口臭息粗，口渴引饮，小便短赤，大便燥结或热痢下重，舌红苔黄而干，脉搏有力等实热证的表现。

2）真寒假热：指内有真寒而外见某些假热表现的证候。真寒假热证实际是虚阳浮越证，古代亦称阴盛格阳证或戴阳证。多由久病而阳气虚衰，阴寒内盛，逼迫虚阳浮游于上、格越于外所致。故其外虽有自觉发热，或欲脱衣揭被，面色浮红如妆，神志躁扰不宁，口渴咽痛，脉浮大而数等颇似阳热证的表现，但因其本质为阳气虚衰，则必有胸腹无灼热，下肢必厥冷，小便清长（或尿少浮肿），或下利清谷，舌淡等里虚寒的证候。

对于寒热真假的辨别，应注意以下三点：一是假象的出现，多在四肢、皮肤和面色，而脏腑、气血、津液等方面的内在表现，以及舌象、脉象的变化，多是疾病本质的真实反映，可作为诊断的依据。二是假象毕竟与真象不同，其表现多短暂、局限，应仔细辨别其特征。如虽渴但不欲饮，咽虽痛但不红肿，虽躁扰不宁但疲乏无力，脉虽浮大或数但按之无力，面色虽时有潮红但并非满面红赤等，可知其“热”为假象。三是了解疾病发展全过程，一般情况下，假象多出现在疾病的极期，而真象多贯穿疾病的全过程。

6.3.4.2 虚实真假

虚证和实证，亦有真假疑似的情况。《内经知要》所谓“至虚有盛候”、“大实有羸状”，就是指证候的虚实真假。

1）真实假虚：指本质为实证，反见某些虚羸现象。如热结肠胃，痰食壅积，湿热内蕴，瘀血停蓄等，由于大积大聚，以致经脉阻滞，气血不能畅达，机体组织不能得到温煦、濡养，因而表现出一些类似虚证的假象。如神情默默、倦怠懒言、身体羸瘦、脉象沉细等。但仔细观察，则可见虽默默不语，语时却声高气粗；虽倦怠却动之觉舒；虽羸瘦而胸腹硬满拒按；虽脉沉细而按之有力，故知病变的本质属实，虚为假象。

2）真虚假实：指本质为虚证，反见某些实盛现象。如脏腑虚衰，气血不足，运化无力，因而出现腹部胀满、呼吸喘促、二便闭涩等症。但仔细观察，则可发现虽腹部胀满但时有缓解，或内无肿块而喜按；虽喘促而气短息弱；大便虽闭而腹部不甚硬满；且脉必无力，舌体淡胖，并有疲乏、面色萎黄或苍白等症，故知病变的本质属虚，实为假象。

虚实真假的辨别，关键在于脉象的有力无力、有神无神，其中尤以沉取之象为真谛；其次是舌质的嫩胖与苍老；言语呼吸的高亢粗壮与低怯微弱；患者的体质状况，病之新久，治疗经过等，也是辨析的依据。总之，虚实真假鉴别的总原则仍是四诊合参。

综上所述，八纲是从众多疾病中抽象出来的概念，八纲辨证是辨证的基础，在诊断疾病的过程中，有执简驭繁、提纲挈领的作用，适用于临床各科、各种疾病的辨证，而其他辨证分类方法则是八纲辨证的具体深化。同时，还应认识到八纲的概念及其相互关系，较为突出地反映了辩证法的思想，中医学的许多辨证观点都是通过八纲的关系体现出来的，理解了八纲之间的辨证关系，就可认识到疾病中的各种变化关系是普遍联系的、矛盾的、发展的，可以相互转化的。因此，八纲概念的确立标志着中医辨证逻辑思维的完善，对其他辨证方法的学习，以及临床正确认识疾病过程，具有重要的指导意义。

当然，八纲辨证对疾病本质的认识还比较笼统和抽象，不够深刻、具体，如里证的概念就非常广泛，尚未能揭示何脏何腑的病变；寒与热亦不能概括湿、燥等所有的病理性质；虚证、实证亦有种种不同的具体病变内容。因此,八纲辨证毕竟只是“纲”,临床不能只满足于对八纲的笼统证候进行简单归纳或分辨,而应当结合其他辨证分类方法,深入分析疾病的本质。

小结

1. 八纲即表、里、寒、热、虚、实、阴、阳八个辨证纲领。

2. 八纲辨证是医生运用八纲理论,对望闻问切等诊法收集的各种病情资料,进行分析综合,从而辨别病位的浅深,病性的寒热,邪正的盛衰和病证阴阳类别的辨证思维过程。

3. 八纲基本证候:表里证、寒热证、虚实证、阴阳证的概念、临床表现、证候分析及其鉴别诊断。

4. 八纲证候之间的关系:证候相兼,证候错杂,证候转化,证候真假。

目标检测

一、单项选择题

1. 证候真假的所谓“假”,最主要是指
A. 病人提供假的情况　B. 属于疾病的现象　C. 临床不常见的证候
D. 新病或标病的证候　E. 与病理本质不符合的症

2. 八纲证候之间的关系,下述哪项不对
A. 互相联系的　B. 彼此独立的　C. 有中间状态
D. 可变化的　E. 有错杂兼夹

3. 证候的“表里出入”主要说明
A. 病变的位置　B. 病变的趋势　C. 证候的性质
D. 疾病的转归　E. 邪正的关系

4. 真热假寒证最突出的证候是
A. 脉沉有力　B. 神昏息粗　C. 高热肢厥
D. 口渴引饮　E. 胸腹灼热

5. 下列哪项不能视为真正的证候转化
A. 表证转化为里证　B. 里证转化为表证　C. 寒证转化为热证
D. 热证转化成寒证　E. 实证转化成虚证

二、填空题

1. 八纲之间的关系有①______,②______,③______,④______。

2. 常见的证候真假有①______,②______,③______,④______。

3. 真虚假实证常见的假实证候有①______,②______,③______,④______。

三、问答题

1. 热证为什么会转化为寒证?

2. 何谓“至虚有盛候”、“大实有羸状”?

3. 阳虚进一步发展可导致哪些病理变化?

4. 试述哪些证、症、病理变化可归属于“阳”的范畴。

5. 恶寒、发热与寒证、热证一样吗?两者的关系如何?

(李琳荣　杜彩凤)

7 病因辨证

学习目标

1. 叙述病因辨证的含义及风、寒、暑、湿、燥、火、毒、脓、食积、虫积等证候的辨析要点
2. 简述七情、饮食、劳逸、房室所伤等证候的辨析要点
3. 说出金刃所伤、虫兽所伤、跌扑损伤的特点
4. 初步学会运用病因辨证理论分析典型病例

病因辨证是以中医病因理论为依据,通过对患者的临床表现及相关病情资料的分析,判断疾病当前的原因与性质的一种辨证方法,亦称作“审证求因”。疾病的原发病因如六淫外感、七情内伤、饮食劳倦、外伤等,是发病的必要条件,属于病因学的范畴。通过对临床证候的分析,综合了邪正双方情况而确定的病因,是对疾病当前病理本质所作的结论,属辨证学的范畴。原始病因与辨证所确定的病因,在称谓与概念上可能相同,也可不同。

病因辨证的主要内容包括六淫疫疠证候、七情证候、饮食、劳伤证候、外伤证候以及毒证、脓证、虫积证等。

7.1 六淫疫疠证候

六淫包括风、寒、暑、湿、燥、火六种外来的致病邪气。六淫致病与季节气候和居处环境有关,多从皮毛、口鼻而入侵袭人体,可单一邪气致病,亦可六淫杂合为病,在疾病过程中又常常相互影响或转化。

疫疠是存在于自然界的一类特殊致病邪气,具有致病暴戾,传染性强,并可迅速蔓延流行的特点。

7.1.1 外 风 证

风证有外风、内风的不同。内风证是指热盛灼伤筋脉,或血虚、阴虚,筋脉失养,或阴虚阳亢等病理变化,影响肝主筋脉的功能失职,表现出头晕眼花,或肢体麻木、瘙痒,或震颤、瘛疭、抽搐等类似“风”的动摇不定特征的症状,便称之为“动风”,又称“肝风内动”。因其动风证候的出现是由内在脏腑气血失调所致,并非感受外界风邪而成,故称之为“内风”。

外风证是指外界风邪侵袭人体皮毛肌表、经络关节、脏腑气血等而产生的一类证候。具有起病急、变化快、游走不定等特点。

临床表现　风邪袭表,恶风寒,微发热,自汗出,鼻塞或喷嚏,咳嗽,咽喉痒或痛,苔薄白,脉浮缓。风入皮肤,新起皮肤瘙痒,甚至出现丘疹、风团。风侵经络,突现颜面麻木不仁、口眼㖞斜、颈项拘急、口噤不开甚至四肢抽搐、角弓反张等。风伤关节,则肢体关节疼痛,游走不定;风水相搏,则突起颜面、眼睑或肢体浮肿。

中 风

中风是中医学的一个病名,也是人们对急性脑血管疾病的统称和俗称,它是以猝然昏倒,不省人事,伴发口眼㖞斜、语言不利、半身不遂或无昏倒而突然出现半身不遂为主要症状的一类疾病。它包括西医的脑出血、蛛网膜下隙出血、脑梗死、脑血栓、短暂性脑缺血发作等。因这类疾病起病急骤,来势凶猛,病情变化迅速,像自然界的风一样“善行数变”、“变化莫测”,古代医家类比而名为“中风”。因其发病突然,亦称为脑卒中或脑血管意外。

链接

辨证分析 外风证的形成,主要是感受了外界的风邪,其中也可能包含着某些生物性致病因素。风邪侵袭肌表,腠理开合失调,则见恶风、微热、汗出等症;风邪犯肺而肺系不利,则咳嗽、咽喉痒或痛、鼻塞、喷嚏。此为风邪袭表、犯肺的证候,即一般所说的伤风证,或太阳中风证。风邪客于肌肤,营卫郁滞不畅则见皮肤瘙痒,或见丘疹、风团。风与寒湿合邪,阻痹经络,流窜关节,则肢体关节游走疼痛,称为风痹或行痹。风邪或风毒侵袭经络,经气阻滞不通,轻则局部脉络麻痹、失调,而见肌肤麻木不仁、口眼㖞斜,重则导致筋脉挛急,而见颈项强直、口噤不开,甚至肢体抽搐等症。风邪与水邪相搏,则浮肿猝发于颜面、眼睑,然后遍及全身而成风水证。

外风证根据其病变部位的不同,有风邪袭表(太阳中风)证、风客肌肤证、风邪犯肺证、风水相搏证、风邪中络证、风毒窜络证等。根据与外风兼见证候的不同,又有风寒、风热、风火、风湿以及风痰、风水、风毒等名称。

7.1.2 实寒证

寒证有实寒、虚寒之分。虚寒证即阳虚证。实寒证是指因淋雨、涉水、衣单、露宿、食生、饮冷等感受阴寒之邪,损伤体内阳气,阻碍气血运行所产生的一类病证。多具有新病突起,病势较剧,并常有感受寒邪的原因可查等特点。

实寒证有“伤寒”、“中寒”之分。

“伤寒证”是指寒邪外袭,伤人肌表,阻遏卫阳,阳气抗邪于外所表现的表实寒证。又称外寒证、表寒证、寒邪束表证、太阳伤寒证等。“中寒证”是指寒邪直中,内侵脏腑、气血,损伤或遏制阳气,阻滞气血运行所表现的里实寒证,又称内寒证、里寒证。

临床表现 伤寒:新起恶寒重,发热轻,头身疼痛,无汗,鼻塞流清涕,口不渴,苔薄白,脉浮紧,或见肢体厥冷、拘急,关节冷痛等。中寒:新起畏寒,脘腹或腰背等处冷痛、喜暖,或见呕吐腹泻,或见咳嗽、哮喘、咯白痰,无汗,口不渴,小便清长,面色白或青,舌苔白,脉沉迟有力、或沉紧或沉弦,甚或脉伏。

辨证分析 寒为阴邪,其性清冷,能遏制阳气或损伤阳气而不消水,寒性凝滞、收引,阻碍气血运行,郁闭肌腠,阳气失于温煦,故见恶寒、疼痛、无汗、口不渴,分泌物或排泄物清稀,苔白、脉迟或紧等症。

因寒邪所犯脏腑、经络、关节的不同,临床常见的实寒证有寒邪束表证(太阳伤寒证)、寒邪客肺证、寒滞胃肠证、寒滞肝脉证、寒滞心脉证、寒凝胞宫证以及寒痹(痛痹)等。

寒常与风、湿、燥、痰、饮等病因杂合为患,表现为风寒、寒湿、凉燥、寒痰、寒饮等证。寒邪不仅常形成实寒证,而且常因寒凝气滞、寒凝血瘀,寒伤阳气而演变成虚寒证,甚至亡阳证。

7.1.3 暑　　证

暑证是指炎夏酷暑之季,感受暑热之邪所产生的一类病证。暑的性质虽与火热同类,但暑邪致病有严格的季节性,其病机、证候也与一般火热证有一定的差别。

临床表现 恶热,汗出,口渴喜饮,气短乏力,肢体困倦,小便短赤,舌红,苔黄或白,脉虚数。或兼胸闷、腹痛、呕恶、无汗,神昏、惊厥等症。

辨证分析 暑性炎热升散,耗伤津气,则见恶热,汗出,口渴喜饮,气短乏力,肢体困倦,小便短赤,舌红,苔黄或白,脉虚数等症;若暑闭气机,升降出入失调,则可见胸闷、腹痛、呕恶、无汗等症;暑闭心神,神明失主,则可见神昏、惊厥等症。

临床常见的暑证有暑湿袭表证、暑伤津气证(伤暑)、暑闭气机证、暑闭心神证(中暑)等。

7.1.4 湿　　证

湿是指外界湿邪侵袭人体,或体内水液运化失常而形成的一种呈弥漫状态的病理性物质。由湿邪所致的证候,即为湿证。有外湿、内湿之分。

临床表现 头重如裹,胸闷脘痞,口腻不渴,纳谷不馨,甚至恶心欲呕,肢体关节困重,酸痛不移,困倦思睡,或见大便稀溏,小便浑浊,或见皮肤湿痒,妇女可见带下量多。面色晦垢,舌苔滑腻,脉濡缓。

辨证分析 湿为阴邪,其性重浊、凝滞,易阻滞气机、围困清阳,故湿证以困重、闷胀、酸楚、腻浊为主要表现,病势多缠绵。若湿证由淋雨涉水、居处潮湿、冒受雾露等外湿侵袭而形成,因湿邪郁于肌表、阻滞经气,其症以肢体困重、酸痛等为主,或见皮肤湿痒,可有恶寒微热等表现,称为外湿。湿证若因脾失健运,水液不能正常输布而化为湿浊,或因过食油腻、嗜酒、饮冷等而形成,称为湿浊内生,因湿邪阻滞气机,脾胃升降失调,纳运失职,其症以脘腹痞胀、恶心呕吐、便溏等为主。然而,湿证之成,常是内外合邪而为病,故其证候亦常涉及内外。

湿的病理性质偏阴,临床多为寒湿之证;但湿郁久则易于化热,可形成湿热之证。若湿与风、暑等邪相合为病,则为风湿、暑湿、水湿、痰湿、湿毒等证。临床常见的湿证,主要有湿遏卫表证(表湿证)、寒湿凝滞筋骨证(湿痹)、湿困脾阳证、湿热蕴脾证、肝胆湿热证、肠道湿热证、膀胱湿热证、湿热下注证、痰湿犯头证等。

7.1.5 燥　　证

燥证主要是指燥邪外袭,耗伤人体律液所表现的干燥证候。又称外燥证。若因体内津液不足而产生的干燥失润证候,称为内燥证,属气血津液辨证的范畴。

临床表现 皮肤干燥甚至皲裂、脱屑,口唇、鼻孔、咽喉干燥,舌苔干燥,口渴饮水,或见干咳少痰、痰黏难咯,小便短少,大便燥结等,脉象常无特异性变化或脉细涩。

辨证分析 由于燥证是因感受外界燥邪而为病,故多见于秋季,或气候干燥少雨之地。《素问·阴阳应象大论》说:“燥胜则干。”由于气候干燥,空气中的湿度降低,与外界接触最为密切的皮肤、清窍、肺系的干燥症状为突出表现。口渴、尿少、便结等,皆为燥盛伤津所致。

燥邪的性质有偏寒、偏热的不同,临床有凉燥、温燥之分。依据燥邪侵袭的部位及症状特征,又有燥邪犯表证、燥邪犯肺证、燥干清窍证等的不同,但实际上常同时受累,而不严加区分。

7.1.6 火 热 证

火证与热证均指具有温热性质的证候,火为热之极,热为火之渐,其概念基本相同仅有轻重之别。

火热证主要有实热(实火)、虚热(虚火)之分。虚热(虚火)证即阴虚内热、阴虚火旺的证候。

实热(实火)证是指外界阳热之邪侵袭,或体内阳热之气过盛所产生的证候。多具有新病突起,病势较剧的特点。

临床表现 发热,恶热,烦躁,口渴喜冷饮,汗多,大便干结,小便短黄,面色赤,舌质红绛,舌苔黄或灰黑而燥,脉数有力(洪数、滑数、弦数)。或见各种急性出血及斑疹,或局部红肿热痛而化脓成疮疡,或狂乱妄动、神昏谵语、强直抽搐等。

辨证分析 实热(实火)证多由高温劳作,感受温热邪气,或火热烧灼伤,或过食辛辣温热之品,或寒湿等邪郁久化热,或情志过极而化火,或脏腑气机过旺等所致。火热为阳邪,其性燔灼急迫,升腾炎上,容易耗伤人体阴液,则见壮热、恶热、口渴、便秘、尿黄、面赤、舌红、苔黄、脉数有力等一派阳热有余、阴液不足的症状,甚至亡阴。热迫血妄行,则致各种出血,或使病变局部气血壅聚,血败肉腐而形成痈肿、溃烂、酿成脓液;还可表现为热极动风、火热扰闭心神等危重证候。

实热(实火)证可分为邪热外袭肌表,卫气抗邪于外的表实热证;表热传里,或表寒化热入里,或火热之邪直入脏腑、营血,或机体阳气亢盛等,则形成里实热证。实热(实火)处可表现为多个脏腑、组织的火热证候,如风热犯表证、肺热炽盛证、心火亢盛证、胃热炽盛证、热扰胸膈证、肠热腑实证、肝火上炎证、肝火犯肺证、热闭心包证、火毒入脉证、热入营血证、热(火)毒壅聚肌肤证等。在外感温热病中,又有卫分证、气分证、营分证、血分证等不同概念,说明病变的不同阶段、层次以及轻重、演变等情况。

实热(实火)常与风、湿、暑、燥、毒、瘀、痰、饮等病理变化同存,而表现为风热、风火、湿热、暑热、温燥(燥热)、火(热)毒、瘀热、痰热、热饮等证。

7.1.7 疫 疠 证 候

疫疠是中医对急性、烈性传染病的总称,疫疠证候是指感受疫疠邪气所产生的一类病证。具有发病急剧,病情险恶,传染性强,症状相似等特点。

致病特点:①传染性强,流行面广,一旦流行,疫区内无论老幼男女,触之即病;②发病急骤,病情危笃,传变迅速;③疠气多从口鼻而入,各种疠气在脏腑经络的定位有其特异性,因此,同一种疫疠的症状相似;④疠气的形成和疫疠的流行需要一定的自然、社会条件,如气候反常,洪水泛滥,战乱频仍,生活贫困,环境卫生极差等。

临床表现 病初恶寒发热俱重,继而壮热,头身疼痛,面红或垢滞,口渴引饮,汗出,烦躁,甚则神昏谵语,四肢抽搐,舌红绛,苔黄厚干燥或苔白如积粉,脉数有力。若兼头面、颈项红肿疼痛,咽喉剧痛,为大头瘟。若兼咽喉红肿糜烂疼痛,全身遍布猩红色皮疹,为烂喉痧。若兼咽喉肿痛,覆盖白膜,咳声嘶哑如犬吠,呼吸、吞咽困难,为疫喉(白喉)。若兼痉咳不止,咳剧则面色青紫,涕泪俱出,呕吐,咳止时伴鹭鸶样叫声,为疫咳(百日咳)。若兼腹痛,下痢赤白脓血,里急后重,为疫毒痢。

辨证分析 疫疠之邪从口鼻而入,或内伏膜原,表里分传,则病初恶寒发热俱重;疫毒弥漫

三焦，则壮热，头身疼痛；疠气上攻，则面红、舌红绛；秽浊疫邪上蒸，则面色垢滞，苔白如积粉；热盛迫津外泄，则汗出；热扰神明，则烦躁甚则神昏谵语；热极生风，则四肢抽搐；温热毒邪上攻头面，气血壅滞，则头面、颈项红肿疼痛，咽喉剧痛；疫毒壅滞肺胃，上攻咽喉，则咽喉红肿糜烂疼痛；疫毒外泄肌肤，则全身遍布猩红色皮疹；燥热疫毒积聚咽喉不散，则咽喉肿痛，复生白膜；白膜覆盖咽喉，则咳声嘶哑如犬吠，呼吸、吞咽困难；若内有伏痰，又感疫毒，邪伏于肺，清肃失职，则痉咳不止；咳剧则气机逆乱，出现面色青紫，涕泪俱出，呕吐，咳止时伴鹭鸶样叫声；若饮食不洁，湿热疫毒侵袭肠胃，阻滞气机，则腹痛，下痢赤白脓血，里急后重。

7.2 七情证候

七情，即喜、怒、忧、思、悲、恐、惊七种情志活动。若情志刺激太过或不及，超过了人体自身的调节能力，便伤及脏腑、气血、阴阳而产生各种疾病，表现为脏腑功能紊乱、气血失和、阴阳失调的证候，称为七情证候。

致病特点：①触遇即发，发即里证；②不同情志过激所产生伤害的脏腑及所引起的气血失调的倾向亦不同；③情志过激常导致精神性症状及身心失调性疾病，如失眠、惊悸、眩晕、头痛、脏躁、癫狂、郁证、胁痛、胃脘痛、月经不调等；④情志过激所致病证的发作、消失及轻重变化与患者的情绪波动密切相关。具体辨证内容参见脏腑辨证和气血津液辨证。

烟酒、用脑过度与中风的关系

(1) 吸烟、饮酒和中风关系

吸烟是中风的主要危险因素，这已经是肯定的结论。吸烟越多、吸烟年龄越早的人，发生中风的机会也就越多。吸烟可以使血管痉挛，血压升高，还能加速动脉硬化、促使血小板聚集，从而导致血液黏稠，血流缓慢，为中风创造了条件。所以，吸烟的人要戒烟。

酗酒的人，发生中风的可能也比一般人高出1倍。经常喝酒的人，心跳加快，血压升高，一旦脑血管破裂就会出现“出血性中风”。如此说来，酒还是喝得越少越好，最好是不要喝酒，尤其是烈性酒。

(2) 疲劳、精神紧张和中风关系

脑过度劳累时，脑部血流量增加，容易促发中风。所以，中老年人要合理用脑，避免用脑过度。

过度疲劳也是中风的常见诱因。所谓过劳，多指日常过度繁忙劳累，如有人经常工作到深夜、睡眠不足、应酬频繁、旅途劳累、看电视时间过长，都会导致中风的发生。尤其是患有高血压病、糖尿病、冠心病的人，过劳往往是中风的诱因。所以，无论工作或学习，都要张弛有度，劳逸结合，做事更要量力而为。

链接

7.3 饮食劳伤证候

饮食、劳逸是人类生存的需要，但不知调节，也能成为致病因素，导致各类疾病发生。

7.3.1 食伤证候

食伤证是指饥饱无度，饮食不节或不洁、偏嗜等导致脾胃肠功能紊乱所产生的一类病证。临床常见的有食滞胃脘证、脾胃湿热证、寒湿困脾证、寒滞胃肠证、胃热炽盛证等。具体辨证内容参见脏腑辨证。

7.3.2 劳伤证候

劳伤证候是指劳力过度、劳神过度、房劳过度或过度安逸，损伤气血、肾精，或使气血壅滞，运行不畅所产生的一类证候。常见有各脏腑的气虚证、血虚证、气滞证、血瘀证以及肾精不足证等。具体辨证内容参见脏腑辨证和气血津液辨证。

7.4 外伤证候

外伤证候是指机体外受创伤，如金刃损伤、跌扑闪挫、虫兽蜇咬等导致局部皮肉筋骨甚至内脏气血损伤所产生一类病证。

由于外伤原因很多，病证表现较为繁杂。一般轻者局部青紫、肿胀、疼痛、活动受限；重则伤筋折骨、疼痛剧烈，或伤口溃烂、坏死；若伤及脏腑气血，或全身中毒，则见吐血、下血，神昏不语，或视物模糊，牙关紧闭，四肢抽搐，呼吸困难，瞳孔散大等症。具体病证分析本书不做详细论述，请参见教材《中医外科学》。

7.5 毒 证

在中医学中，"毒"的含义可有多种。在病因学中，它可指某些特殊的致病因素；在辨证学中，又可指某些病理变化；而各种中毒还可以是疾病的病名。辨证中所说的"毒"，主要有以下含义：

1）毒指某些具有强烈传染性的特殊病因，即疫疠之气，又称毒气、疫毒等。在病机、证名中常以毒字表示，如麻毒闭肺证、疫毒攻喉证等。

2）毒指某些有毒性作用的特殊病因，常直接以毒字命名。如虫蛇毒（指有毒虫类如蜈蚣、马蜂、蛇蝎、蚊虫、蛊虫等所含的毒素）致病，有风毒窜络证、火毒入脉证等；毒虫类叮咬致虫毒侵肤证；食物中毒致食毒滞胃证等。

3）毒指邪盛病重之证。如热毒、湿毒、寒毒、火毒、痰毒等形成的各种危重病证。热毒闭肺证、毒伏膜原证等，即属此类。

4）毒指外科疮疡类疾患，如痈、疽、疔、疖、癣、流注等，常以毒字代表其病因病性。如热毒上攻头面证、邪毒流注筋骨证、脓毒壅滞肌肤证等。

7.6 脓 证

"脓"是因火热毒邪等阻滞气血运行，气血壅聚，邪毒与气血相搏而瘀积酿蒸，以致血败肉腐而形成的一种气味腥臭、质较浓稠的液状病理产物。

"脓"的证候表现，以脓液积聚为特点。位于体表的痈、疽、疮、疖等，未溃时可触及柔软有波动感的肿块（脓肿），溃破后有脓液排出。体内的痈疡，可见咳吐脓痰、呕吐脓血、脓性尿、脓血便等。多有发热等兼症，舌苔多厚腻，脉象多滑数。

对脓的辨识，不仅要辨脓的有无、未熟已熟、部位的浅深，还应脓液的质地、色泽、气味等辨别证候的性质、邪正的盛衰等。

由于脓证的病变部位、病因病性及兼症不同，临床可有脓毒蕴积肌肤证、脓痰蕴肺证、脓积胃肠证等。

7.7 虫积证

虫积证是指幼虫侵入机体，或食入虫卵在体内发育繁殖，以致阻碍脏腑气机，耗伤气血等所表现的证候。亦可作为疾病概念。

临床具体的虫病虽有多种，但中医学主要对肠虫致病的认识较为具体，辨证主要为虫积肠道证、虫积肝胆证、虫体搏结阻塞可形成虫结肠闭证，蛔虫窜扰胆膈可形成虫扰胆膈证等。

小结

1. 病因辨证是以中医病因理论为依据，通过对患者的临床表现及相关病情资料的分析、判断病因与病性的一种辨证方法。
2. 六淫证候的特点，常见临床表现及其证候分析。
3. 毒证、脓证的概念。

目标检测

一、单选题

1. 与生活接触最相关的是什么病症
A. 头痛　B. 中风　C. 水肿　D. 消渴　E. 肺痨
2. 下列哪项不属于湿证的证候
A. 全身困重　B. 口淡吐涎　C. 恶心纳呆　D. 脘腹痞胀　E. 苔腻脉滑
3. 对外燥证的下述认识，哪项不对
A. 以干燥为主要证候　B. 与内燥毫不相关　C. 多见于三秋季节
D. 干燥少雨之地常见　E. 阴液亏少之人易患
4. 下列哪项最不宜视作感受寒邪
A. 淋雨下水　B. 服寒凉药　C. 衣单露宿　D. 食生饮冷　E. 冰敷胸腹
5. 暑闭气机证的特征表现为
A. 恶热，汗出，口渴，疲乏　B. 胸闷，腹痛，呕恶，无汗　C. 神志昏迷，抽搐惊厥
D. 胸闷，腹胀，苔腻，发热　E. 恶寒，发热，身痛，无汗

二、判断题

1. 火证与热证的概念基本相同。
2. 虫积证与虫毒证的概念相同
3. 瘀血和血瘀的概念相同。

（李琳荣　杜彩凤）

8 气血津液辨证

学习目标

1. 叙述气虚、气陷、气滞、气逆、血虚、血瘀、血热、血寒、津亏、水停、痰证、饮证的含义、临床表现及辨证要点
2. 简述气血津液辨证的实质及意义
3. 说出气血津液辨证中各证的常见证名及其相互关系
4. 初步学会运用气血津液辨证理论分析典型病例

气血津液辨证就是运用中医学中有关气、血、津液的理论，根据临床病情资料，分析、判断疾病中气血津液的亏损或运行输布障碍的证候的一种辨证思维方法。气血津液辨证既是八纲在气、血、津液不同层面的深化和具体化，也是对病因辨证的不可缺少的补充。

气血津液是生命活动的物质基础，宜充足协调，运行输布正常。若某些致病因素作用导致气血津液的亏损或运行输布障碍，则产生各种气血津液证候。

8.1 气病辨证

临床常见的气病证候有气虚证、气陷证、气不固、气脱证、气滞证、气逆证等。分气虚类证和气滞类证两部分。

8.1.1 气虚类证

气虚类证包括气虚证、气陷证、气不固、气脱证。

气虚证是指元(真)气不足，气的推动、温煦、固摄、防御、气化等功能减退，或脏腑组织的功能活动减退所表现的虚弱证候。

临床表现　少气懒言，语声低微，呼吸气短，神疲乏力，或有头晕目眩，自汗，活动后诸症加重，舌质淡嫩，脉虚等。

辨证分析　气虚证的形成，常由久病、重病或劳累过度使元气耗损；或因先天不足、后天饮食失调，使元气生成匮乏；或因年老体弱，脏腑功能衰退而元气自衰等导致。元气不足，脏腑功能衰退，则气短、声低、懒言、神疲、乏力；气虚不能上荣，则头晕目眩；卫气虚弱，不能固护肤表，则自汗；“劳则气耗”(《素问·举痛论》)，故活动劳累后诸症加重；营气虚不能上承于舌，故舌淡嫩；气虚无力鼓动血行，则脉象虚弱。

由于元气亏虚，往往导致整个脏腑组织功能活动的减退，故临床上有心气虚证、肺气虚证、脾气虚证、胃气虚证、肝胆气虚证、肾气虚证等的不同，或各脏腑气虚证相兼出现，如心肺气虚证、脾肺气虚证、脾胃气虚证、肺肾气虚证等。其具体辨证内容参见脏腑辨证。

升 降 学 说

升降学说源于《内经》,《素问·六微旨大论》云:“出入废则神机化灭,升降息则气立孤危。故非出入,则无以生长壮老已,非升降,则无以生长化收藏。是以升降出入,无器不有。”书中还用升降出入理论阐发自然界的运动现象和人体的生理、病理过程,并有“结者散之”、“散者收之”、“上者下之”等治则治法。汉代张仲景把升降学说较早运用于临床,如治疗痞证的半夏泻心汤辛开苦降法,治疗太阳中风的桂枝汤调和营卫法等,都是该学说在临床运用中的体现。对升降学说从理论上阐发,则从金元诸家开始。如刘完素的玄府水火升降,张元素的药性升降,李东垣的脾胃升降,朱丹溪的五脏气血升降等,在临床运用和理论研究方面,不断充实该学说的内容,使其逐渐成为中医学的重要理论之一,引起今人的广泛重视。

链 接

气陷证,是指气虚无力升举,清阳之气不升而反下陷,内脏位置不能维固而下垂所表现的虚弱证候。气陷一般由气虚发展而来,或为气虚的一种特殊表现形式。临床以头晕眼花、耳鸣、疲乏、气短、自觉气坠感,或内脏位置下垂,或脱肛、阴挺等症为主要表现。

由于气陷一般是指中焦脾虚气陷,故临床往往称中气下陷证或脾虚气陷证。以内脏下垂为主要特征。

气不固证,是指气虚而对精、血、津液的固摄功能失职所表现的虚弱证候。本证多从气虚证发展而来。气虚卫表不固,卫外无力,肌表不密,腠理疏松,则常有自汗,容易感冒,属脾肺气虚证的范畴。气虚不能固摄血液沿脉道运行,导致各种出血,称“气不摄血”,即脾不统血证。气虚而下元固摄失职,则二便失禁、遗精、滑胎等,称为“肾气不固”,系肾气亏虚所致。以上各证均可兼气短、声低、懒言、神疲、乏力等气虚证的一般证候表现,并有各自“不固”的证候特征。

气脱证,是指元气亏虚已极,气息奄奄欲脱的危重证候。气脱乃全身功能极度衰竭的病理变化,若未能及时抢救,便会气绝而死亡。常表现为呼吸微弱而不规则,或见昏迷或昏扑,汗出不止,面色苍白,口开目合,手撒身软,二便失禁,脉微欲绝,舌质淡白,苔白润等症。气脱一般由气虚或气不固进一步发展而来,若由大失血所致者,称为“气随血脱”。气脱与亡阳常同时出现,临床表现基本相同,亡阳的主要特征为肢厥身凉,气脱的主要特征为气息微弱欲绝,故临床又常称为阳气虚脱。

8.1.2 气滞类证

气滞类证包括气滞证、气逆证、气闭证。

气滞证又称气郁证、气结证,是指人体某一部分,或全身的气机阻滞、运行不畅所表现的证候。

临床表现　胸胁脘腹等处胀闷、疼痛,时轻时重,走窜不定,一般按之无形,痛胀常随嗳气、肠鸣、矢气后而减轻,或随情绪的忧思恼怒与喜悦而加重或减轻,脉象多弦,可无明显舌象变化。

辨证分析　引起气滞的原因很多,如情志不舒,饮食失调,感受外邪,或外伤闪挫等,均可引起气机阻滞。痰饮、瘀血、宿食、蛔虫、砂石等病理物质的阻塞,也可阻碍气的运行而致气滞。阳气虚弱,阴寒凝滞,亦可使脏腑经络之气机不畅而气滞。气机阻滞,不通则痛,故气滞以胀闷、疼痛、窜痛、攻痛为主要临床表现。嗳气、肠鸣、矢气等使气机暂时得以通畅,则胀、痛等症可暂时缓解。情志不舒常可导致或加重气机失调,故症之轻重,每随情绪波动而改变。脉弦为气机不利、脉气不舒之象。

由于引起气滞的原因不同，气滞部位、病变脏腑亦有差异，故其证候表现各有特点。临床常见的气滞证有肝气郁滞证、胃肠气滞证、肝胃气滞证等。

气逆证，是指气机升降失常，气上冲逆所表现的证候。外邪、痰饮等犯肺，致肺失肃降而气逆，则见咳嗽、喘息等症，为肺气上逆证。寒、热、水饮、食积、瘀血等原因，致胃失和降而气机上逆，则见呃逆、嗳气、恶心、呕吐等症，为胃气上逆证。若因情志不遂，郁怒惊恐等，致使肝气失调，升发太过而无制，见头痛、眩晕、气从少腹上冲胸咽等，为肝气上逆证。

气闭证，是指因大怒、暴惊、忧思过极等，致使气机闭塞，出现神昏或晕厥、肢厥等症为主要特征的病证，又称神气郁闭证。或因瘀血、砂石、蛔虫、痰浊等阻塞脉络、管腔等处，表现为阻塞部位的绞痛，甚或痛而昏厥，大小便闭，呼吸气粗、声高有力、脉沉实有力等。气闭属于气的实证，病情危急深重，需积极救治。

8.2 血病辨证

血的病证表现很多，需辨清寒热虚实等病因、病性。临床常见的血病证候有血虚证、血瘀证、血寒证、血热证四类。

8.2.1 血虚类证

血虚类证包括血虚证和血脱证。

血虚证是指血液亏少，不能濡养脏腑、经络、组织而表现的虚弱证候。

临床表现　面色淡白或萎黄，口唇、眼睑、爪甲淡白，头晕眼花，心悸多梦，手足发麻，妇女经血量少色淡、衍期甚或经闭，舌质淡，脉细无力。

辨证分析　引起血虚的原因很多，或失血过多，新血一时未及补充；或脾胃运化功能减退，或进食营养不足而致生血不足；或思虑劳神太过，或是肠道有寄生虫，耗吸营养，以致阴血暗耗；或瘀血阻塞脉络，引起新血生化障碍，或造成某些局部供血不足；或久病、大病等，伤精耗气，化血之源枯竭等等。其基本机制可概括为：一是生血不足，二是耗血太多。

血液亏少，不能濡养头目，上荣舌、面，则见头晕眼花，唇、舌色淡，面色淡白或萎黄；血不养心、养神，心神不宁，则见心悸、多梦；血少不能濡养经脉、肌肤，则手足麻木，皮肤干燥，指甲色淡；血海空虚，冲任失充，则妇女月经量少、色淡、衍期甚或经闭；血虚而脉失充盈，则脉细无力。

由于心主血而肝藏血，故血虚多涉及心、肝两脏，形成心血虚证和肝血虚证。此外，血虚尚可形成血虚肠燥证和血虚肤燥生风证等。

8.2.2 血瘀证

凡离经之血液，未能及时排出或消散，而停留于某一处；或血液运行受阻，瘀积于经脉或器官组织之内，呈凝滞状态，失却生理功能者，均属瘀血。由瘀血内阻而产生的证候，称为血瘀证。

临床表现　血瘀证主要有疼痛、肿块、出血、色脉改变等表现。其疼痛状如针刺刀割，痛处不移而固定，常在夜间加重。肿块在体表者，常呈青紫色包块，在腹内者，可触及较坚硬而推之不移的肿块(称为癥积)。出血，色紫暗或夹有血块，或大便色黑如柏油状。并见面色黧黑，或唇甲青紫，或皮下紫斑，或肌肤甲错，或腹部青筋显露，或皮肤出现丝状红缕(皮肤显现红色脉络)。妇女可见经闭，或为血崩、漏下。舌质紫暗或见紫斑、紫点，或舌下脉络曲张，或舌边有青紫色条状线。脉象多细涩，或结、代，或无脉。

瘀血学说

瘀血学说是研究瘀血的病因、病机、证型、治则及方药的一门独立学科，它是中医学的重要理论之一，也是中医和中西医结合研究中最活跃的学术领域之一，特别是近20年来，由于活血化瘀疗法在临床广泛运用，取得满意效果，引起了基础医学、药学、临床医学等学科的极大兴趣与关注，使得该学说在中医学中占据越来越重要的地位。

"瘀血"两字始见于《金匮要略》，但有关瘀血的记载源于《内经》，如《灵枢》中之"恶血"。历代医家根据各自的经验，给予瘀血不同的名称，张仲景称谓"蓄血"、"干血"；巢元方称为"留血"、"积血"；朱丹溪称为"死血"，唐宗海称为"离经之血"等。当今对瘀血实质的探讨及活血化瘀的药理研究都有迅速发展，对这一学说的深入研究，将为中医学的发展，促进中西医结合，开辟新的途径。

链接

辨证分析 形成瘀血的原因很多，或外伤、跌扑及其他原因造成的体内出血，离经之血未能及时排出或消散，蓄积而为瘀血；或气滞而血行不畅，或气虚而推运血行无力，以致血脉瘀滞，形成瘀血；或血寒而使血脉凝滞，或血热而煎熬血液，以及湿热、痰火阻遏，脉络不通，导致血液运行不畅而形成瘀血。

由于瘀血内积，使气血运行受阻，不通则痛，故疼痛是血瘀证的突出症状，其痛具有刺痛、固定不移、拒按的特点。由于血属阴，主静，瘀血属阴而运行较缓，瘀阻加重，则夜间疼痛加重。积瘀不散而凝结，则可形成肿块，则外见肿块色青紫，内部肿块触之坚硬不移。由于瘀血阻滞脉络，血液不能循经运行，而溢出脉外，则形成各种出血。由于所出之血停聚未行，故色呈紫暗，或已凝结为血块。瘀阻脉络，血行障碍，面、舌、口唇、爪甲等失养，则面色黧黑，或唇甲青紫，或肌肤甲错。瘀血内阻，冲任不通，则为经闭。丝状红缕、腹部青筋显露、脉细涩，为瘀阻脉络，血行受阻之象。

根据瘀血阻滞部位的不同，临床常见的血瘀证有心脉瘀阻证、瘀阻脑络证、肝血瘀证、瘀阻胞宫（精室）证、下焦瘀血证、瘀滞肌肤证；瘀滞筋骨证等。

8.2.3 血 热 证

血热证是指火热炽盛，热迫血分所表现的实热证候。常见于外感温热病的最深重阶段，称为"血分证"。

临床表现 咳血，吐血，衄血（鼻衄、齿衄、舌衄、肌衄），尿血，便血，月经过多，崩漏等急性出血症。血色鲜红质稠，或局部皮肤、肌肉等组织的痈疽疮疖及内脏的痈肿等，伴心烦、口渴、身热、舌红绛，脉滑数。

辨证分析 热在血分，迫血妄行，则咳血，吐血，衄血（鼻衄、齿衄、舌衄、肌衄），尿血，便血，月经过多，崩漏等；血行壅聚，伤阴耗液，则见局部皮肤、肌肉等组织的痈疽疮疖及内脏的痈肿等；心烦、口渴、身热、舌红绛，脉滑数或弦数为热盛津伤的表现。

8.2.4 血 寒 证

血寒证是指寒邪客于血脉，凝滞气机，血液运行不畅所表现的实寒证候。

临床表现 手足冷痛、肤色紫暗发凉，或少腹拘急冷痛，喜暖畏寒，得温痛减，或月经衍期、经色紫暗、夹有血块，舌紫暗，苔白，脉沉迟而涩。

辨证分析　寒性收引、凝滞。寒邪入血,血脉收引,血液凝滞,运行不畅,则手足冷痛、肤色紫暗发凉,或少腹拘急疼痛,或月经衍期、经色紫暗、夹有血块等症。热能消寒,故畏寒喜暖,得温痛减。舌紫暗,苔白,脉沉迟而涩,均为寒凝血脉,血运不畅之象。血寒证以寒症,局部拘急剧痛、得温痛减,舌淡紫、苔白,脉沉迟弦涩等为审证依据。

临床常见的血寒证有寒滞肝脉证、寒凝胞宫证以及寒凝脉络证等。

8.3 津液病辨证

津液病辨证,是根据中医学有关气血津液的基本理论,综合分析、归纳病情资料,从而判断疾病中有无津液亏虚或水液停聚证候的辨证方法。

津液的病变,可以由各种病因的直接侵扰而导致,亦可间接由脏腑功能的失常而形成。津液的生成不足或丧失过多,滋养濡润功能失职,则形成津液亏虚证;津液的输布、排泄障碍,就会导致水液停聚,形成湿、水、饮、痰等病理产物,并进而影响脏腑的功能,产生痰证、饮证、水肿等病证。

8.3.1 津液亏虚证

津液亏虚证是指体内津液不足,脏腑组织官窍失却津液的滋养和充盈所表现的干燥证候。又称津液不足证。津液亏损程度较轻,主要是水分丢失者,一般称为伤津或津亏;津液亏损程度较重,不仅水分丢失,且机体的某些精微营养物质亦受损者,一般称为液耗或液脱,但临床多通称津液亏虚证而不严格区分。

临床表现　口燥咽干,唇焦或裂,眼球深陷,皮肤干燥甚或枯瘪,渴欲饮水,小便短少,大便干结难解,舌红少津,脉细涩或细数。

辨证分析　津液亏虚多因高热、大汗、呕吐、多尿、烧伤等,耗损津液过多,或阳气偏亢,暗耗津液所致,亦可因饮水过少,脏气虚衰,津液生化不足而形成。津液亏少,不能滋养濡润组织官窍,则见咽干、唇焦、眼球深陷、皮肤干瘪、尿少便结等一派干燥津少的症状;阴液亏少不能遏制阳气,或尚有火热之邪为害,则见舌红、脉细数等症。

由于津液不足,脏腑组织失却滋润而呈现干燥现象是其主要特征,故津液亏虚属燥证的范畴,但与感受燥邪所形成的外燥证不同,又称为内燥证。津液又是体内阴液的主要组成成分,津液不足可演变成阴虚,故又可将其归属于阴虚的范畴。可见,燥(外燥)证、津液亏虚证、阴虚证之间有着密切的关系,可相互影响,应仔细辨析。

根据脏腑津亏的具体部位不同,临床常见的津液亏虚证有肺燥津伤证、胃燥津亏证、肠燥津亏证等。津液亏虚日久,可伤及阴血,形成津枯血燥、津亏血瘀、气随津脱、津气亏虚等证候。

8.3.2 痰　　证

"痰"是由水液内停而凝聚所形成的病理性产物,其质黏稠,流动性小,易停阻于脏腑组织之间,或流窜全身而形成痰证。

临床表现　咳嗽咯痰,痰质黏稠,胸脘痞闷,恶心纳呆,呕吐痰涎,头晕目眩,形体多肥胖,或神昏而喉中痰鸣,或神志错乱而为癫、狂、痴、痫,或某些部位出现圆滑柔韧的肿块,如瘿瘤、瘰疬、乳癖、梅核气等,舌苔腻,脉滑。

痰饮学说

痰饮学说是阐述痰饮产生的原因、致病机制及其辨证论治的理论。这一学说经过历代医家的实践和总结，内容涉及基础理论和临床各科，逐渐成为中医理论中有特色的组成部分。

饮之说始于《内经》。东汉张仲景《金匮要略》把饮证分为痰饮、悬饮、溢饮、支饮四类，论有 41 条，治有 4 法 19 方，为痰饮学说奠定了基础。隋代巢元方把痰证与饮证分别归类。宋代医家对痰饮形成的主要原因有进一步发展。金元时期，张子和对痰证作了较详细的分类论述，他认为痰证有五种，即风痰、热痰、湿痰、酒痰和食痰，多采用吐下两法治之。朱震亨在此基础上提出痰病有十，要根据痰所在的不同部位和性质予以治疗，明清时期，经许多医家不断总结，痰饮学说便日趋系统和完善。

链接

辨证分析　痰的形成，多由外感六淫邪气、饮食不当、情志刺激、过劳体虚、过逸少动等各种因素影响肺失宣降、脾失健运、肾虚不化以及相关脏器的气化功能失司，以致水液输布障碍而停聚，或被寒凝、或受火煎，凝结浓缩而成。"肺为储痰之器"，痰浊停聚于肺，则咳嗽、胸闷、咯痰；痰浊中阻，胃失和降，则脘痞、纳呆、泛恶呕吐痰涎；痰质黏稠，流动性小而难以消散，故常停积于某些局部，则形成瘿瘤、瘰疬、乳癖、梅核气等。痰亦可随气而流窜全身，如痰蒙清窍，则头重眩晕；痰浊蒙蔽心神，则见神昏而痰鸣，或发为癫、狂、痴、痫等病；痰泛于肌肤，则见形体肥胖。苔腻、脉滑，为痰浊内阻的表现。

痰浊为病，颇为复杂，见症多端，故有"百病多因痰作祟"、"怪病多痰"等说法。根据痰的性状及兼症的不同，痰证有寒痰、热痰、湿痰、燥痰以及风痰、痰瘀、脓痰之别，临证应予详辨。

临床上常见的痰证有痰蒙心神证、痰热闭神证、痰火扰神证、痰阻心脉证、痰阻胸阳证、痰浊阻肺证、痰热壅肺证、痰热结胸证、痰热腑实证、燥痰结肺证、痰浊犯头证、痰阻胞宫（或精室）证、痰湿内盛证、痰阻经络证、痰湿凝结肌肤证、风痰闭神证、风痰阻络证、痰瘀阻络证、痰气郁结证、脓痰蕴肺证等。

8.3.3 饮　证

"饮"是指体内水液停聚而转化成的病理性产物，其质地较痰为清稀，流动性较大。饮邪停聚于胃肠、心肺、胸胁等脏腑组织之间所形成的证候，即为饮证。

临床表现　或为脘腹痞胀，水声辘辘，泛吐稀涎或清水；或咳嗽气喘，痰多而质稀色白，胸闷心悸，甚或喉中有哮鸣声；或胸胁饱满，支撑胀痛，呼吸、咳嗽、转侧时牵扯疼痛；或肢体浮肿，沉重酸痛，小便不利；并可见眩晕、舌淡嫩、苔白滑、脉弦等。

辨证分析　饮的形成，可直接由外邪侵袭脏腑，水液气化不利，停聚而生；或因中阳素虚，或复因饮食不慎、外邪内侵，以致水液转输、敷布发生障碍，停聚为病。饮邪停聚的部位不同，可见不同的症状。饮邪停于胃肠，气机传化不畅，则见痞胀满闷，或水声辘辘，泛吐稀涎或清水，为狭义的痰饮；饮停于心肺膈间，气机受阻，宣降失职，则咳嗽气喘，甚则喘不得平卧，痰多而质稀色白，胸闷心悸，甚或喉中有哮鸣声，为支饮；饮停于胸胁，则胸胁饱满，支撑胀痛，呼吸、咳嗽、转侧时牵扯疼痛，为悬饮；饮溢四肢肌肤，则肢体浮肿，沉重酸痛，小便不利，为溢饮；饮阻清阳，则头晕目眩；饮阻气机，则舌淡嫩、苔白滑、脉弦。饮邪的性质一般偏寒，属阴，临床以寒饮多见，亦有兼见热象而为热饮者，需仔细辨析。

根据饮停部位的不同，临床主要有寒饮停肺证、饮停心包证、饮停胸胁证、饮留胃肠证等。

8.3.4 水停证

人体内的水,有生理性、病理性之分。生理性的水是指人体内的一切正常水液,具有滋润、濡养作用;病理性的水,是指因肺、脾、肾等脏腑功能失常,水液输布障碍而停聚形成的病理性产物。其质地较饮更清稀,流动性大,可泛滥肌肤腠理等组织间隙及停蓄于空腔中,并可随体位变动而波动。

临床表现　水肿,或见于下肢,或见于颜面眼睑,甚或全身皆肿,按之凹陷不起;或水停于胸腹腔而见胸闷、腹满如鼓,叩之声浊;并随体位改变而流动,并见小便短少、不利,舌苔润滑,脉濡缓。

辨证分析　病理性水液的形成,或因外邪侵袭,或因正气亏虚。如风邪外袭,使肺气宣降失司,上窍不开而水道不通;或水湿内侵,阻碍脾的运化功能,以致水液停聚;或劳倦内伤、房事不节、病久正虚、过用攻伐等原因,导致脾肾阳虚,不能温化水液,而致水液泛滥,皆可发为水肿。此外,瘀血、砂石等邪阻经脉,亦可影响水液的正常运行,使水液停蓄于胸、腹腔等部位而为病。

水为有形之邪,泛溢肌肤,则为水肿,肿而按之凹陷不即起;水液内停而下注量少故小便不利。水停于胸、腹腔等部位,因水的流动性大、趋于低处,则水肿可随体位而改变。苔滑、脉缓皆为水湿之症。

虽然病理性的水属阴性致病物质,但因其产生的原因有外感、内伤的不同,发病有缓急轻重的差异,病性有寒热虚实的区别,临床又有阴水、阳水之分。根据患者的肿势特点及伴随症状,可详加辨析。

一般起病急,先从眼睑、头面肿起,迅速蔓延全身,皮薄光亮,以上半身肿甚者,为阳水。多伴有风邪侵袭肺卫的卫表证表现。起病较缓,先从足部肿起,逐渐蔓延全身,皮色不变,腰以下肿甚者,为阴水。多伴有脾肾阳虚的证候表现。

临床上常见的水停证有风水相搏证、脾虚水泛证、肾虚水泛证、水气凌心证等。

8.4 气血津液兼证辨证

气属阳,血、津液属阴,气和血、津液之间存在着阴阳既对立又统一的辩证关系。血和津液同属阴,两者生理上互相补充和转化,病理上彼此累及和影响。因此,在疾病过程中,气、血、津液的病变既可互为因果,亦常兼挟并见,形成多种兼病证型。

8.4.1 气血两虚证

气血两虚证是气虚证和血虚证同时存在的复合证候。本证可由先天禀赋不足,后天劳倦太过,饮食失调,久病失养,或失血过多所致。

临床表现　面色淡白无华或萎黄,气短懒言,眩晕心悸,神疲乏力,失眠健忘,唇爪色淡,或食少无味,形体消瘦,或手足麻木,肢体酸困,舌淡苔薄白,脉细弱。

辨证分析　本证以气虚证与血虚证并见为诊断依据。气和血互根互化,气虚不能生血,血虚不能化气,最终导致气血两虚。少气懒言、神疲乏力、自汗及脉弱等是气虚的主要表现;面色萎黄或淡白,舌淡,脉细等是血虚不能充盈脉络的主要表现。心主血藏神,血虚心神失养则心悸失眠。在辨证时,除掌握气血两虚的证候外,尚须结合脏腑辨证,察明病变与哪些脏腑有关,寻找原发病,以揭露病变本质,才能使治疗更有针对性。

8.4.2 气虚血瘀证

气虚血瘀证是气虚运血无力导致血液瘀滞于体内所产生的证候,属本虚标实证。

临床表现 面色淡白无华或晦滞青灰,神疲乏力,气短懒言,食少纳呆,或局部青紫、肿胀、刺痛不移而拒按,或肢体瘫痪、麻木,或可触及肿块而质硬,舌淡紫或有瘀点、瘀斑,脉细涩。

辨证分析 本证虚中夹实,以气虚和血瘀的证候表现为辨证要点。由于各种原因导致脏腑气机衰减,气虚推动无力,血行不畅而瘀滞。面色㿠白,身倦乏力,少气懒言,为气虚之症。气虚运血无力,血行缓慢,终致瘀阻络脉,故面色晦滞。血行瘀阻,不通则痛,故疼痛如刺,拒按不移。临床以心肝病变为多见,故疼痛出现在胸胁部位。气虚舌淡,血瘀紫暗,沉脉主里,涩脉主瘀,是为气虚血瘀证的常见舌脉。

8.4.3 气不摄血证

气不摄血证是气虚摄血无力导致血液溢于脉外的证候。本证气虚为因,出血为果,虽可视为气血兼病,然而也可视为本章 8.1 气病辨证内容中“气不固证”的一个方面。

临床表现 吐血、便血、尿血、齿衄、肌衄、崩漏等慢性出血,面白无华,气短懒言,神疲乏力,头晕心悸,食少纳呆,腹胀便溏,舌淡嫩苔薄白,脉弱或芤。

辨证分析 本证以出血和气虚证共见为诊断依据。气为血帅,其能统摄血液使其能正常循行于经脉之中。如气虚统摄无权,致使血液离经外溢,故见出血证。溢于胃肠,便为吐血、便血;溢于肌肤,则见皮下瘀斑。脾虚统摄无权,冲任不固,渐成月经过多或崩漏。气虚则出现气短、倦怠乏力,血虚则面色无华。舌淡,脉细弱是气血皆虚之象。

8.4.4 气随血脱证

气随血脱证是由于大失血而引起气脱的危重证候。本证大失血(也称血脱证)为因,血为气母,血亏则气无所附,终致气脱的严重后果。

临床表现 大量出血(如吐血、鼻衄、咯血、便血、崩漏、产后大出血、创伤出血等)的同时,出现面色苍白,气少息微,大汗淋漓,四肢厥冷,神情淡漠或昏愦,二便失禁,舌淡而枯瘦,脉微欲绝或浮数无根。

辨证分析 血为气母,血以载气,因此,大出血的同时,气亦随之耗散。而一旦气虚达到某一严重程度时,便可引发气脱证。肺气衰竭,则气少息微;心气衰竭,则面色苍白,大汗淋漓,神情淡漠或昏愦,脉微欲绝;肾气衰竭,则二便失禁;阳气散越大虚,则四肢厥冷,脉浮数无根。本证虽起于失血,但气脱证表明生命已至垂危关头,故诊断和治疗应以气脱证为先为急,此即所谓“有形之血不能速生,无形之气所当急固”的本意。

8.4.5 气滞血瘀证

气滞血瘀证是由于气机郁滞而导致血行瘀阻的复合证候。本证常气滞在先为因,血瘀在后为果;然而也有先血瘀而致气滞者。

临床表现 身体局部痞满、胀痛、窜痛,继之出现刺痛、拒按而不移;或肿块坚硬,局部青紫肿胀;或情志抑郁,急躁易怒,健忘失眠,甚则狂乱;或面色晦暗青紫,皮肤青筋暴露或见丝状血缕,肌肤甲错;或妇女乳胀、痛经、闭经、产后恶露不尽,血色紫暗夹有血块;舌紫暗或有瘀点、瘀斑,脉弦涩或结代。

辨证分析　本证以情志不舒,同时伴有胸胁胀闷、刺痛,女子月经不调为诊断要点。肝主疏泄而藏血,具有条达气机,调节情志的功能,情志不遂或外邪侵袭肝脉则肝气郁滞,疏泄失职,故情绪抑郁或急躁,胸胁胀闷,走窜疼痛;气为血帅,肝郁气滞,日久不解,必致瘀血内停,故渐成胁下痞块,刺痛拒按;肝主藏血,为妇女经血之源,肝血瘀滞,瘀血停滞,积于血海,阻碍经血下行,经血不畅则致经闭、痛经。舌质紫暗或有瘀斑,脉涩,均为瘀血内停之症。

8.4.6　气虚津泄证

气虚津泄证是气虚不能固摄津液而导致津液过度外泄的证候。津液与精、血皆由气统摄,因而本证也可视为本章 8.1 气病辨证内容中所述“气不固证”的一个方面。

临床表现　气短息弱,声低懒言,神疲乏力,自汗不止,或尿频清长、遗尿或尿后余沥不尽,或咯吐大量清稀痰涎,大便溏薄或久泻,或妇女带下清稀量多,或涕泪清稀量多,舌淡苔薄白,脉缓弱。

辨证分析　津液的常规排泄物包括汗、尿、唾、涕、泪、白带、大便等,其排泄活动主要由脏气所控制。因此,脏气虚弱则固摄津液的功能减退,以致排泄过多、过频而质地清稀。若肺卫气虚,则自汗不止,鼻流清涕,咳吐大量稀痰;脾胃气虚,则呕吐清涎,便溏或久泻,带下清稀量多;肾气虚,则尿频清长,遗尿或尿后余沥不尽,甚则小便失禁。而气短息弱、声低懒言、神疲乏力、舌淡苔薄白、脉缓弱,均属一般气虚的表现。

8.4.7　气随津脱证

气随津脱证是因津液严重外泄导致气脱的危重证候。本证与气虚津泄证的因果关系相反,津液的急剧或长期丢失为因,气脱为果。

临床表现　在大汗不止、尿频清长、暴泻久泻或反复呕吐等病程中,出现面色苍白,气息微弱,神情淡漠或昏愦,四肢厥冷,全身软瘫,舌淡瘦而干,脉微欲绝或芤。

辨证分析　津液能化气、载气,因此,津液大量、急速的耗失,可引起气的暴脱而发生气脱证。长期大量的出汗、排尿、呕吐或泄泻等皆是津液急剧耗损的途径,而气息微弱、大汗淋漓、神情淡漠或昏愦、四肢厥冷、全身软瘫、脉微欲绝等皆是气脱证的表现。舌淡瘦而干、脉芤,为气津两伤之征。气脱为死亡的前奏,应看作本证的主要矛盾而优先考虑,此时津液外泄反而处于次要地位。

8.4.8　气滞津停证

气滞津停证是指气机阻滞导致津液内停的复合证候。本证气滞证先见为因,津液内停所形成的痰证、饮证、水证、湿证为果。

临床表现　由气滞证和津液内停证结合组成。前者主要表现为胀满、痞闷、胀痛;后者的表现,分别参阅上节的痰证、饮证、水证及湿证。

证候分析　气的推动和气化功能是津液运行输布和排泄地动力和前提,故气行则津行,气滞则津停,并转化为痰、饮、水、湿等内生病邪,进而分别形成痰证、饮证、水证及内湿证。具体的证候分析可参阅上节“津液内停证”的相关内容。一般来说,本证的表现以津液内停的表现为主,而气滞的表现则为次要方面。

8.4.9 津血俱亏证

津血俱亏证是津液亏虚证和血虚证同时存在的复合证候。人体内津、血互化、互补,故津亏可致血虚,反之,血虚亦可致津亏,最终形成津血俱亏证。

临床表现 口唇、鼻腔、咽喉、皮肤干燥或燥裂,毛发干枯,口渴喜饮,小便短少,大便干结,面、唇、爪甲淡白无华,头晕眼花,心悸怔忡,心烦失眠,手足麻木,四肢拘急,形体消瘦,舌淡嫩而干瘦,脉细数无力。

辨证分析 津液亏损,则肌肤、孔窍失于濡润,故口唇、鼻腔、咽喉、舌苔、皮肤干燥,甚至干裂,毛发干枯,形体消瘦;脏腑缺乏津液的滋养,则口渴,尿少,便结。血液亏虚,头脑、心脏失养而心神不安,则面唇淡白无华、头晕眼花、心悸怔忡、心烦失眠;肌肤、筋脉得不到足够津、血的濡养,则手足麻木,四肢拘急。舌淡瘦、脉细数无力,均为津血不足之征。若津亏导致血虚,以津亏证为主;若血虚导致津亏,则以血虚证为主。

8.4.10 痰瘀互结证

痰瘀互结证是指痰浊和瘀血互结而停滞于人体某一部位所引起的复合证候。痰瘀互结的常见部位为心、脑、肺、肝、胃、肠及关节等。

临床表现 起病缓慢,病情顽固,病势缠绵,或肿块坚硬难消,或肢体麻木、偏瘫,或局部持续性胀痛、刺痛、闷痛,痛处拒按不移,或痴呆癫狂,或胸闷脘痞,喉中痰鸣,或关节肿大变形,面色晦暗无华,舌淡紫、紫暗或有瘀斑,苔厚腻,脉弦滑或沉涩。上述症状多出现于一些疑难重病之中,如胸痹、中风、痴呆、瘿瘤、癥积、尪痹等。

辨证分析 痰为津聚的产物,瘀为血滞的产物,两者俱属阴邪,在一定条件下,痰阻可致血瘀,瘀阻也可致痰聚,或者痰、瘀两邪在体内相遇而胶结难解,故病情顽固,病势缠绵。痰瘀结于心脑,则心胸闷痛、绞痛,或头目胀痛、痴呆、癫狂、偏瘫;痰瘀结于肺,则胸闷、胸痛、咳喘、喉中痰鸣;痰瘀结于腹中,则腹部癥积坚硬难消,刺痛拒按;痰瘀结于经络、关节,则见瘿瘤、关节肿大变形、肢体麻木;而面色晦暗无华,舌淡紫、紫暗或有瘀斑,苔厚腻,脉弦滑或沉涩,俱属痰浊、瘀血内停之象。

小结

1. 气血津液辨证就是运用中医学中有关气、血、津液的理论,分析临床病情资料,判断疾病中气血津液的亏损或运行输布障碍的证候的一种辨证思维方法。
2. 气病辨证:气虚证、气陷证、气不固证、气脱证、气逆证、气滞证、气闭证。
3. 血病辨证:血虚证、血瘀证、血寒证、血热证。
4. 津液病辨证:津液亏虚证、痰证、饮证、水肿的分类鉴别。
5. 气血同病的证候:气滞血瘀证、气虚血瘀证、气血两虚证、气不摄血证、气随血脱证。

目标检测

一、填空题

1. 气的虚证包括①______、②______、③______、④______。
2. 胃气上逆的主症是①______、②______、③______、④______；肺气上逆的主症是⑤______、⑥______、⑦______。
3. 气血同病的证候有①______、②______、③______、④______、⑤______。
4. 血瘀证的成因有①______、②______、③______、④______、⑤______。
5. 痰蒙心神的常见证候有①______、②______、③______、④______、⑤______。
6. 痰浊为病复杂多端，故前人有①______、②______的说法。
7. 临床上极其危重的虚证有①______、②______、③______、④______、⑤______。

二、问答题

1. 气虚证与气陷证有何联系与区别？
2. 根据痰的性状不同有哪些分类？
3. 饮和水所停积的部位有何不同？

三、判断题

1. 气虚血瘀属本虚标实证。
2. 瘀血和血瘀的概念相同。

四、病案分析题

1. 患者，某男，10年前曾在有血吸虫钉螺的疫水中劳作，之后长期腹胀腹泻、胁痛、胁下痞块，腹部胀大，青筋显露，肢体消瘦，食少神疲，倦怠乏力，头晕眼花，面色萎黄，舌淡紫，脉弦涩。

   要求：分析病因病性，作出证名诊断。
2. 患者，某男，34岁，急起呕吐、腹泻3小时，呕、泻10余次，吐泻物如米泔水，皮肤干瘪，眼球深陷，口渴引饮，小腿转筋，神疲气短，小便极少，血压降低，脉微细。

   要求：写出主诉、病名、证名，并作分析。

（杜彩凤）

9 脏腑辨证

学习目标

1. 阐述各脏腑的病变范围和病机特点。阐述各脏腑常见证的含义、临床表现和病机
2. 简述脏腑辨证的概念、基本方法、意义及运用范围
3. 简述脏腑之间的发病关系
4. 初步学会运用脏腑辨证知识对临床典型病例进行辨证

脏腑辨证,是在认识脏腑生理功能和病理变化的基础上,对四诊所获得的临床资料进行综合分析,以判断疾病的病因病机,确定脏腑证型的一种辨证方法。简言之,即以脏腑为纲,对疾病进行辨证。

脏腑辨证的内容较为系统、完整,纲目清楚,明确具体,是中医诊察、识别疾病证候的基本方法,亦是临床各科进行诊断的重要基础,是中医临床辨证论治的核心部分,在中医学辨证体系中占有突出的地位。

9.1 心与小肠病辨证

心居胸中,心包络护卫于外,为心主之宫城。其经脉循臂内侧后缘,下络小肠,两者互为表里。主要生理功能:一是主血脉,具有推动血液在脉中运行不息的作用;二是主神明,为人体精神和意识思维活动的中枢。心开窍于舌、其华在面。小肠分清泌浊,具有化物的功能。

玉米与心血管病

胸痹、真心痛等疾病类似于现代医学之冠心病、心肌梗死等心血管系统疾病。随着生活水平逐渐提高,生活节奏日益加快,心血管疾病的患病率及病死率呈逐年上升趋势,但资料表明:居住在美洲的印第安人向来不患动脉硬化症,也无人患高血压病、冠心病,多项调查研究发现,他们主要得益于平日的主食——玉米。

玉米中富含钙、镁、卵磷脂、谷物醇、亚油酸及维生素 E 等,能够降低血清胆固醇,软化血管,增加弹性,从而有效降低心血管疾病的发病率。

具有类似作用的食物还有:花生、何首乌、大蒜、香菇、黄豆、黑木耳、山楂等。

链接

心的病变主要反映在心脏本身及其主血脉功能的失常和精神意识思维活动的异常。所以,临床以心悸、怔忡、心烦、心痛、失眠、多梦、健忘、神昏、神识错乱、脉结代或促等为心病的常见症状。此外,某些舌体病变,如舌痛、舌疮等,亦常归属于心。

心病的证候有虚实之分。虚证多由思虑劳神太过,或先天不足,脏气虚弱,久病伤心,导致心气虚、心阳虚、心阳暴脱、心血虚、心阴虚;实证多由痰阻、火扰、寒凝、气郁、瘀血等原因,导致心火亢盛、心脉痹阻、痰蒙心窍及痰火扰心证。

9.1.1 心气虚、心阳虚与心阳暴脱

心气虚、心阳虚、心阳暴脱证是心脏功能衰减由轻到重的三个不同阶段,多由久病体虚、暴病伤正、禀赋不足或高年脏气亏虚等因素引起。心气虚单纯表现为心脏功能不足,如心悸、气短、自汗等;心阳虚除有心气虚的症状外,必兼虚寒之症;心阳暴脱证是指心阳衰极,阳气暴脱所表现的危重证候,突出表现有亡阳虚脱之象。三者相互联系,必须认真鉴别。

临床表现　心悸、气短、精神疲惫,活动后加重,面色淡白,或自汗、舌质淡、脉虚,为心气虚。若兼见畏寒肢冷,心胸憋闷或痛,唇舌青紫,脉微细,为心阳虚。若突然冷汗淋漓,四肢厥冷,呼吸微弱,面色苍白,或心痛剧烈,口唇青紫,脉微欲绝,甚或神志模糊,昏迷不醒,则是心阳暴脱的危象。

辨证分析　心气不足或心阳不振,心脏鼓动无力,心动异常而心悸。伴见气短、精神疲惫、活动后加重,面色淡白、自汗、舌淡、脉虚等气虚表现者为心气虚证。心阳虚衰,温运失职,血行不畅见心胸憋闷或痛,唇舌青紫;伴见畏寒肢冷,脉微细等阳虚表现者为心阳虚证。在心阳虚见症的基础上,突然出现心阳暴脱,故见冷汗淋漓,四肢厥冷,呼吸微弱,面色苍白,脉微欲绝,神志模糊,昏迷不醒等亡阳之征。

9.1.2 心血虚与心阴虚

心血虚与心阴虚,是指心血不足与心阴亏虚,不能濡养心脏而表现的证候。常由久病耗损阴血,或失血过多,或阴血生成不足,或情志不遂,气火内郁,暗耗阴血等因素引起。心血虚证以心动失常、神志异常和血虚证为审证要点;心阴虚证以心动失常、神志异常和阴虚证为审证要点。

临床表现　心悸、怔忡、失眠、健忘多梦,为心血虚与心阴虚的共有症。若兼见眩晕,面色淡白无华或萎黄,唇、舌色淡,脉象细弱等症,为心血虚。若兼见五心烦热、潮热、盗汗、两颧发红、舌红少津,脉细数,为心阴虚。

辨证分析　心阴虚或心血虚,心失所养,心动不安而见心悸、怔忡;神失所养,见健忘、失眠、多梦。伴见血虚不荣的一般症状,即眩晕,面色淡白无华或萎黄,唇、舌色淡,脉细弱者为心血虚。具有阴虚阳亢、虚热内生表现,如五心烦热、潮热、盗汗、颧红、舌红少津,脉细数者为心阴虚。

9.1.3 心火亢盛

心火亢盛证,是心火内炽所表现的实热证候。因七情郁结,气郁化火,或火热之邪内侵,或嗜肥腻厚味以及烟酒等物,久而化热生火所致。

临床表现　心烦失眠,面赤口渴,溲黄便干,舌尖红绛,或生舌疮、糜烂疼痛,脉数有力。或见狂躁谵语,或见吐血、衄血,或见肌肤疮疡,红肿热痛,或见小便赤涩灼痛。

辨证分析　本证是以心经及舌、脉等有关组织所表现的实热证为审证要点。火热内扰心神,轻者心烦失眠,重者狂躁谵语;循经上炎,见舌尖红绛,或生舌疮、糜烂疼痛;热邪迫血妄行,

见吐血、衄血；火毒壅滞脉络，局部气血不畅，见肌肤疮疡，红肿热痛；心火下移小肠，则小便赤涩灼痛，兼见面赤口渴，溲黄便干，脉数有力等实热症状。

9.1.4 心脉痹阻

心脉痹阻证，是指由瘀血、痰浊、阴寒、气滞等因素阻痹心脉，而出现以心悸怔忡，胸闷或痛为主症的一类证候。本证多因正气先虚，心阳不振，心失温养，心动失常，有形之邪阻于心脉所致。因其成因不同，又有瘀阻心脉证、痰阻心脉证、寒凝心脉证、气滞心脉证等名。

临床表现　心悸怔忡，心胸憋闷作痛，痛引肩背内臂，时作时止。或见痛如针刺，舌暗或有青紫斑点，脉细涩或结代；或为心胸闷痛，体胖痰多，身重困倦，舌苔白腻，脉沉滑或沉涩；或遇寒痛剧，得温痛减，形寒肢冷，舌淡苔白，脉沉迟或沉紧；或疼痛而胀，胁胀，常喜太息，舌淡红，脉弦。

辨证分析　心脉痹阻证以心胸部憋闷疼痛，痛引肩背内臂，时发时止为审证要点。由于阳气不足，血液运行无力，容易继发瘀血内阻，痰浊停聚，阴寒凝滞，气机阻滞等病理变化，以致心脉痹阻，气血不得畅通，故见心悸怔忡，心胸憋闷作痛，痛引肩背内臂。本证多属本虚标实。瘀血阻滞心脉则痛如针刺，舌暗或青紫斑点，脉细涩或结代；痰阻心脉则闷痛，体胖痰多，身重困倦，苔白滑，脉沉滑或沉涩；寒凝心脉则剧痛，得温痛减，形寒肢冷，舌淡苔白，脉沉迟或沉紧；气滞心脉则胀痛，胁胀，善太息，脉弦。

9.1.5 痰迷心窍

痰迷心窍证，是痰浊蒙闭心窍表现的证候。多由感受湿浊之邪，阻遏气机，或因情志不遂，气机郁滞，气不行津，津聚为痰，或痰浊挟肝风内扰而引起。

临床表现　面色晦滞，脘闷作恶，神志模糊，语言不清，喉有痰声，甚则昏不知人，舌苔白腻，脉滑。或精神抑郁，表情淡漠，神志痴呆，喃喃自语，举止失常。或突然扑地，不省人事，口吐痰涎，喉中痰鸣，两目上视，手足抽搐，口中如做猪羊叫声。

辨证分析　痰迷心窍证以神志不清，喉有痰声，舌苔白腻为审证要点。外感湿浊之邪，郁遏中焦，酿而为痰，上迷心窍，见面色晦滞，脘闷作恶，意识模糊，语言不清，喉有痰声，甚则昏不知人，舌苔白腻，脉滑。肝气郁结，气郁生痰，痰浊上蒙心窍，表现为精神抑郁，表情淡漠，神志痴呆，喃喃自语，举止失常之癫病。或因脏腑功能失调，平素痰浊内伏心经，一旦肝风内盛，则痰随气升上迷心窍，故突然扑地，不省人事，口吐痰涎，喉中痰鸣，两目上视，手足抽搐，口中如作猪羊叫声，此为痫病。

9.1.6 痰火扰心

痰火扰心证是指痰火内扰心神所出现的证候。多因精神刺激，思虑郁怒，气郁化火，炼液为痰，痰火内盛；或外感热邪，热灼液熬为痰，痰热内扰所引起。

临床表现　发热气粗，面红目赤，痰黄稠，喉间痰鸣，躁狂谵语，舌红苔黄腻，脉滑数；或见失眠心烦，痰多胸闷，头晕目眩；或见语言错乱，哭笑无常，不避亲疏，狂躁妄动，打人毁物，力逾常人。

病案举例

患者,张某,男,25岁,农民。2年来间发性精神异常,病情发作时喜怒无常,突然变得高兴愉快,出入歌唱,见到人好说好笑,表现较热情,什么事都要管,终日忙忙碌碌,东抓一把,西摸一把,但什么也做不好,与人说起话来纠缠不休,常在女青年面前说些放肆话。如果有人劝阻,却引起粗暴无礼,甚则打人、骂人,不论亲疏,行为怪僻,经常惹祸。犯病时不眠不休,多食狂饮。诊断为:躁狂型忧郁症精神病、躁狂状态。望诊:两目炯炯有神,舌质红,舌尖红刺,舌苔白,舌中沟裂。絮语繁杂,脉弦数。证属肝郁化火,痰火内结,邪扰神明。治宜解郁降火,化痰宁神。

处方:生龙骨 生牡蛎 龙胆草 炒山栀子 黄芩 黄连 生地 当归 丹参 元参 朱麦冬 远志 菖蒲 天竹黄

上方服20剂,精神症状消失。

链接

辨证分析　痰火扰心证,其中外感热病以高热、痰盛、神志不清为审证要点。内伤杂病中,轻者以失眠心烦为审证要点,重者则出现神志狂乱,称为狂证。外感热病,痰火扰心,心神昏乱,故躁狂谵语,伴见发热气粗,面红目赤,痰黄稠,喉间痰鸣,舌红苔黄腻,脉滑数等痰热之象。内伤病,痰火上扰,心神失宁,轻者失眠心烦,重者发为狂证。若痰阻气道则兼见胸闷痰多,清阳被遏故兼见头晕目眩。

9.2 肺与大肠病辨证

肺居胸中,上连气道、喉咙,开窍于鼻,合称肺系。在体合皮,其华在毛,其经脉起于中焦,下络大肠,与大肠互为表里。主要生理功能是主气,司呼吸,以行清浊之气的交换,吸入之清气,积于胸中,参与宗气的生成,贯注心脉以运行全身,故有"肺为气之主"的说法。肺又主宣发、肃降,通调水道,宣降以输布气、津,使皮毛得以温养、濡润,水道得以通调,故又有"肺为水之上源"之说。大肠主传导,排泄糟粕。

肺的病变主要反映在肺系,呼吸功能活动减退,水液代谢输布失常,以及卫外功能失职等方面。其症状表现以咳嗽、气喘、胸痛、咯血、喉痛及声音变异,鼻塞流涕,或水肿等为常见。其中尤以咳喘更为多见,大肠传导功能失常,主要表现便秘或泄泻。

肺病证候有虚、实两类,虚证多因久病咳喘,或被他脏病变所累,导致气虚和阴虚,实证多因风、寒、燥、热等外邪侵袭和痰饮停聚于肺所致。大肠病证有湿热内侵,津液不足以及阳气亏虚等。

9.2.1 肺气虚

肺气虚证,是指由于肺功能减弱,其主气、宣降、卫外功能失职所表现的虚弱证候。多由久病咳喘,耗伤肺气,或因脾虚水谷精气化生不足,肺失充养所致。

临床表现　咳喘无力,气少不足以息,动则益甚,痰液清稀,声音低怯,面色淡白或㿠白,神疲体倦。或有自汗,畏风,易于感冒。舌淡苔白,脉虚。

辨证分析　以咳喘无力,吐痰清稀及气虚见症为审证要点。肺气被耗,则宗气不足,呼吸功能减弱,因而咳喘无力,气少不足以息,且动则耗气,所以喘息益甚;肺气不足,输布津液功能相应减弱，则水停肺系，随肺气而上逆，出现痰液清稀，声音低怯；肺气虚不能宣发卫气于肌表，腠理不密，卫表不固，故见自汗，畏风；面色淡白或㿠白，神疲体倦，舌淡苔白，脉虚为气虚之症。

9.2.2 肺 阴 虚

肺阴虚证，是肺阴不足，失于清肃，虚热内生所反映的证候。多由燥热伤肺，或痨虫袭肺，耗伤肺阴，或汗出伤津，或久咳不愈，耗损肺阴，渐致肺阴亏虚而成。

感冒了，该怎么做呢

(1) 生活起居上，尽量减少与他人（尤其儿童、老人）接触，室内保持适当的温度与通风，使之温度适宜，空气新鲜。

(2) 饮食营养上，在保证必需营养素的前提下，吃得清淡一些，要注意补充水分，如白开水或果菜汁，尤其后者还能补充必需维生素和矿物质，少食肥腻、炸煎、过甜、过冷的食物和饮料。

(3) 充足的休息和均衡的营养是治疗感冒的最佳途径，一般 1 周左右感冒多能自愈，不需要特殊治疗，因此，不要急于服用抗生素。

(4) 出现以下一个或多个症状时，应及时上医院就诊：

1) 发热超过 38.5℃，持续 3 天或 39.4℃以上的高热，小儿发热，应在 24 小时内看医生。

2) 任何剧痛，如耳痛、扁桃体肿痛、鼻窦痛、胸痛等。

3) 吞咽极度困难。

链接

临床表现 咳嗽无痰或痰少而黏，口咽干燥，形体消瘦，午后潮热，五心烦热，盗汗，颧红，甚则痰中带血，声音嘶哑，舌红少津，脉细数。

辨证分析 以干咳或痰少而黏，口燥咽干和阴虚内热见症为审证要点。肺主清肃，性喜柔润，肺阴不足，虚热内生，肺为热蒸，气机上逆而为咳嗽；津为热灼，炼液成痰，量少质黏。肺络受灼，络伤血溢则痰中带血；喉失阴津濡润，并为虚火所蒸，以致声音嘶哑。口燥咽干，形体消瘦，潮热盗汗，五心烦热，颧红，舌红少津，脉细数，为阴虚内热之象。

9.2.3 风寒束肺

风寒束肺证，是感受风寒，肺气被束所表现证候。

临床表现 咳嗽，痰稀薄色白，鼻塞流涕。微有恶寒发热，喉痒，或见身痛无汗，苔薄白，脉浮紧。

辨证分析 以咳嗽，痰液清稀和风寒表证并见为审证要点。肺合皮毛，且为娇脏，外感风寒，袭表犯肺，肺气被束，失于宣降，故咳嗽；肺津不布，聚成痰饮，随肺气逆于上，故咳吐痰液清稀；鼻为肺窍，肺气失宣，则鼻塞流涕；肺主气属卫，风寒犯表，损伤卫阳，肌表失于温煦，故见微恶风寒，卫阳被遏则发热；寒邪凝滞经络，经气不利，故头身疼痛，寒性收引，腠理闭塞，故见无汗；舌苔薄白，脉浮紧，为感受风寒之症。

9.2.4 痰湿阻肺

痰湿阻肺证，是痰湿阻滞肺系所表现的证候。常由脾气亏虚，或久咳伤肺，或感受寒湿引起。

临床表现　咳嗽,甚则气喘痰鸣,胸闷,痰多性黏色白易咯,舌淡苔白腻,脉滑。

辨证分析　以咳嗽、气喘和湿痰征象为审证要点。在急性病变中,大多由寒湿外邪侵袭肺脏,肺宣降失常,肺不布津,水液停聚而成痰湿。在慢性疾病中,多由脾气亏虚,运化无力,水湿凝聚为痰,上渍于肺,或久咳伤肺,输布水液功能减弱,聚湿酿痰,阻滞肺系所致。由于痰湿阻肺,肺失宣降,故咳嗽,甚至则气喘痰鸣,胸闷;痰多性黏色白易咯,舌淡苔白腻,脉滑均为痰湿内阻之症。

9.2.5　风热犯肺

风热犯肺证,是由风热侵犯肺系,卫气受病所表现的证候。

临床表现　咳嗽,痰稠色黄,鼻塞,流黄浊涕,发热,微恶风寒,口干咽痛,舌尖红,苔薄黄,脉浮数。

病　例

患者,韩某,男,29岁,3日前感冒并发高热,咳嗽痰不易出,胸胁阵痛,口渴思饮,小便黄,食欲不振,夜寐不安。舌苔微黄,脉浮数。

辨证立法:风邪乘肺,内热被束,遂发高热,肺失清肃而为咳。治宜疏表清热宣肺,以五解五清之法治之。

处方:鲜芦根　炙白前　炒香豉　鲜茅根　炙前胡　炒山栀　桑白皮　白杏仁　炒芥穗　冬桑叶　苦桔梗　酒条芩　冬瓜子　炒枳壳　炙甘草　炙桔红

链接

辨证分析　风热袭肺,肺失清肃则咳嗽;风热灼液为痰故质稠色黄;鼻窍不利,津液为风热所熏,所以鼻塞不通,流黄浊涕;卫气抗邪则发热,卫气郁遏故恶风寒,咽喉不利故咽痛。口干舌尖发红、苔薄黄,为风热犯肺的表现。

9.2.6　肺热壅盛

肺热壅盛证,是指热邪内壅于肺,肺失清肃而出现肺经实热证候。多因温热之邪从口鼻而入,或风寒入里从阳化热,内壅于肺所致。

临床表现　咳嗽,痰稠色黄,气喘息粗,甚则呼吸困难,壮热,口渴欲饮,烦躁不安,甚则鼻翼煽动,衄血咯血,或胸痛咳吐脓血腥臭痰,大便干结,小便短赤,舌红苔黄,脉滑数。

辨证分析　以肺系症状和里实热证并见为审证要点。热邪炽盛,内壅肺脏,肺气上逆而为咳嗽,气喘息粗,呼吸困难;炼液为痰,则痰稠色黄;热扰心神,则心烦不安。若痰热交阻,壅滞肺系,肺气郁闭,可见鼻翼煽动,若热伤肺络,可致鼻衄、咯血;若痰热阻滞肺络,气血不通,血腐化脓,则咳吐脓血腥臭痰。口渴欲饮,小便短赤,舌红苔黄,脉滑数为里热或痰热之症。

9.2.7　燥邪犯肺

燥邪犯肺证是指秋令感受燥邪侵犯肺卫所表现的证候。初秋感燥,多病温燥;深秋感燥,多病凉燥。

临床表现　干咳无痰,或痰少而黏,不易咳出,唇、舌、咽、鼻干燥欠润,或身热恶寒,或胸痛咯血。舌红苔白或黄,脉数或浮数、细数。

辨证分析　以肺系症状及干燥少津为审证要点。燥邪犯肺,肺失滋润,清肃失职,故干咳无痰,或痰少而黏,不易咳出;燥邪伤津而唇、舌、咽、鼻干;肺气通于卫,故兼见身热恶寒的卫表症状;凉燥性近于寒,故表证近似风寒,苔白;温燥性近于热,故表证近似风热,且燥热灼伤肺络,可见胸痛咯血,故舌质多红,苔黄,津伤较著多见脉细数。

9.2.8 大肠湿热

大肠湿热证,是指湿热侵袭大肠所表现的证候。多因夏秋之季,感受湿热邪气,或因饮食不节,过食生冷与不洁的食物,酿生湿热,郁蒸于大肠所致。湿热为病,有湿重、热重之分。

临床表现　腹痛,下利赤白黏胨,里急后重;或暴注下泄,色黄而臭。伴见肛门灼热,小便短赤,口渴,或有恶寒发热,但热不寒等症。舌红苔黄腻,脉濡数或滑数。

辨证分析　以大肠传导失职,出现排便次数增多,或下利赤白,或下黄色稀水与湿热内阻征象为审证要点。湿热胶结大肠,壅滞气机,故腹中疼痛;湿盛肉腐则成脓,故下利脓血。热迫大肠,故腹中急迫而时欲排便。湿阻肛门,则肛门滞重而大便不畅。热炽肠道,则肛门灼热。若表邪未解则有恶寒发热之症;若邪气入里则见但热不寒。小便短赤、口渴,舌红苔黄腻,为湿热之象。热偏重,脉象滑数;湿偏重,脉象濡数。

9.2.9 大肠液亏

大肠液亏证,是指津液不足,不能濡润大肠所表现的证候。多由素体阴亏,或久病伤阴,或热病后津伤未复,或妇女产后出血过多等因素所致。

临床表现　大便秘结干燥,难以排出,常数日一行,口干咽燥,或伴见口臭头晕,舌红少津,脉细涩。

辨证分析　以大便干燥,难以排出为审证要点。津液不足,肠失濡润,以致粪便干结,难以排出,常三五日,甚至十余日一行;浊气不得下泄而上逆,致口臭头晕。口干咽燥,舌红少津,脉细涩,均为阴液亏虚之症。

9.3 脾与胃病辨证

脾胃共处中焦,经脉互为络属,具有表里的关系。脾主肌肉、四肢,开窍于口,其华在唇,外应于腹。主要生理功能是脾主运化水谷,胃主受纳腐熟,为“水谷之海”,脾升胃降,共同完成饮食的消化吸收与输布,为气血生化之源,故有后天之本之称。脾又主统血,其气主升,喜燥恶湿。

脾胃病证,皆有寒热虚实之不同。脾病以阳气虚衰,运化、升清功能失调,水湿痰饮内生,不能统血为常见。胃病以受纳腐熟功能障碍,胃气上逆为主要病变。因此,临床脾病多见腹胀、泄泻、便溏、浮肿、出血等。胃病多见脘痛、呕吐、嗳气、呃逆等症。

9.3.1 脾气虚

脾气虚证,是脾气不足,运化失常所表现的证候。本证多因饮食不节,或劳倦过度,或忧思日久,或禀赋不足,素体虚弱,或年老体衰,或大病初愈,调养失慎等所致。

临床表现　纳少,腹胀,饭后尤甚,大便溏薄,肢体倦怠,少气懒言,面色萎黄,或浮肿,或消瘦,舌淡苔白,脉缓弱。

辨证分析　以纳少、腹胀、便溏和气虚证为审证要点。脾气不足,水湿内生,脾气反为所困,因而腹胀;食后脾气益困,腹胀愈甚,水湿流注肠中,则大便溏薄或先干后溏。水湿浸淫肌表则浮肿;胃气亦弱,腐熟功能失职,故纳呆食少。倦怠乏力,面色萎黄,舌淡苔白,脉缓弱,是脾气虚弱气血不足之症。

9.3.2 脾 阳 虚

脾阳虚证,是指脾阳虚衰,阴寒内盛所表现的证候。多由脾气虚发展而来,也可因饮食失调,或过食生冷,或因寒凉药物太过,或肾阳虚,火不生土所致。

临床表现　腹胀纳少,腹痛喜温喜按,大便溏薄清稀,四肢不温,或肢体困重,或周身浮肿,小便不利,或白带量多质稀。舌淡胖,苔白滑,脉沉迟无力。

辨证分析　本证以脾虚失运和虚寒证为审证要点。脾脏阳气虚衰,运化失健,则腹胀纳少,阳虚阴盛,寒凝气滞,故腹痛喜温喜按。水湿不化,流注肠中,故大便质地较脾气虚的便溏更为清澈稀薄,甚至则完谷不化。中阳受损,运化无权,水湿不行,则小便不利;流溢肌肤,则肢体困重,甚则全身浮肿;水湿下注带脉,妇女则可见白带清稀量多。四肢不温,舌淡胖,苔白滑,脉沉迟无力,皆为阳虚、水寒之气内盛之症。

9.3.3 中 气 下 陷

中气下陷证,是指脾气亏虚,升举无力而反下陷所表现的证候。多由脾气虚进一步发展,或久泄久痢,或劳累过度,或妇女孕产过多,产后失于调护等原因损伤脾气所致。

临床表现　脘腹重坠作胀,食入益甚,或便意频数,肛门重坠;或久痢不止,甚或脱肛;或子宫下垂;或小便混浊如米泔。伴见少气乏力,肢体倦怠,声低懒言,头晕目眩,舌淡苔白,脉弱。

辨证分析　以脾气虚和内脏下垂为审证要点。脾气主升,若脾气虚则升举无力而致内脏下垂。如胃下垂,则患者脘腹有坠胀感,食少气陷更甚,脘腹更觉不舒。由于中气下陷,故肛门重坠,时有便意或下利不止,甚或肛门外脱。脾主散精,脾虚则精微不能正常输布,清浊不分,下注膀胱,故小便浑浊如米泔。少气乏力,体倦懒言,头晕目眩,舌淡苔白,脉弱,皆为脾气虚弱之象。

9.3.4 脾 不 统 血

脾不统血证,是指脾气亏虚不能统摄血液,而致血溢脉外所表现的证候。多由久病脾虚,或劳倦伤脾等引起。

临床表现　便血、尿血、肌衄、齿衄或妇女月经过多、崩漏等,伴见食少便溏,神疲乏力,少气懒言,面色无华,舌淡苔白,脉细弱等症。

辨证分析　以脾气虚证和出血共见为审证要点。若脾气亏虚,统摄无权,致血液不能循经而溢于脉外,则出现各种出血。如溢于胃肠,则见便血;溢于膀胱则见尿血;渗于毛孔则为肌衄;溢于皮下则为阴斑;妇女冲任不固,月经过多,甚则崩漏。由于反复出血,营血亦虚,肌肤失养,则面色无华。同时兼见食少便溏,神疲乏力,少气懒言,舌淡苔白,脉细弱等脾气虚弱的征象。

“天医星”传奇——叶天士医案

叶天士一生勤于临证，拯救患者无数，至今有不少医案仍被人们津津乐道。

有位施姓的7岁患儿，当时天气是久雨阴晦，患儿的主要症状是泄泻，一日数次，腹痛，大便红白相间，请了两位儿科大夫调治了5~6天，但效果不显。

等过了一段时间请来叶天士时，患儿已出现呕吐不能进食，下痢次数增多，且几乎为血水，腹痛也没有安宁的时刻，两手脉搏很细，右手脉涩滞，有时好像要停歇一样。

叶天士来到患儿家里一进门就闻到了大黄的气味，连忙叫患儿别吃，取来前两位大夫的处方，见写道“既已下痢，又未见完谷不化，如不攻荡去积，恐无良策”。

叶天士说，怪不得没有效果，孩子四肢发冷，泻下血液5~6天，腹痛而且不想喝水，面色枯白，脉象细软，显然是寒湿之气入脾胃，怎么能用像大黄这样的泻下药呢？忙给患儿开了人参、炙草、炮姜、当归、白芍、陈皮、肉桂等药，两剂后患儿便下不少黏腻之物，续服几剂后，腹痛和下痢就慢慢好了。

链接

9.3.5 寒湿困脾

寒湿困脾证，是寒湿内盛，中阳受困而表现的证候。多由饮食不节，过食生冷，或冒雨涉水，居处潮湿，或因嗜食肥甘引起。

临床表现 脘腹痞闷胀痛，食少便溏，泛恶欲吐，口淡不渴，头身困重，肌肤面目发黄，黄色晦暗如烟熏，或肢体浮肿，小便短少。舌淡胖苔白腻，脉濡缓。

辨证分析 本证以脾的运化功能障碍和寒湿中阻的表现为审证要点。寒湿内侵，脾气被遏，运化失司，故脘腹部轻则痞闷不舒，重则作胀疼痛，食欲减退。湿注肠中，则大便溏薄，甚至出现泄泻；胃失和降，故泛恶欲吐。脾为寒湿所困，胆汁随之外泄，故肌肤面目发黄，黄色晦暗如烟熏。水湿泛溢肌表，可见肢体浮肿。小便短少，口淡不渴，肢体沉重，头重如裹，舌淡胖苔白腻，脉濡缓，皆为寒湿内盛之象。

9.3.6 湿热蕴脾

湿热蕴脾证，是湿热内蕴中焦，脾运失职所表现的证候。常因感受湿热之邪，或过食肥甘酒酪酿湿生热所致。

临床表现 腹部痞闷，纳呆呕恶，便溏尿黄，肢体困重，或面目肌肤发黄，色泽鲜明如橘子，皮肤发痒，或身热起伏，汗出热不解。舌红苔黄腻，脉濡数。

辨证分析 本证以脾的运化功能障碍和湿热内蕴的表现为审证要点。湿热之邪蕴结脾胃，受纳运化失职，脘腹痞闷，纳呆，呕恶，湿热内蕴脾胃，熏蒸肝胆，致胆汁不循常道，外溢肌肤，故皮肤发痒，面目发黄，其色鲜明如橘皮。肢体困重，大便溏泄不爽，小便短赤，身热起伏，汗出而热不解，舌红苔黄腻脉濡数，均为湿热内盛之症。

9.3.7 胃阴虚

胃阴虚证，是胃阴亏虚，胃失濡润、和降所表现的证候。多由胃病久延不愈，或热病后期阴液未复，或平素嗜食辛辣，或情志不遂，气郁化火，或用温燥药物太过耗伤胃阴所致。

临床表现 胃脘隐痛,饥不欲食,口燥咽干,大便干结,或脘痞不舒,或干呕呃逆,舌红少津,脉细数。

辨证分析 本证以胃失和降和阴虚证共见为审证要点。胃阴不足,虚热内生,热郁胃中,胃纳失权,则饥不欲食;胃气上逆,可见干呕呃逆;口燥咽干,大便干结,舌红少津,脉象细数,是阴虚内热的征象。

9.3.8 食滞胃脘

食滞胃脘证,是饮食停滞胃脘,胃纳失常,以脘腹胀满疼痛为主要表现的证候。多由饮食不节,暴饮暴食,或素体脾胃虚弱,运化失健等因素引起。

临床表现 胃脘胀闷,甚则疼痛,嗳气吞酸或呕吐酸腐食物,吐后胀痛得减,或矢气便溏,泻下物酸腐臭秽,舌苔厚腻,脉滑。

辨证分析 本证以胃失和降和胃脘胀闷疼痛,嗳腐吐酸为审证要点。食停胃脘,胃气郁滞,则脘部胀闷,甚则疼痛。胃中腐败谷物夹腐浊之气随胃气上泛,故见嗳腐吞酸,或呕吐腐败食物。吐后实邪得消,胃气通畅,故胀痛得减。若食积气滞,湿邪内生,湿食下移,肠腑气塞,可致矢气频频,臭如败卵,大便溏泄,泻下物酸腐臭秽。舌苔厚腻,脉来滑利有力,均为食滞内停之象。

9.3.9 胃寒证

胃寒证是指寒邪犯胃所表现的以脘腹冷痛为主症的胃实寒证。本证多因过食生冷,或腹部受凉,以致阴寒凝滞于胃,或脾胃阳气素虚,复感寒邪所致。

临床表现 胃脘冷痛,痛势较剧,遇寒加重,得温痛减,口淡不渴,恶心呕吐,吐后痛缓,舌苔白滑,脉沉紧。

辨证分析 本证以胃脘疼痛和寒象共见为审证要点。寒邪犯胃,寒凝则气滞,故胃脘冷痛,痛势较剧,遇冷加剧,得温则减。寒伤胃阳,胃气上逆则恶心呕吐,吐后邪减故痛缓。口淡不渴,舌苔白滑,脉沉紧,为阴寒内盛之象。

9.3.10 胃热证

胃热证,是胃中火热炽盛,胃失和降所表现的证候。多因平素嗜食辛辣肥腻,或情志不遂,或邪热犯胃等所致。

临床表现 胃脘灼痛,拒按,吞酸嘈杂,或食入即吐,或渴喜冷饮,消谷善饥,或见口臭,或牙龈肿痛溃烂,齿衄。大便秘结,小便短赤,舌红苔黄,脉滑数。

辨证分析 本证以胃病常见症状和热象共见为审证要点。热炽胃中,胃腑络脉气血壅滞,故脘部灼热疼痛而拒按;功能亢进,则消谷善饥;火热上逆,则吞酸嘈杂,呕吐,或食入即吐。胃火循经上熏,则牙龈肿胀疼痛,甚则化脓、溃烂;血络受伤,血热妄行,可见齿衄;胃中浊气上逆,则口臭。渴喜冷饮,大便秘结,小便量少色赤,舌红苔黄,脉滑数有力,均为里实热证之征象。

9.4 肝与胆病辨证

肝位于右胁,胆附于肝,肝胆经脉相互络属,故有表里之称。足厥阴肝经绕阴器,循少腹,布胁肋,系目上额交巅顶。足少阳胆经属胆络肝,绕行头身之侧。肝主疏泄,又主藏血,其性升发,喜条达恶抑郁,在体为筋,开窍于目,其华在爪。胆为"中清之府",储藏排泄胆汁,以助消化,并与神志活动有关,故有"胆主决断"之说。

肝病的常见症状:胸胁、少腹胀痛、窜痛,精神抑郁,烦躁易怒,头晕胀痛,肢体震颤,手足抽搐,以及目疾、月经不调、睾丸胀痛等。胆病常见口苦发黄、惊悸失眠及消化异常等症。

肝病的证候可以概括为虚实两类,而以实证为多见。实证多由情志所伤,肝失疏泄,致气郁火盛、阳亢风动以及寒邪、湿热等侵犯。虚证多因久病失养,或他脏病变所累,或失血,致使肝阴、肝血不足。胆的病变多表现为胆郁痰扰证及肝胆并见的肝胆湿热证。

9.4.1 肝气郁结

肝气郁结证,是肝失疏泄,气机郁滞所表现的证候。多因情志抑郁,或突然的精神刺激而发病。

临床表现 胸胁或少腹胀闷窜痛,胸闷喜太息,情志抑郁易怒,或咽部梅核气,或颈部瘿瘤,或痞块。妇女可见乳房作胀疼痛,痛经,月经不调,甚则闭经。苔白,脉弦。

辨证分析 本证以情志抑郁,肝经循行部位胀痛,妇女月经不调等为审证要点。肝失疏泄,经气不利,故胸胁、乳房、少腹胀痛或窜痛,喜太息。肝郁气滞,血行不畅,损伤冲任,见月经不调。气机郁结,不得条达疏泄,则情志抑郁或急躁易怒;气郁生痰,痰气搏结于咽则见梅核气;积聚于颈项则为瘿瘤;气聚血结,可酿癥瘕。苔白,脉弦,为肝气郁滞之象。

9.4.2 肝火上炎

肝火上炎证,是肝经气火上逆所表现的证候。多因情志不遂,肝郁化火,或火热之邪内侵,或他脏火热累及于肝等引起肝胆气火上逆。

临床表现 头晕胀痛,面红目赤,口苦口干,急躁易怒,不眠或噩梦纷纭,胁肋灼痛,便秘尿黄,耳鸣如潮,或耳内肿痛流脓,或吐血衄血,舌红苔黄,脉弦数。

病　例

患者,柴某,男,38岁。头痛如劈,面赤烦躁,口干口苦,失眠易惊。舌赤苔黄,脉弦数。系肝郁化火,上扰清空,治以清肝降火。

处方:龙胆草　山栀　黄芩　玄参　麦冬　生地　磁石　蔓荆子　菊花　红花　瓜蒌仁　赤白芍

上方,服药17剂后,头昏痛止,唯睡眠有梦。基本治愈。

链接

辨证分析 本证以肝脉循行部位的头、目、耳、胁表现的实火炽盛症状为审证要点。火热之邪内扰肝胆,循经上攻头目,故头晕胀痛,面红目赤;肝失条达柔和之性,则急躁易怒;热扰神魂,则见不寐或噩梦纷纭;肝热传胆,胆气循经上溢,则口苦,口干,耳鸣如潮,耳内红肿热痛,甚则溃烂化脓,或见突发耳聋;气血壅滞肝络,故胁肋灼热疼痛;血热妄行,可见吐血衄血。口干,便秘尿黄,舌红苔黄,脉弦数,为肝经实火炽盛之症。

9.4.3 肝 血 虚

肝血虚证，是肝脏血液亏虚所表现的证候。多因脾胃亏虚，或慢性病耗伤肝血，或失血过多所致营血不足。

临床表现 眩晕耳鸣，面白无华，爪甲不荣，夜寐多梦，视力减退或雀盲；或见肢体麻木，关节拘急不利，手足震颤，肌肉瞤动，妇女常见月经量少、色淡，甚则闭经。舌淡苔白，脉弦细。

辨证分析 本证以筋脉、爪甲、两目、肌肤等失于濡养以及全身血虚的表现为审证要点。血虚不能上荣头面，故眩晕耳鸣，面白无华；爪甲失养，则干枯脆薄，筋脉失养，则拘挛急迫，肢体麻木，关节拘急屈伸不利，手足震颤，肌肉瞤动；血不足以安魂定志，故夜寐多梦；目失所养，则视力减退，甚至雀盲；血不能充盈冲任二脉，所以月经量少色淡，甚至闭经。舌淡苔白弦细，为血虚常见之症。

9.4.4 肝 阴 虚

肝阴虚证，是肝脏阴液亏虚，阴不制阳，虚热内扰所表现的证候。多由情志不遂，气郁化火，或肝病、湿热病后期耗伤肝阴，或肾阴不足，水不涵木，致肝阴不足。

临床表现 头晕耳鸣，两目干涩，视力减退，面部烘热或颧红，胁肋灼痛，五心烦热，潮热盗汗，口咽干燥，或见手足蠕动，舌红少津，脉弦细数。

辨证分析 本证以头目、筋脉、肝络失于滋润和阴虚内热证共见为审证要点。肝阴不足，不能上滋头目，则头晕耳鸣、两目干涩、视力减退；肝络为虚火所灼，则见胁肋灼热疼痛；筋脉失养则手足蠕动。五心烦热、潮热、盗汗、面部烘热或颧红、口咽干燥、舌红少津脉弦细数是阴虚内热之症。

9.4.5 肝 阳 上 亢

肝阳上亢证，是指水不涵木，肝阳偏亢所表现上实下虚的证候。多因肝肾阴虚，肝阳失潜，或恼怒焦虑，气火内郁，暗耗阴津，阴不制阳所致。

临床表现 眩晕耳鸣，头目胀痛，面红目赤，急躁易怒，心悸健忘，失眠多梦，腰膝酸软，头重足轻，舌红，脉弦有力或弦细数。

辨证分析 本证以肝阳亢于上，肾阴亏于下的证候表现作为审证要点。肝阴不足，肝阳则易妄动，以致疏泄太过，血不归藏而随气上升，气血并走于上，故面赤，眩晕耳鸣，头目胀痛；肝阳亢于上，阴液亏于下，上盛下虚，故头重脚轻，步履不稳；肝阳偏亢，阴阳不相既济，神魂不宁，故急躁易怒，失眠多梦；肝肾阴虚，筋骨失养，故腰膝酸软无力。舌红，脉弦有力或弦细数，为阴虚阳亢之象。

9.4.6 肝 风 内 动

肝风内动是指患者出现眩晕欲扑、抽搐、震颤等具有“动摇”特点症状为主症的一类证候。临床常见的有肝阳化风、热极生风、阴虚动风和血虚生风四种。

9.4.6.1 肝阳化风

肝阳化风证，是肝阳亢逆无制而表现动风的证候。多因情志不遂，气郁化火伤阴，或素有肝肾阴亏，阴不制阳，阳亢日久，亢极化风，从而形成本虚标实、上实下虚的动风之证。

中风分类

中风是急性脑血管病的统称。根据各种急性脑血管疾病发生的病因、病理及不同表现，一般把中风分为两大类：一类为出血性中风，也称出血性脑血管病，包括脑出血及蛛网膜下隙出血；另一类为缺血性中风，也称缺血性脑血管病，包括短暂性脑缺血发作（也叫一过性脑缺血发作）、脑血栓、脑栓塞及腔隙脑梗死等。

链接

临床表现　眩晕欲扑，头摇而痛，项强肢颤，语言謇涩，手足麻木，步履不正。或猝然昏倒，不省人事，口眼㖞斜，半身不遂，舌强不语，喉中痰鸣。舌红苔白或腻，脉弦有力。

辨证分析　本证以患者平素具有头晕目眩等肝阳上亢的现象，而突然出现肝风内动的症状，甚或猝然昏倒，半身不遂为审证要点。肝肾之阴素亏，不能潜藏肝阳而肝阳上亢，肝阳化风，肝风内旋，上扰头目，则天旋地转，眩晕欲倒，或头部摇动不能自制；气血随风阳上逆，壅滞络脉，故头痛不止；风动痉挛，则项强肢颤；风阳窜扰舌络，则语言謇涩；肝肾阴虚，筋脉失养，则手足麻木；风动于上，阴亏于下，上盛下虚，所以步履不正，行走飘浮，摇摆不稳。肝风夹痰上蒙清窍，心神昏聩，故突然昏倒，不省人事；风痰窜扰脉络，致半身不遂，口眼㖞斜；痰阻舌根，则舌体僵硬，不能言语；痰随风升，故喉中痰鸣。舌红苔白或腻，脉弦有力是风阳扰动之症。

9.4.6.2 热极生风

热极生风证，是热邪亢盛引动肝风所表现的证候。

临床表现　高热神昏，躁扰如狂，手足抽搐，颈项强直，甚则角弓反张，两目上视，牙关紧闭。舌红或绛，脉弦数。

辨证分析　本证以高热与肝风共见为审证要点。邪热炽盛，燔灼肝经，筋脉拘挛迫急，故见四肢抽搐，颈项强直，两目上视，角弓反张，牙关紧闭；热传心包，心神被扰，轻则躁扰不安如狂，重则神志昏迷。高热，舌红绛苔黄燥，脉弦数，为肝经热盛之症。

9.4.6.3 阴虚动风

阴虚动风证，是阴液亏虚引动肝风所表现证候。多因外感热病后期，阴液耗损，或内伤久病，阴液亏虚，致使筋脉失养而发病。

临床表现　手足蠕动，眩晕耳鸣，潮热颧红，口燥咽干，形体消瘦，舌红少津，脉细数。

辨证分析　本证以动风兼有阴虚表现为审证要点。具体分析可参阅“卫气营血辨证”或肝阴虚证。

9.4.6.4 血虚生风

血虚生风证，是血液亏虚，筋脉失养所表现的动风证候。多由急慢性失血过多，或内伤杂病,久病血虚所引起。

临床表现　手足震颤,肌肉瞤动,肢体麻木,眩晕耳鸣,面色无华,爪甲不荣,舌质淡白,脉细弱。

辨证分析　本证以动风兼见血虚的表现为审证要点。具体分析参见肝血虚证。

鉴别诊断　肝风内动有肝阳化风、热极生风、阴虚动风和血虚生风之别。其中热极生风因热邪伤津耗液,筋脉失养所致,故为高热伴见手足抽搐有力为特征,属实热证;肝阳化风系由肝肾阴虚,肝阳亢逆失制而成,以眩晕欲扑,肢颤或突然昏倒,半身不遂为主症,属阴虚阳亢(或本虚标实)之重证;血虚生风与阴虚动风均由阴血亏虚,筋脉失养,虚风内动而成,以手足麻木、震颤或蠕动无力为其风动特点,属虚证,但前者必兼血虚见症,而后者必兼阴虚内热见症。

9.4.7 寒滞肝脉

寒滞肝脉证,是寒邪凝滞肝脉所表现以肝经循行部位冷痛为特征的证候。

临床表现　少腹牵引睾丸坠胀冷痛,或阴囊收缩引痛,受寒则甚,得热则缓,舌苔白滑,脉沉弦或迟。

辨证分析　以少腹及牵引睾丸坠胀冷痛为审证要点。寒邪侵袭肝经,气血运行不利,故少腹牵引睾丸坠胀冷痛,遇寒加剧,得热则减;寒性收引,筋脉拘急,可致阴囊收缩引痛;苔白滑,脉沉弦或迟为寒滞肝脉之症。本证常见于疝气病中的寒疝,因其具有小肠从小腹下垂阴囊而致气胀坠痛的特点,故又称小肠气痛。

9.4.8 肝胆湿热

肝胆湿热证,是湿热蕴结肝胆,疏泄功能失职所表现的证候。多由感受湿热之邪,或偏嗜肥甘厚腻,湿热内生,或脾运失健,湿邪内生,郁而化热所致。

临床表现　胁肋部胀痛灼热,或有痞块,厌食油腻,腹胀,口苦泛恶,大便不调,小便短赤,舌红苔黄腻,脉弦数。或寒热往来,或身目发黄,或阴囊湿疹,瘙痒难忍,或睾丸肿胀热痛,或带下黄臭、外阴瘙痒等。

辨证分析　本证以右胁肋部胀痛、纳呆、尿黄、舌红苔黄腻为辨证要点。

湿热蕴结肝胆,疏泄失职,右侧胁肋胀痛灼热;气滞血瘀,可致胁下痞块;肝木横逆侮土,则厌食、腹胀,泛恶欲吐;湿热郁蒸,胆气上溢,则口苦;湿热内蕴,湿偏重则大便稀溏,热偏重则大便干结。小便短赤,舌红苔黄腻,脉弦数,为湿热内蕴肝胆之症。

若肝病影响胆腑,枢机不利,正邪相争,可见寒热往来;湿热熏蒸,胆汁不循常道而外溢肌肤,则肌肤、目睛发黄;湿热循经下注,浸淫阴囊,则为湿疹,瘙痒难忍,肿胀疼痛,妇女带下黄臭,外阴瘙痒。

9.4.9 胆郁痰扰

胆郁痰扰证,是胆失疏泄,痰热内扰所表现的证候。多由情志不遂,疏泄失职,生痰化火而引起。

临床表现　惊悸不寐,烦躁不宁,口苦呕恶,胸闷胁胀,善太息,头晕目眩,耳鸣,舌苔黄腻,脉弦滑。

岳美中用温胆汤治不寐证

患者,肖某,男性,35岁,某厂厂长。夜眠困难已久,乱梦纷纭,睡后易惊,每晚非服安眠药不能入睡。精神不振,易于烦躁,纳食乏味,食后则脘腹胀满不适,口干不欲饮水,舌苔黄厚,左关脉滑,余部脉象虚小,曾服酸枣仁汤1周,未获显效,睡后易惊,为肝胆郁热挟痰,扰及心神,以清胆豁痰安神之温胆汤加味为治。

处方:广陈皮4.5g 清半夏9g 云茯苓9g 炙甘草9g 枳实9g 竹茹9g 石菖蒲6g 炒黄连1.5g

服药1周后,已不服安眠药即可入睡3~4小时,烦躁亦减,腹仍胀满不舒,舌脉如故。又以此方加减,服至月余上症基本痊愈。

链接

辨证分析 本证以失眠惊悸或眩晕耳鸣,苔黄腻为审证要点。痰热内扰,胆气不宁,故见惊悸失眠,烦躁不安;热蒸胆气上溢,则口苦;胆热犯胃,所以泛恶呕吐;胆气郁滞,故胸闷胁胀,善太息;痰热循经上扰,则为头晕目眩,耳鸣。舌苔黄腻,脉弦滑均为痰热内蕴之症。

9.5 肾与膀胱病辨证

肾位于腰部,左右各一,其经脉与膀胱相互络属,故两者相为表里。肾在体为骨,开窍于耳及二阴,其华在发。肾主藏精,主生殖,主骨生髓充脑,又主水,并有纳气功能。肾内寄元阴元阳,为脏腑阴阳之根本,故又称先天之本。膀胱具有储尿排尿的作用。

肾的病证,主要以人体生长、发育和生殖功能障碍、水液代谢失常、呼吸功能减退和脑、髓、骨、耳、发及二便异常为主要病理改变。肾阳肾阴一有耗伤,则诸脏皆病,故肾多虚证。肾病常见者,有肾阳虚、肾阴虚、肾精不足、肾气不固、肾不纳气等证。膀胱多见湿热证。

肾病的常见症状:腰膝酸软而痛、耳鸣耳聋、发白早脱、牙齿动摇,阳痿遗精、精少不育、女子经少经闭以及水肿、二便异常等。膀胱病常见尿频、尿急、尿痛、尿闭以及遗尿、小便失禁等症。

9.5.1 肾阳虚

肾阳虚证,是肾脏阳气虚衰,温煦失职,气化无权所表现的一类虚寒证候。多由素体阳虚,或年高肾亏,或久病伤肾,以及房劳过度等因素引起。

临床表现 腰膝酸软而痛,形寒肢冷,尤以下肢为甚,头目眩晕,精神委靡,面色苍白或黧黑,舌淡胖苔白,脉沉弱。或男子阳痿,妇女宫寒不孕;或大便久泄不止,完谷不化,五更泄泻;或浮肿,腰以下为甚,按之凹陷不起,甚则腹部胀满,全身肿胀,心悸咳喘。

辨证分析 本证以全身功能低下伴见寒象为审证要点。肾阳虚衰,不能温养腰府及骨骼,则腰膝酸软疼痛;肾处下焦,阳气不足,不能温煦肌肤,则畏寒肢冷,尤以下肢为甚;肾阳极度虚衰,浊阴弥漫肌肤,故面色黧黑无泽。生殖功能减退,男子则阳痿不举,女子则宫寒不孕。火不生土,脾失健运,故久泄不止,完谷不化或五更泄泻。膀胱气化功能障碍,水液内停,溢于肌肤而为水肿;水性趋下,肾处下焦,故腰以下肿甚,按之凹陷不起;水气泛滥,阻碍气机,则腹部胀满;水气凌心,则心中悸动不安;水逆犯肺,则咳嗽气喘。面色㿠白,舌淡胖苔白,脉沉弱,均为肾阳虚衰。

9.5.2 肾阴虚

肾阴虚证,是肾脏阴液不足,虚热内生所表现的证候。多由久病伤肾,或温热病后期,或禀赋不足,房事过度,或过服温燥劫阴之品所致。

临床表现　腰膝酸痛,眩晕耳鸣,失眠多梦,男子阳强易举,遗精,妇女经少经闭或崩漏,形体消瘦,潮热盗汗,五心烦热,咽干颧红,溲黄便干,舌红少津,脉细数。

辨证分析　本证以肾病主要症状和阴虚内热证共见为审证要点。肾阴不足,髓减骨弱,骨骼失养,则腰膝酸痛;脑海失充,则头晕耳鸣。水火失济则心火偏亢,致心神不宁,而见失眠多梦;相火妄动,则阳强易举;君火不宁,扰动精室,而致精泄梦遗。阴亏则经血来源不足,所以经量减少,甚至闭经;或虚热迫血可致崩漏。形体消瘦,潮热盗汗,五心烦热,咽干颧红,溲黄便干,舌红少津,脉细数等均为肾阴亏虚之症。

9.5.3 肾精不足

肾精不足证,是肾精亏损表现的证候。多因禀赋不足,先天发育不良,或后天调养失宜,或房事过度,或久病伤肾所致。

临床表现　小儿发育迟缓,身材矮小,智力和动作迟钝,囟门迟闭,骨骼痿软。男子精少不育,女子经闭不孕,性功能减退。成人早衰,发脱齿摇,耳鸣耳聋,健忘恍惚,动作迟缓,足痿无力,精神呆钝等。

辨证分析　本证以小儿生长发育迟缓,以及成人生殖功能减退和早衰表现为审证要点。肾精不足,不能化气生血,充肌长骨,故小儿发育迟缓,身材矮小,生长迟缓,囟门迟闭,骨骼痿软,无以充髓实脑,故智力迟钝,动作缓慢,耳鸣耳聋,健忘恍惚,成年则多见早衰。肾精主生殖,肾精亏损,则男子精少不育,女子经闭不孕,性功能减退。肾之华在发,肾精不足,则发不长,易脱发;齿为骨之余,失却精气充养,故牙齿动摇,甚则早脱。

9.5.4 肾气不固

肾气不固证,是肾气亏虚,封藏固摄无权所表现的证候。多因年高肾气亏虚,或年幼肾气未充或房事过度,或久病伤肾所致。

临床表现　面白神疲,听力减退,腰膝酸软,小便频数而清,或尿后余沥不尽,或遗尿,或小便失禁,或夜尿频多。男子滑精早泄,女子带下清稀,或胎动易滑。舌淡苔白,脉沉弱。

辨证分析　本证以肾与膀胱不能固摄所表现的症状为审证要点。肾为封藏之本,有固摄下元之功。肾气亏虚,膀胱失约,则见小便频数清长,或尿后余沥不尽,或夜尿颇多,或遗尿,甚或小便失禁;精关不固则精易外泄,故男子可见滑精、早泄;女子带脉失固,则见带下清稀量多;冲任失约,胎元不固,则见胎动不安,以致滑胎。面白神疲,听力减退,腰膝酸软,舌淡,脉沉弱,为肾气亏虚之症。

9.5.5 肾不纳气

肾不纳气证,是肾气虚衰,气不归元所表现的证候。多由久病咳喘,肺虚及肾,或劳伤肾气所致。

临床表现 久病咳喘，呼多吸少，气不得续，动则喘息益甚，自汗神疲。声音低怯，腰膝酸软，舌淡苔白，脉沉弱。或喘息加剧，冷汗淋漓，肢冷而青，脉浮大无根。

辨证分析 本证以久病咳喘，呼多吸少，气不得续，动则益甚和肺肾气虚表现为审证要点。肾虚则摄纳无权，气不归元，故呼多吸少，气不得续，动则喘息益甚；神疲声音低怯，腰膝酸软乏力、自汗、舌淡苔白、脉沉弱为肺肾气虚之症。若阳气虚衰欲脱，则喘息加剧，冷汗淋漓，肢冷而青，脉见浮大无根。

9.5.6 膀胱湿热

膀胱湿热证，是湿热蕴结膀胱，气化不利所表现的证候。多由感受湿热，或饮食不节，湿热内生，下注膀胱所致。

临床表现 尿频、尿急、尿道灼痛，小便黄赤短少，小腹胀闷，或伴有发热腰痛，或尿血，或尿有砂石，舌红苔黄腻，脉数。

辨证分析 本证以尿频、尿急、尿痛、尿黄为审证要点。湿热侵袭膀胱，气化不利，热迫尿道，故小便次数频繁，并有急迫灼热疼痛感，尿液黄赤短少，小腹胀闷。波及肾脏，则见腰痛，灼伤脉络，则为尿血；湿热久郁不解，煎熬尿中杂质成砂石，则尿中可见砂石。发热，舌红苔黄腻，脉数，为湿热内蕴之象。

9.6 脏腑兼证辨证

人体各脏腑之间，即脏与脏、脏与腑、腑与腑之间，是一个有机联系的整体，在生理上具有相互资生，相互制约的关系。当某一脏或某一腑发生病变时，不仅表现本脏腑的证候，而且可影响其他脏器发生病变。凡同时见到两个或两个以上脏器的病证，即为脏腑兼证。

脏腑兼证并不等于两个或两个以上脏腑证候的简单相加，而是在病理上有着一定内在的联系且又相互影响的规律。脏腑病证的相互传变，一般来说，只要具有表里、生克、乘侮关系脏器，兼证容易发生，反之，则较为少见。所以掌握脏腑病证的一般传变规律，对于临床分析判断病情的发展变化，具有重要意义。

脏腑兼证，具有表里关系的病变，已在五脏辨证中论述。现将其他脏与脏，脏与腑的常见兼证，分述如下。

9.6.1 心肾不交

心肾不交证，是心肾水火既济失调所表现的心肾阴虚阳亢的证候。多由久病伤阴，或房事不节，或思虑太过，情志郁而化火，或外感热病心火独亢等因素所致。

临床表现 心烦不寐，心悸不安，头晕耳鸣，健忘多梦，腰酸遗精，五心烦热，咽干口燥，舌红，脉细数。

辨证分析 本证以失眠为主症，伴见心火亢，肾阴虚的症状为审证要点。心火亢于上，则心烦不寐，心悸不安；肾阴亏于下，则头晕耳鸣，健忘多梦，腰酸遗精。五心烦热，咽干口燥，舌红脉细数为阴虚之象。

9.6.2 心脾两虚

心脾两虚证,是心血不足,脾气虚弱所表现证候。多由病久失调,或劳倦思虑,或饮食不节,或慢性出血,导致心脾两虚。

临床表现 心悸怔忡,失眠多梦,眩晕健忘,面色萎黄,食欲不振,腹胀便溏,神倦乏力,或皮下出血,妇女月经量少色淡,淋漓不尽等。舌质淡嫩,脉细弱。

辨证分析 本证以心悸失眠,面色萎黄,神疲食少,腹胀便溏和慢性出血为审证要点。心血虚神失所养,见心悸怔忡、失眠多梦、健忘;脾气虚无力运化,见食欲不振,腹胀便溏,甚或脾不统血而见出血。眩晕、面色萎黄、神倦乏力,舌质淡嫩,脉细弱,均为气血不足之象。

9.6.3 心肝血虚

心肝血虚证,是心肝两脏血液亏虚所表现证候。多由久病体虚,或思虑过度,暗耗阴血,或失血过多,或脾虚化源不足所致。

临床表现 心悸健忘,失眠多梦,眩晕耳鸣,面白无华,两目干涩,视物模糊,爪甲不荣,肢体麻木、震颤、拘挛,妇女月经量少,色淡,甚则经闭。舌淡苔白,脉细弱。

辨证分析 本证以心肝病变的常见症状和血虚证共见为审证要点。心血虚神失所养,见心悸健忘,失眠多梦;肝血虚,目失所养,见两目干涩模糊;爪甲失养,见爪甲不荣;筋失濡养,见肢体麻木、震颤、拘挛。眩晕耳鸣、面白无华,经少色淡甚则经闭,舌淡苔白,脉细弱,均为血虚之候。

9.6.4 心肾阳虚

心肾阳虚证,是心肾两脏阳气虚衰,致瘀血阻滞,水湿内停所表现的证候。多由久病不愈,或劳倦内伤所致。

临床表现 心悸怔忡,畏寒肢厥,或朦胧欲睡,或小便不利,面浮肢肿,下肢为甚;或唇甲淡暗青紫,舌质淡暗或青紫,苔白滑,脉沉微细。

辨证分析 本证以心肾两脏阳气虚衰,全身功能活动处于低下状态为审证要点。心阳虚,神失濡养,见心悸怔忡,朦胧欲睡,运血无力,血行缓慢,见唇甲淡暗青紫,舌淡暗或青紫;肾阳虚,水液内停,则小便不利,浮肿。畏寒肢厥,苔白滑,脉沉微细,均为阳虚之象。

9.6.5 心肺气虚

心肺气虚证,是心肺两脏气虚,表现以心悸、咳喘为主的证候。多由久病咳喘,耗伤心肺之气;或禀赋不足,年高体弱等因素引起。

临床表现 心悸咳喘,气短乏力,动则尤甚,胸闷,痰液清稀,面色㿠白。头晕神疲,自汗声怯,舌淡苔白,脉沉弱或结代。

辨证分析 本证以心悸咳喘与气虚证共见为审证要点。心气虚,鼓动无力,见心悸,脉结代;肺气虚,宣降失常,见咳嗽、气短、胸闷、痰液清稀。乏力、头晕、神疲、自汗声怯,舌淡苔白,脉沉弱均为气虚之象。

病 例

患者，王某，女47岁。患咳嗽多年，初时每届天气转凉即行发作，近年来不分季节，喘咳已无宁静之时，每觉肺气上冲，咳呛难忍稍动即喘。前一年发现周身逐渐浮肿，心跳、心慌，经检查为肺源性心脏病。舌苔淡黄，脉细弱并有间歇。

辨证立法：宿患咳喘，肺气久虚，失其清肃之权，日久及于心脏。心主血，肺主气，气血失调，水湿不运，遂生浮肿，拟强心以养血，平气逆以治咳。

处方：云茯神　柏子仁　南沙参　云茯苓　龙眼肉　北沙参　炒远志　阿胶珠　炙化红　冬瓜子　代赭石　旋覆花　炙白前　炙苏子　炙草梢　炙紫菀　白杏仁

服药两剂后，即见症状减轻，遂连服至十剂，浮肿见消，咳喘大减，心跳心慌亦轻，饮食睡眠均佳。

链接

9.6.6 脾肺气虚

脾肺气虚证，是脾肺两脏气虚所表现的证候。多由久病咳喘，肺虚及脾，或饮食不节、劳倦伤脾，不能输精于肺所致。

临床表现　久咳不止，气短而喘，痰多稀白，食欲不振，腹胀便溏，声低懒言，神倦乏力，面色皖白，甚则面浮足肿，舌淡苔白，脉细弱。

辨证分析　本证以咳喘，纳少，腹胀便溏与气虚证共见为审证要点。肺气虚，无力宣降，见久咳不止，气短而喘，痰多稀白；脾气虚运化失职，见食欲不振，腹胀便溏，又加肺失通调，故津液内停，见面浮肢肿。声低懒言，神倦乏力，面色皖白，舌淡苔白，脉细弱，为气虚之症。

9.6.7 脾肾阳虚

脾肾阳虚证，是脾肾两脏阳气亏虚，温化失权，表现以泄泻或水肿为主的证候。多由脾、肾久病耗气伤阳，或久泻久痢，或水邪久踞，脾肾阳气俱伤而成。

临床表现　面色皖白，畏寒肢冷，腰膝或下腹冷痛，久泻久痢，或五更泄泻，或下利清谷，或小便不利，面浮肢肿，甚则腹胀如鼓，苔白滑，脉沉细。

辨证分析　本证以腰膝、下腹冷痛，久泻不止，浮肿等与寒证并见为审证要点。脾阳本虚又兼火不生土，则运化无力至极，见久泄久利，五更泄泻，下利清谷；脾不运化且肾蒸腾气化失司，故津液内停，见面浮肢肿，腹胀如鼓，小便不利。面色皖白，畏寒肢冷尤其下肢为重，舌淡胖，苔白滑，脉沉细，均为阳虚之象。

9.6.8 肺肾阴虚

肺肾阴虚证，是肺肾两脏阴液不足，虚火内扰，肺失清肃所表现的虚热证候。多因燥热、痨虫、肾虚及肺所致。

临床表现　咳嗽痰少，或痰中带血，口燥咽干，或声音嘶哑，形体消瘦，腰膝酸软，骨蒸潮热，颧红盗汗，男子遗精，女子月经不调或崩漏，舌红少苔，脉细数。

辨证分析　本证以久咳痰血，腰膝酸软，遗精等症与阴虚证共见为审证要点。肺阴虚，肺失濡养，见咳嗽痰少，痰中带血，声音嘶哑；肾阴虚，见腰膝酸软，男子遗精，女子月经不调或崩漏。

口燥咽干，形体消瘦，骨蒸潮热，颧红盗汗，舌红少苔，脉细数，均为阴虚内热之象。

9.6.9 肝肾阴虚

肝肾阴虚证，是肝肾两脏阴液亏虚，阴不制阳，虚热内扰所表现的证候。或由久病失调，房事不节，情志内伤，或温热病日久等引起。

临床表现 头晕目眩，耳鸣健忘，失眠多梦，咽干口燥，腰膝酸软，胁痛，五心烦热，颧红盗汗，男子遗精，女子经少，舌红少苔，脉细数。

辨证分析 本证以胁痛，腰膝酸软，耳鸣，遗精与阴虚内热证并见为审证要点。肝阴虚，见胁痛，肾阴虚，见头晕目眩，耳鸣健忘，失眠多梦，腰膝酸软，男子遗精，女子经少。咽干口燥，五心烦热，颧红盗汗，舌红少苔，脉细数均为阴虚内热之象。

9.6.10 肝脾不调

肝脾不调证，是肝失疏泄，脾失健运所表现的证候。多由情志不遂，郁怒伤肝，或饮食不节，劳倦伤脾所引起。

临床表现 胸胁胀满窜痛，喜太息，情志抑郁或急躁易怒，纳呆腹胀，便溏不爽，肠鸣矢气，或腹痛欲泻，泻后痛减，舌苔白或腻，脉弦。

辨证分析 本证以胸胁胀满窜痛，易怒，纳呆，腹胀，便溏为审证要点。肝失疏泄，故胸胁胀闷窜痛、喜太息，精神抑郁，急躁易怒；脾运失健，故纳呆腹胀；气滞湿阻，则便溏不爽，肠鸣矢气；肠中气滞则腹痛，排便后气滞得畅，故泻后疼痛得以缓解。苔腻，脉弦为肝失柔和脾不运化之证。

9.6.11 肝胃不和

肝胃不和，是肝失疏泄，胃失和降所表现的证候，又称之为“肝气犯胃”证。

临床表现 胁肋、胃脘胀满疼痛，或窜痛，呃逆嗳气，嘈杂吞酸，烦躁易怒，善太息，纳食减少，舌红苔薄黄，脉弦。

辨证分析 本证以脘胁胀痛，呃逆嗳气，嘈杂吞酸，烦躁易怒等症为辨证要点。肝郁气滞，经气不利，故胁肋胀痛；肝气横逆，气滞于胃脘，故胃脘胀满疼痛；肝失柔和，每易烦躁易怒，常喜叹气；胃失和降则上逆，故呃逆嗳气；胃纳失健，则饮食减少；肝胃气火内郁，可见嘈杂吞酸。舌红苔薄黄，脉弦，均为气郁化火之象。

病 案

河南中医学院中医系前主任赵清理曾治一老年男性，因4年前与其儿媳发生口角，遂出现呃逆，肋胁胀满，食少头晕，经用宽胸镇潜之剂及有关西药治疗，可暂缓一时，药停仍发；后又多方求治终未根除。近3个月来，症状益趋恶化，摩揉鼻翼或触按其脉则呃声连连，良久乃止；背部有如掌大奇痒不止，搔之则呃声甚厉，烦躁之极。一阵呃后，每吐出少许痰涎，脉弦。知为郁怒伤肝，肝气横逆犯胃，胃气久不和平，聚湿生痰，痰随悖逆之气上壅而成。以疏肝和胃为主，兼以化痰降逆。方用逍遥散加半夏、佛手、丁香，四剂后胸膈快利，呃发次数减少。又两剂后，触鼻，按脉皆无呃声出现，食增意惬，苦疾获疗。

链接

9.6.12 肝火犯肺

肝火犯肺证，是肝经气火上逆犯肺，而使肺失清肃所表现的证候。多由郁怒伤肝，或肝经热邪上逆犯肺所致。

临床表现 胸胁灼痛，急躁易怒，头晕目赤，烦热口苦，咳嗽阵作，痰黏量少色黄，甚则咳血，舌红苔薄黄，脉弦数。

辨证分析 本证以胸胁灼痛，急躁易怒，目赤口苦，咳嗽或咳血为审证要点。肝火上炎，见胸胁灼痛，急躁易怒，头晕目赤，口苦；肺失清肃，见咳嗽、痰黏量少而黄、咳血；烦热，舌红苔薄黄，脉弦数，为肝经实火内炽之症。

小结

1. 心病的常见症状有：心悸怔忡、心烦、失眠、多梦、健忘、神昏、神识错乱、脉结代或促及某些舌体病变。心病的证候有虚实之分，虚证包括心气虚、心阳虚、心阳暴脱、心血虚、心阴虚，实证有心火亢盛、心脉痹阻、痰蒙心窍及痰火扰心。

2. 肺病的常见症状有：咳嗽、气喘、胸痛、咯血、喉痛、声音变异、鼻塞流涕、水肿。肺病的证候有虚实两类，虚证包括肺气虚、肺阴虚，实证包括风寒束肺、风热犯肺、燥邪袭肺、肺热壅盛、痰湿阻肺。

大肠病的常见症状为便秘或泄泻，常见证候有大肠湿热、大肠液亏、肠虚滑泻。

3. 脾病的常见症状有：腹胀腹痛、泄泻便溏、浮肿、出血、脏器下垂等，常见证候为脾气虚、脾阳虚、脾不统血、中气下陷、寒湿困脾、湿热蕴脾。

胃病的常见症状有：脘痛、呕吐、恶心、呃逆。常见证候有胃阴虚、食滞胃脘、胃寒证、胃热证。

4. 肝病的常见症状有：胸胁少腹胀痛、窜痛、精神抑郁、烦躁易怒、头晕胀痛、肢体震颤、手足抽搐、目疾、月经不调、睾丸肿痛等。常见证候有虚实之分，虚证包括肝阴虚、肝血虚，实证或本虚标实证有肝气郁结、肝火上炎、肝阳上亢、肝风内动、肝胆湿热。

胆病的常见症状有：口苦发黄、惊悸失眠、消化异常等。证候有胆郁痰扰及肝胆并见的肝胆湿热证。

5. 肾病的常见症状有：腰膝酸软而痛、耳鸣耳聋、发白早脱、牙齿动摇、阳痿遗精、精少不育、女子经少经闭、水肿、二便异常。肾病多虚证，常见的有肾阳虚、肾阴虚、肾精不足、肾气不固、肾不纳气。

膀胱病的常见症状为尿频、尿急、尿痛、尿闭、遗尿、尿失禁。膀胱湿热是其常见证候。

6. 脏腑兼证是指同时见到两个以上脏器的病证。常见证候有心肾不交、心脾两虚、心肝血虚、心肾阳虚、心肺气虚、肺脾气虚、脾肾阳虚、肺肾阴虚、肝肾阴虚、肝脾不调、肝胃不和、肝火犯肺。

目标检测

一、填空题

1. 心血虚证以①______，②______和③______并见为辨证要点。
2. 心脉痹阻证以①______和②______为辨证要点。
3. 脾虚气陷证以①______和②______为辨证要点。
4. 寒滞胃肠证以①______和②______并见为辨证要点。
5. 胆郁痰扰证以①______、②______和③______为辨证要点。
6. 肝阳上亢证以①______、②______、③______和④______为辨证要点。
7. 肾气不固证以①______和②______的临床表现为辨证要点。

二、问答题

1. 何谓心阳暴脱？其辨证要点是什么？
2. 痰迷心窍与痰火扰心临床表现有何异同？
3. 心火亢盛与心阴不足临床如何鉴别？
4. 风热犯肺证和肺热炽盛证临床表现有何异同？
5. 风寒犯肺证和风寒表证的临床表现如何区别？
6. 食滞胃肠证的临床表现有哪些？
7. 肝胆病的常见症状有哪些？其病机特点是什么？
8. 什么是肝风内动？肝风内动常见的类型有哪些？
9. 寒滞肝脉主要有哪些临床表现？
10. 肾的病变主要表现在哪些方面？
11. 心脾两虚证的辨证依据是什么？
12. 肝脾不调与肝胃不和临床如何鉴别？

三、病案分析(要求写出主诉、八纲结论、证候分析、证候名称)

1. 患者，某女，55岁，素体肥胖，1年来常感左胸憋闷疼痛，呈阵发性，时有针刺感，痛时引及左肩背内臂，胸闷心悸，咯痰量多，气短自汗，动则尤甚，面色㿠白，形寒肢冷，舌淡紫，苔白腻，脉沉弱，时见结脉。
2. 患者，某男，63岁，每年秋冬常发咳喘，前天因天气骤冷，咳喘复发，症见咳喘气急，喉中痰鸣，胸膈满闷，咯痰清稀量多，面白肢冷，舌淡苔白滑，脉滑。
3. 患者，某男，6岁，3天前服食过量冰冻草莓，当晚即上吐下泻，今日腹泻加重，日行7~8次，泄下清稀如水样，泛恶欲吐，脘腹痞闷，口淡不渴，纳呆食少，乏力身重，苔白腻，脉濡缓。
4. 患者，某女，35岁，2个月前因家事不和，与人争吵，随后出现失眠易惊，噩梦纷纭，头晕目眩，口干口苦，呕恶烦闷，喜太息，胸胁胀甚，舌红苔黄腻，脉滑数。
5. 患者，某男，28岁，3年前始见面目、下肢浮肿，按之凹陷，未及时治疗，病情时好时坏，近2个月来，常感心慌心悸，伴见面色㿠白，神疲乏力，少气懒言，形寒肢冷，腰膝酸冷，小便短少，舌淡胖，苔白滑，脉沉迟而细。

（李　晶　杜彩凤）

10　经络辨证概要

学习目标

1. 简述经络辨证的基本知识
2. 说出经络病证的特点

经络辨证，是以经络理论为指导，根据经络的循行分布、功能特性、病理变化及其与脏腑的相互关系，对病情资料进行辨别、分析，以识别其病机和证候的一种辨证方法。

经络辨证是对脏腑辨证的补充和辅助，特别是在针灸、推拿（按摩）等治疗方法中，更常运用经络辨证。

经络辨证的内容有十二经脉病证和奇经八脉病证。这里仅简要介绍它们的病证特点。

10.1　十二经脉病证的特点

十二经脉包括手、足三阴与三阳经。各经病证包括经脉循行和所属脏腑的病变。它们的临床表现有三个特点：一是经脉受邪，经气不利，出现的病症多与其循行部位有关，如足太阳膀胱经受邪，可见项背、腰脊、腘窝、足跟等处疼痛；二是脏腑病候与经脉所属部位的症状相兼，如手太阴肺经病证可见咳喘气逆、胸满、臑臂内侧前缘疼痛等；三是一经受邪可影响其他经脉，表现多经合病的症状，如脾经有病可见胃脘疼痛，食后作呕等胃经病症；足厥阴肝经受病出现的胸胁胀满、呕逆、飧泄、癃闭等病症。因此，十二经病证是有一定规律可循的，掌握其规律和特点，便可帮助我们推求病变所在的经络及脏腑。

10.2　奇经八脉病证的特点

奇经八脉为十二正经以外的八条经脉，即冲、任、督、带、阳维、阴维、阳跻、阴跻诸脉。奇经八脉具有联系十二经脉，调节人体阴阳气血的作用。奇经八脉的病证，由其所循行的部位和所具有的特殊功能所决定。其中督脉总督一身之阳，任脉总任一身之阴，冲脉为十二经之海，三脉皆起于下极而一源三歧，与足阳明胃经、足少阴肾经联系密切，所以冲、任、督脉的病证常与人的先、后天真气有关，并常反映为生殖功能的异常，如调理冲任可以治疗妇女月经不调、不孕、滑胎流产等；温养督任可以治疗生殖功能衰退等，均为临床所常用。带脉环绕腰腹，其病常见腰脊绕腹而痛、子宫脱垂、赤白带下等。阳跻为足太阳之别，阴跻为足少阴之别，能使机关矫健，其病多表现为肢体痿痹无力、运动障碍。阳维脉起于诸阳会，以维系诸阳经，阴维脉起于诸阴交，以维系诸阴经，所以为全身之纲维。阳维脉为病，多见寒热；阴维脉为病，多见心胸、脘腹、阴中疼痛。

小结

1. 十二经脉病证的特点:①与十二经脉循行部位有关;②与十二经脉所络属的脏腑病证相关。

2. 奇经八脉病证的特点:①与奇经八脉的循行路线有关;②与奇经八脉的特殊功能有关。

目标检测

问答题

临床上为什么常用“调理冲任”法治疗月经病;用“温养任督”法治疗生殖功能衰退?

(李 晶 杜彩凤)

11　六经辨证概要

学习目标

1. 简述六经辨证的基本知识
2. 说出六经病证的传变关系

六经辨证是汉代张仲景在《素问·热论》的基础上，结合伤寒病证的传变特点总结出来的，为外感病的一种辨证方法。运用六经辨证，能使我们正确地掌握外感病变化发展的规律，从而在治疗上起着指导作用。

六经，即太阳经、阳明经、少阳经、太阴经、少阴经和厥阴经。

六经病证，是经络、脏腑病理变化的反映，其中三阳病证以六腑的病变为基础；三阴病证以五脏的病变为基础。所以说六经病证实际上基本概括了脏腑和十二经的病变。但由于六经辨证的重点，在于分析外感风寒所引起的一系列的病理变化及其传变规律，因而不能等于内伤杂病的脏腑辨证。

六经病证从病变的部位分，太阳病主表，阳明病主里，少阳病主半表半里，而三阴病皆属于里。从病变的性质分，三阳病多属热，三阴病多属寒。从邪正盛衰分，三阳病多属实，三阴病多属虚。由此可见，六经病证无不贯穿着阴、阳、表、里、寒、热、虚、实八纲的基本内容。如太阳病主表证，若不辨其属表虚或属表实，就不能分别运用解肌或发汗的治法；少阴病为里虚证，若不辨其属里虚寒或属里虚热，就不能分别运用扶阳或养阴的治法。所以在运用六经与八纲辨证时，两者是不可分割的。

11.1　六经提纲证

六经病证既是经络脏腑病理变化的反映，而经络脏腑是人体不可分割的整体，故某一经的病变，很可能影响到另一经，所以六经病有相互传变的证候。一般说来六经传变，阳证大多从太阳开始，然后传入阳明、少阳，如正气不足，亦可传及三阴；阴证大多从太阴开始，然后传入少阴、厥阴，但亦有邪气直中三阴的。总之，病邪传变，大多由表而里，由实转虚；然在正复邪衰的情况下，亦可由里达表，由虚转实。前者是病邪进展的传变，后者是病情向愈的转归，所以有这样的演变，是与各种客观因素的影响有密切关系的，凡病邪的轻重，体质的强弱，以及治疗的恰当与否，都是决定疾病传变的主要因素。

11.1.1　太阳病证

太阳为人身的藩篱，主肌表，太阳经脉循行于项背，统摄营卫之气。太阳之腑为膀胱，储藏水液，经气化由小便排出。外邪侵袭，大多从太阳而入，正气奋起抗邪，于是首先表现出来的就是太阳经证，是伤寒病的初起阶段；若太阳经病不愈，病邪可循经入腑，而发生太阳腑证。太阳腑证有蓄水、蓄血之分。

11.1.1.1 太阳经证

太阳经证是指由于风寒之邪侵犯人体肌表，正邪抗争，营卫失和所表现的证候。太阳经证为伤寒病的初起阶段。

临床表现　恶寒，头项强痛，脉浮。

辨证分析　本证是由风寒外邪侵犯太阳经所致。风寒束表，卫阳被遏，肌肤失于温煦，故恶风寒。足太阳经脉自头项下行于背部，太阳经脉受邪，经气不利，气血运行受阻，则头项及背部作痛。正邪抗争于太阳肌表，脉气鼓动于外，故脉浮。

上述表现是太阳病的主症主脉，无论感受何种病邪，病程长短，但见此症此脉，即可辨为太阳病。

太阳经证，由于患者感受邪气之不同、体质的差异，又有太阳中风证和太阳伤寒证之分。

1) 太阳中风证：太阳中风为外伤风邪之意，并不是指猝然昏倒的中风。太阳中风的主要病机是由于营卫失调所致。以感受风邪，营卫失调出现发热，恶风，自汗出，脉浮缓为审证要点。

临床表现　发热，恶风，头痛，自汗出，脉浮缓，或见鼻鸣，干呕。

辨证分析　卫为阳，功主卫外；营为阴，有营养的作用。阳在外为阴之使，阴在内为阳之守。今风邪外袭，卫受病则卫阳浮盛于外而发热，所谓"阳浮者热自发"。正由于卫阳浮盛于外，失其固外开阖的作用，因而营阴不能内守而汗自出，汗出则营弱，所谓"阴弱者汗自出"。由于汗出肌腠疏松，营阴不足，故脉浮缓。汗出肌疏，故恶风。鼻鸣干呕，则是风邪壅滞而影响及于肺胃使然。由于此证汗出肌腠疏松，所以又有表虚证之称，这是对太阳伤寒证的虚实而言的，并不是绝对的虚证。

2) 太阳伤寒证：是指以寒邪为主的风寒之邪侵犯太阳经脉，导致卫阳被遏，营阴郁滞所表现的证候。以恶寒、无汗、脉浮紧为审证要点。

临床表现　恶寒，发热，头项强痛，身体疼痛，无汗而喘，脉浮紧。

辨证分析　风寒外邪以寒邪为主侵犯太阳之表，卫阳被遏，肌肤失于温煦，则见恶寒；寒邪郁表，卫阳奋起抗邪，正邪交争，故发热。卫阳郁遏，脉中营阴郁滞，筋骨失于温养，故头身疼痛。寒性阴凝，致使腠理闭塞，玄府不开，故见无汗。寒邪凝束，正气抗邪，故脉浮紧。寒邪束表，肺气失宣，则呼吸喘促。因其无汗，故又称表实证。

11.1.1.2 太阳腑证

太阳腑证是指太阳经证不解，病邪由太阳之表内传其膀胱腑所表现的证候。根据病机之不同，又分为太阳蓄水证和太阳蓄血证。

1) 太阳蓄水证：是指太阳经证不解，邪与水结，膀胱气化不利，水液停蓄所表现的证候。以太阳经证与小便不利、少腹满并见为审证要点。

临床表现　发热，恶寒，小便不利，少腹满，消渴，或水入即吐，脉浮或浮数。

辨证分析　太阳经证不解，故见发热，恶寒，脉浮等表证。邪热内传其膀胱之腑，气化功能失职，邪与水结，水液停蓄，故见小便不利，少腹满。水停而气不化津，津液不能上承，故渴欲饮水。若饮多则水停于胃，致胃失和降而见饮入即吐。

2) 太阳蓄血证：是指太阳经证不解，邪热内传，与血相结于少腹所表现的证候。以少腹急硬，小便自利、如狂便黑为审证要点。

临床表现　少腹急结或胀满，小便自利，如狂或发狂，善忘，大便色黑如漆，脉沉涩或沉结。

辨证分析　太阳经证失治，邪热随经内传，与血相结，瘀热结于下焦少腹，故致少腹急结，甚则胀满;瘀热内结,上扰心神,故见神志错乱如狂,甚则发狂,以及善忘等症。病在血分,未影响膀胱气化功能,故小便自利。瘀血下行随大便而出,则大便色黑如漆。脉沉涩或沉结,是因瘀热阻滞,脉道不利所致。

11.1.2 阳明病证

阳明病证是指伤寒病发展过程中,太阳病未愈,病邪逐渐亢盛入里所致。阳气亢盛,邪从热化最盛的极期阶段,其性质属里实热证。临床表现为身热,不恶寒,反恶热,汗自出,脉大。以阳热亢盛,胃肠燥热所表现的证候为审证要点。

阳明病的主要病机是"胃家实"。胃家,包括胃与大肠;实,指邪气亢盛。阳明为多气多血之经,阳气旺盛,邪入阳明最易化燥化热。里热炽盛,蒸腾于外,故见身热;迫津外泄则汗自出。表邪已入里化热,阳明邪热独盛,故不恶寒,反恶热。热盛而气涌,脉道充盈,故脉大,且鼓指有力。阳明病证又可分为阳明经证和阳明腑证。

11.1.2.1 阳明病经证

阳明病经证是指阳明病邪热弥漫全身,充斥阳明之经,而肠道尚无燥屎内结的证候。以大热、大渴、大汗、脉洪大为审证要点。

临床表现 身大热,大汗出,大渴引饮,面赤心烦,舌苔黄燥,脉洪大。

辨证分析 邪入阳明,燥热亢盛,充斥阳明经脉,故周身大热;阳明之脉荣于面,热势上腾,故面赤;热迫津液外泄,故大汗出。汗出而津不能继,热甚津伤,故大渴引饮。阳明热盛,蒸灼于心神,故心烦。舌苔黄燥,脉洪大为阳明热盛之象。

11.1.2.2 阳明病腑证

阳明病腑证是邪热传里与肠中糟粕相持而成燥屎内结的证候。以潮热谵语,腹满疼痛,大便燥结为审证要点。

临床表现 日晡潮热,手足濈然汗出,脐腹部胀满疼痛,大便秘结,或腹中转矢气,甚者谵语、狂乱,不得眠,舌苔多厚黄干燥,边尖起芒刺,甚至焦黑燥裂。脉沉迟而实,或滑数等。

辨证分析 本证较经证为重,往往是阳明病经证进一步的发展。如阳明经证,大热汗多,或误用发汗使津液外泄,于是肠中干燥,里热更甚,而致燥屎阻结,则成腑证。阳明经气旺于日晡,四肢禀气于阳明,肠腑实热弥漫,故日晡潮热,手足濈然汗出。邪热与糟粕结于肠中,腑气不通,故脐腹胀满而痛,大便秘结;燥屎内结,结而不通,气从下矢,则腹中矢气频转。邪热上扰心神,则见昏谵,甚则狂乱不安。苔黄燥而有芒刺,或焦黑燥裂,为燥热内结,津液被劫之故。邪热亢盛,且有形之邪壅滞,气机不畅,脉气不利,故脉来迟但有力;若邪热迫急则脉滑数。

病案分析

陆祖愚治顾玉岩,年60,患伤寒,服药头痛骨痛已除,身热烦躁,兼发赤斑而狂。诊之,六脉沉数有力,目瞪直视,噤不出声,舌黑芒刺,四肢冰冷,询其大便,20日不行,谓年虽高,脉尚有神,力任无事,投以大承气汤,目闭昏沉,咸谓决死。一二时顷,腹中鸣响,去燥屎若干,诸症脱然,仅在一息,改用人参、麦冬、归、芍、芪、术,调理而安。

链接

11.1.3　少阳病证

少阳病从其病位上来看,是已离太阳之表,而未入阳明之里,正是在表里之间,因而在其病变的转机上,既不属于表证,也不属于里证,而是属于半表半里的热证,是邪犯少阳胆腑,枢机不运,经气不利所表现的证候。以寒热往来,胸胁苦满,脉弦等为审证要点。

临床表现　口苦、咽干、目眩,往来寒热,胸胁苦满,嘿嘿不欲饮食,心烦喜呕,苔白或薄黄、脉弦等。

辨证分析　本证多由太阳经证不解,邪传半表半里的少阳部位而引起。亦可由厥阴病转出少阳而成。少阳位居半表半里,《伤寒论》以口苦、咽干、目眩为提纲。因为少阳受病,邪热熏蒸,胆热上腾则口苦,津为热灼则咽干,目为肝胆之外候,少阳风火上腾,所以目为之眩。邪入少阳半表半里之间,正邪相争,正不胜邪,则恶寒,正胜于邪,则发热,因此寒热往来,亦为少阳病的特点之一。少阳之脉布于胁肋,热郁少阳,故胸胁苦满。胆热木郁,犯于胃腑,胃为热扰,则嘿嘿而不欲饮食。少阳木郁,木火上逆,则心中烦扰;胆气横逆,胃土必自受侮,胃为邪袭,失其和降,反而气逆向上,所以时时欲呕,肝胆受病气机郁滞,是以脉弦。

11.1.4　太阴病证

太阴病证是由多种原因导致脾阳虚衰,寒湿内生所表现的证候。其性质属于里虚寒湿。脾属太阴,与阳明胃相表里,胃阳旺盛则邪从燥热而化,脾阳不足则邪从寒湿而化,故阳明病属于里实热证,太阴病属于里虚寒证。由于脾与胃同居中州,相为表里,所以两经见证可以相互转化,如阳明病而中气虚,即可转为太阴;太阴病而中阳渐复,亦可转为阳明。临床所见,凡三阳病而中气虚者,每易转为脾胃虚寒的证候,称为"传经";如里阳素虚而始病即见虚寒证候者,称为"直中";无论传经或直中,凡见下述证候的可断为太阴病证。本证以腹部满痛,自利,口不渴等虚寒之象为审证要点。

临床表现　腹满而吐,食不下,自利,口不渴,时腹自痛。或舌苔白腻,脉象沉缓而弱。

辨证分析　此证可因三阳病治疗失当,损伤脾阳,或由风寒之邪直接侵犯而成。脾土虚寒,气机不利,则腹部满痛;寒邪阻滞,则腹痛阵发;所以太阴病的腹部满痛与阳明病的腹满因于燥屎内结者,迥然不同。燥屎内结者,其满痛必甚,而且痛必拒按;太阴病腹满痛为虚,所以腹满时减,而且喜温手揉按。由于中焦虚寒,故食不下或自利;以其邪从寒湿而化,且下焦气化未伤,津液犹能上承,所以太阴病口多不渴。但在吐利严重的情况下,也可能有口干渴的感觉,不过渴不喜饮,或渴喜热饮而饮亦不多。寒湿之邪,弥漫太阴,故舌苔白腻、脉沉缓而弱。

11.1.5　少阴病证

少阴病是伤寒六经病变发展过程的后期,全身性阴阳衰惫所表现的证候概括。少阴经属于心肾,为水火之脏,是人身的根本,心肾功能衰减,抗病力量薄弱,则为少阴病变。病位主要在心肾,临床以脉微细,但欲寐为审证要点。

少阴病既可从阴化寒,又可从阳化热,因而在临床上有寒化、热化的两种不同证候。

11.1.5.1　少阴寒化证

少阴寒化证是少阴病过程中比较多见的一种证候,多为阳气不足,病邪内入,从阴化寒,故呈现出全身性的虚寒征象，这与太阴病的肠胃虚寒证是判然有别的。本证以无热恶寒、下利、肢厥脉微为审证要点。

临床表现　无热恶寒，脉微细，但欲寐，四肢厥冷，下利清谷，呕不能食，或食入即吐；或脉微欲绝，反不恶寒，甚至面赤。

辨证分析　少阴阳气衰微，阴寒独盛，失于温养，故无热恶寒，所谓“无热恶寒者，发于阴也”；亦即“阳虚则外寒”之义。阳气衰微不能鼓动血液运行，是以脉微细；“阳气者，精则养神”，今阳气衰微，神气失养，故呈现“但欲寐”神情衰倦的迷糊状态。此外，更由阳衰寒盛，外不能温煦四肢，则四肢厥冷；内不能温运于脾胃，故下利清谷，呕不能食，或者食入即吐。若阴寒极盛于下，将残阳格拒于上，则表现为阳浮于上的反不恶寒，面赤“戴阳”假象。

11.1.5.2　少阴热化证

为少阴阴虚阳亢，从阳化热的证候。

临床表现　心烦不得卧，口燥咽干，舌尖红赤，脉象细数。

辨证分析　少阴病热化证是阴盛阳亢，与少阴病寒化证的阳微阴盛，正好相反。邪入少阴从阳化热，热灼真阴，水亏则不能上济心火，而心火独亢，阳亢不入于阴，阴虚不受阳纳，侵扰心神，则心烦不寐。更因心火上炎而阴液耗伤，故又出现口燥咽干，舌尖红赤及脉细数一系列的阴虚阳亢之象。

11.1.6　厥阴病证

厥阴病在病程中为病变的较后阶段，临床特点为阴阳对峙，寒热交错。这个阶段正气和病邪相争于内，病变的表现极为错综复杂。足厥阴肝经属肝络胆而狭胃，故其病变虽极复杂，但是归结起来，其病则多显示出肝胆和胃的证候，由于其病理变化，正邪消长的不同，故有上热下寒和厥热胜复的不同机转。

临床表现　消渴，气上冲心，心中疼热，饥而不欲食，食则吐蛔。

辨证分析　厥阴病为六经之末，多由他经传变而成，其中以少阳病为主。其主症表现为上热下寒。因厥阴为阴之尽，其特点是阴阳各趋其极，阳并于上则上热，阴并于下则下寒。其主症中的前三症，是上焦津伤热扰的上热表现；后者是下部肠道虚寒，蛔虫栖息的环境改变且无食物而窜动，故呈现出食则吐蛔的症状。

11.2　六经病的合病、并病、传经与直中

六经病证是脏腑、经络病变的反映，而脏腑、经络之间相互联系，因此，六经病证，每经既有严格的区别，又有一定的联系和影响；证候表现，既可单独出现，又可两经以上同时并见。可以相互传变，分为传经、合病、并病与直中。

11.2.1　合　　病

伤寒病不经过传变，两经病或三经病同时发生的为合病，《伤寒论》中有太阳阳明合病，太阳少阳合病，阳明少阳合病以及三阳合病四种。

11.2.2 并　　病

凡一经之病，治不彻底；或一经之证未罢，又见他经证候的，称为并病，这与二经同时发病者不同。例如太阳病，发汗不彻因而转属阳阴，为太阳阳明并病。少阳病进一步发展而又涉及阳明；或少阳证未罢而已见阳明证的，为少阳阳明并病等。其实这是疾病传变中的一种形式。

11.2.3 传　　经

病邪自外侵入，逐渐向里发展，由某一经病证转变为另一经病证，称为"传经"。传经与否，主要关键决定于受邪的轻重，病体的强弱和治疗的当与否三个方面。如邪气盛，正气衰，则发生传变；正气盛，邪气退，则病转愈。身体较强者，病的传变，多在三阳经；身体弱者，容易传入三阴。此外，误汗、误下，也能传入阳明，更可以不经少阳、阳明而径传三阴。其中若按伤寒六经的顺序相传者，即太阳病—阳明病—少阳病—太阴病—少阴病—厥阴病，称为"循经传"，若是隔一经或两经以上相传者，称为"越经传"；若相互表里的两经相传者，称为"表里传"，如太阳病传少阴病等。

11.2.4 直　　中

尚有素体虚弱，病邪初起不从三阳经传入而径直入于三阴经，表现为三阴经证候的为直中。

以上所述，都属由外传内，由阳转阴。此外，还有一种里邪出表，由阴转阳的阴病转阳证。所谓阴病转阳，就是本为三阴病而转变为三阳证，为正气渐复，病有向愈的征象。

小结

1. 六经辨证是汉代张仲景创立的一种主要用来论治外感病的辨证方法。
2. 六经证候：太阳病证、阳明病证、少阳病证、太阴病证、少阴病证、厥阴病证。
3. 六经病的发生及传变方式有：合病、并病、直中、传经。循径传的顺序是：太阳→阳明→少阳→太阴→少阴→厥阴。

目标检测

一、单项选择题

1. 下列情况属于"合病"的是

A. 少阳病与阳明病同时出现　　B. 太阳病与少阴病同时出现
C. 少阴病与太阳病同时出现　　D. 少阴病与厥阴病同时出现
E. 少阴病与少阳病同时出现

2. 患者高热汗出，便结腹满硬痛拒按，舌苔焦燥，时有谵语，脉沉有力，诊为

A. 大肠湿热证　　B. 阳明经热证　　C. 脾胃湿热证
D. 阳明腑实证　　E. 大肠津亏证

3. 经之证候未罢,又见他经证候的称

A. 合病　　B. 并病　　C. 循经传

D. 表里传　　E. 直中

4. 下列哪项不属于阳明经证的临床表现

A. 壮热　　B. 汗出　　C. 舌焦黄

D. 口渴引饮　　E. 脉洪大

二、名词解释

1. 传经　　2. 直中　　3. 太阳经证

三、问答题

1. 试述三阴病的主要表现和病机。

2. 少阳病的病机及主要脉症是什么?

（李　晶　杜彩凤）

12 卫气营血辨证概要

学习目标

1. 简述卫气营血辨证的基本知识
2. 说出卫气营血辨证的传变关系

卫气营血辨证是清代叶天士创立的一种论治外感温热病的辨证方法。叶氏根据外感温热病的发生、发展、演变规律，借用《内经》及前辈医家关于卫、气、营、血四种密切相关的物质概念及其在生理功能、运行分布上的不同特点，并引申发挥，将外感温热病发展过程中由浅入深传变的不同病理阶段，分为卫分证、气分证、营分证、血分证四类，用以说明病位的浅深、病情的轻重和传变的规律，并指导临床治疗，从而形成了卫气营血辨证理论。就其病变部位而言，卫分证主表，邪在肺与皮毛，病情轻浅；气分证主里，病在胸、膈、胃、肠、胆等脏腑，病情较重；营分证邪热入于心营，病在心与包络，病情并且更重；血分证则邪热已深入心、肝、肾，重在耗血、动血，病情最重。一般而言，卫、气分的病机变化以功能失调为主，营、血分的病变以实质损害为主。

温病学派的形成

温病学派是我国明代末年以后在南方逐渐兴起的一个学术流派。它以研究外感温热病为中心。这与明清之际，瘟疫流行尤以江浙一带为著，且该地区气候湿热，热病盛行，客观上促使江浙诸家对瘟病进行研究有很大关系。其代表人物有明末的吴又可，著《温疫论》，奠定了温热病论治的基础。清代的叶天士《温热论》创卫气营血辨证体系，薛生白《湿热病篇》详论湿热病的因机证治，吴鞠通《温病条辨》创三焦辨证理论，王孟英《温热经纬》集前人之大成，对温病学进行了整理总结。

链接

12.1 卫气营血证候

12.1.1 卫分证

卫分证是指温热病邪侵袭人体肌表，引起卫外功能失调，肺失宣降所表现的证候。见于温热病的初起阶段。

临床表现 发热，微恶风寒，无汗或少汗，头痛，咳嗽，口干微渴，咽红肿痛，舌边尖红，苔薄白，脉浮数。

辨证分析 卫分证由温邪初袭肌表，邪正交争于卫分所致。以发热，微恶风寒，口微渴，舌边尖红，脉浮数为辨证要点。卫为邪郁，正气抗邪而不能布达于外，肌肤失于温养，故发热，微恶风寒。温热之邪属阳，故发热重而恶寒轻。邪留肌表，腠理开合失司，则无汗或少汗。肺合皮毛，主一身之表，温邪袭表，肺失宣降，气逆于上则咳嗽。热灼咽喉，则咽喉红肿疼痛。阳热上扰清空则头痛；伤津不重，故口干微渴。舌边尖红，苔薄白，脉浮数，为温热在表之症。

温热大师叶天士

叶桂，字天士，号香岩，江苏吴县人。生活于清康熙六年至乾隆十一年（公元1666～1745年）。祖父两代业医，桂14岁父亡，从父之门人朱某学医，先后从师17人，汲取众人之长，刻苦钻研，学业大进，疗效甚佳，有"天医星"、"国医手"之称。

叶氏毕生忙于临床，生平很少著述，其《温热论》1卷，相传系其弟子顾景文手录其口授而成。书中所论"温邪上受，首先犯肺，逆传心包"；"大凡卫之后方言气，营之后方言血"；"在卫汗之可也，到气才可清气，入营犹可透热转气，入血就恐耗血动血，直须凉血散血"等，分析了温病的发生发展演变规律及其诊治方法，创立了卫气营血的辨证论治体系，成为一代"温热大师。"

链接

12.1.2 气　分　证

气分证是指温热病邪内传脏腑，正盛邪实，阳热亢盛所表现的里实热证。气分证的范围较广，涉及的病变部位主要有肺、脾、胃、肠、胸膈、胆、膜原等。

临床表现　发热不恶寒，反恶热，汗出，口渴饮冷，心烦，尿赤，舌红苔黄，脉数有力。或兼咳喘，胸痛，咯痰黄稠；或兼心烦懊侬，坐卧不安；或兼潮热，腹胀痛拒按，或时有谵语、狂乱，大便秘结或下利稀水，苔黄燥，甚则焦黑起刺，脉沉实；或见口苦，胁痛，干呕，心烦，脉弦数等。

辨证分析　本证多由卫分证不解，邪传入里所致；亦有初感则温热邪气直入气分而成者。以发热不恶寒，反恶热，舌红苔黄燥，脉数有力为辨证要点。里热炽盛，邪正剧争，故身热颇盛，热在里不在表，故不恶寒，反恶热。里热亢盛，迫津外泄而汗多。热灼津伤，则口渴喜冷饮，尿赤，苔黄燥。热扰心神则心烦。热盛血涌则舌红，脉数有力。

根据兼见症状之特点，可进一步判断病在何脏何腑。

若邪热壅肺，肺失清肃，肺气不利，则咳喘，胸痛，咯痰黄稠。

若热扰胸膈，熏灼心肺，心神不宁，则心烦懊侬，坐卧不安。

若热结肠道，腑气不通，则见日晡潮热，腹满胀痛拒按。邪热与燥屎相结，浊气不得下泄而热炽于上，扰动心神，则时有谵语、狂乱。燥屎结于肠中，热迫津液从旁而下，则下利稀水，秽臭不堪，即所谓"热结旁流"。实热内结，灼伤津液，故苔黄而燥，甚则焦黑起刺。热结于内，壅阻气血，则脉沉实有力。

若热郁胆经，胆气上逆则口苦；经气不利，故胁痛；邪热扰心则心烦；胆热犯胃，胃失和降，故干呕。脉弦数为胆经有热之象。

若湿热流连气分，涉及的病变部位主要有脾胃、膜原、胆腑、肠道等。证候类型不同，临床表现各有区别，其共有症状是：发热、脘腹痞满、苔腻。发热的类型随湿热偏盛的程度而异。湿偏盛者，湿遏热伏，则身热不扬；热偏盛者，湿热交蒸而身热较盛。湿热郁阻气机，则脘腹痞满。苔腻为湿浊内蕴之象，湿偏盛者，苔白腻；热重湿轻或湿热俱盛者，为黄腻苔或黄浊苔。

12.1.3 营　分　证

营分证是指温热病邪内陷，劫灼营阴，心神被扰所表现的证候，是温热病发展过程中较为深重的阶段。

临床表现　身热夜甚,口干不甚渴饮,心烦不寐,时有神昏谵语,斑疹隐隐,舌质红绛无苔,脉细数。

辨证分析　本证可由气分证不解,邪热传入营分而成,或由卫分证直接传入营分而成,称为"逆传心包";亦有营阴素亏,起病即见营分证者,来势凶猛,发病急骤,病情危重。本证是以身热夜甚,心烦谵语,舌红绛,脉细数为辨证要点。

营行脉中,内通于心。邪热入营,灼伤营阴,阴虚则身热夜甚;邪热蒸腾津液上潮,故口干不甚渴饮。邪热深入营分,侵扰心神,则心烦不寐,神昏谵语。营热波及血络则见斑疹隐隐。舌红绛无苔,脉细数,为邪热入营,营阴受损之象。

12.1.4 血　分　证

血分证是指温热病邪深入阴血,导致耗血动血、动风伤阴、瘀热内阻所表现的一类证候。深入血分是温热病发展过程中最为深重的阶段,病变主要累及心、肝、肾三脏。

临床表现　身热,躁扰不宁,甚或神昏谵狂,斑疹显露,色紫黑,吐血、衄血、便血、尿血,舌质深绛,脉细数。或见抽搐,颈项强直,角弓反张,目睛上视,牙关紧闭,四肢厥冷,脉弦数;或见持续低热,暮热早凉,五心烦热,神疲不寐,耳聋形瘦,脉虚细;或见手足蠕动、瘛疭等。

辨证分析　本证是由邪在营分不解,传入血分而成;或气分热炽,劫营伤血,径入血分而成;或素体阴亏,血分伏热自发而成。主要表现为热盛动血、热盛动风、热盛伤阴三大类型。严重者可因血分热毒极盛,正不胜邪,而致血脉瘀阻,脏气衰竭或急性失血,气随血脱而死亡。本证以身热躁扰,神昏谵语,斑疹紫黑,舌质深绛,脉细数为辨证要点。

邪热入血,血热亢盛,内扰心神,则身热、躁扰不宁,甚则神明失司而昏狂;血热沸腾,损伤血络,迫血妄行,则见出血诸症。邪热灼津,血行缓滞,故见斑疹紫黑,舌质深绛,脉细数。

若血分热炽,燔灼肝经,筋脉拘挛迫急,则见"动风"诸症。邪热内郁,阳气不达四末,则四肢厥冷,即所谓"热深厥亦深"。

若邪热久羁,劫灼肝肾之阴,阴虚则阳浮于上,见微热,或暮热早凉,五心烦热。阴精耗损,不能上承,故口干咽燥,舌红少津。肾阴亏耗,耳失充养,则耳聋;神失所养则神疲,形体失养则体瘦,虚热内扰心神则不寐。脉虚细,为精血不充之象。

若肝阴不足,筋失所养,可见手足蠕动、瘛疭等虚风内动之象。

12.2 卫气营血证候的传变

卫气营血证候的传变过程,体现了温病发生发展的规律性。其传变与否及传变方式,受病邪性质、感邪轻重、患者的体质类型和失治、误治等多种因素的影响。一般临床有顺传和逆传两种形式。

顺传:是卫气营血传变的一般规律,指病变从卫分开始,依次传入气分、营分、血分。它体现了病邪由表入里、由浅入深,病情由轻而重,由实致虚的传变过程。正如叶天士所说:"大凡看法,卫之后方言气,营之后方言血"。

逆传:是"顺传"规律中的一种特殊类型,指邪入卫分后,不经过气分阶段而直接深入营、血分,或内陷心包。提示病情急剧、重笃。如叶天士说:"温邪上受,首先犯肺,逆传心包"。

此外,温热病过程中证候的传变,尚有不按上述规律演变而出现其他传变形式者。如发病之初无卫分证,而径见气分证或营分证;卫分证未罢,又兼气分证,而致"卫气同病";气分证尚存,又出现营分证或血分证,称"气营两燔"或"气血两燔"等等。可见,卫气营血的传变形式较为复杂，临证需综合四诊资料，全面分析，把握卫气营血各证的辨证要点，才能做出正确判断，以指导临床治疗。

小结

1. 卫气营血辨证是清代医家叶天士创立的论治外感温热病的一种辨证方法。

2. 卫气营血证候：卫分证、气分证、营分证、血分证。

3. 卫气营血的传变：顺传，卫→气→营→血。逆传，邪从卫分不经气分直接内陷心营。

目标检测

一、单项选择题

1. 营分证的舌象特点是

A. 舌边尖红　B. 舌红　C. 舌红绛　D. 舌深绛　E. 舌青紫

2. 症见身热夜甚，口渴不甚，心烦不寐，甚或神昏谵语，斑疹隐现、舌质红绛，脉细数，此属

A. 卫分证候　B. 气分证候　C. 营分证候　D. 血分证候　E. 以上均非

3. 下列症状中，哪项与气分证最无关系

A. 舌苔薄黄　B. 微恶风寒　C. 战汗　D. 发热　E. 脉数

二、填空题

1. 卫气营血辨证，是由清代①______所创立的，用以说明②______、③______和④______，并指导临床治疗的一种辨证方法。

2. 卫气营血辨证的顺传指病变多从①______开始，依次传入②______、③______、④______。

3. 血分证临床主要表现为①______、②______、③______三大类型。

三、问答题

1. 何谓气分证？它有哪些临床特点？

2. 何谓营分证？它有哪些临床特点？

（李琳荣　杜彩凤）

13 三焦辨证概要

学习目标

1. 简述三焦辨证的基本知识
2. 说出三焦病证的传变关系

三焦辨证，是清代吴鞠通依据《内经》关于三焦所属部位的概念，将外感温热病的证候归纳为上、中、下三焦病证，用以阐明三焦所属脏腑在温热病过程中的病理变化、证候表现及其传变规律，并指导治疗的一种辨证方法。

三焦所属脏腑的病理变化和临床表现，标志着温热病发展过程中的不同病理阶段。上焦病证主要包括手太阴肺和手厥阴心包的病变。其中手太阴肺的证候多为温病的初起阶段。中焦病证主要包括手阳明大肠、足阳明胃和足太阴脾的病变。脾胃同属中焦，阳明主燥，太阴主湿，邪入阳明而从燥化，则多呈现里热燥实证邪入太阴从湿化，多为湿温病证，属温病的中期或极期阶段。下焦病证主要包括足少阴肾和足厥阴肝的病变，多为肝肾阴虚之候，属温病的末期阶段。

吴鞠通生平简介

吴瑭，字鞠通，江苏淮阴人。约生于乾隆二十三年至道光十六年（公元 1758～1836 年）。19 岁时因父病不治，遂发奋研究医学，他一生经历多次瘟疫流行，故专心致力于外感热病的研究。著《温病条辨》，创三焦辨证理论体系，强调以上中下三焦为纲统论温热、湿热与温疫。他认为：温病自口鼻而入，先病于肺，肺病逆传，即犯心包；上焦病不治，则传中焦，中焦病不治，即传下焦，“始上焦，终下焦”，并确立了“治上焦如羽，非轻不举，治中焦如衡，非平不安，治下焦如权，非重不沉”的治疗原则，创制了桑菊饮、银翘散、清络饮、清营汤、清宫汤、一甲复脉汤、二甲复脉汤、三甲复脉汤等著名方剂，充实了温病清热养阴的治疗大法。较叶桂、薛雪之说更进一步，为温病学的发展做出了重大贡献。

链接

13.1 上焦病证

上焦病证是指温热之邪侵袭手太阴肺经和手厥阴心包经所表现的证候。

温邪侵袭人体，从口鼻而入，自上而下，鼻通于肺，始手太阴。由于肺主气属卫，故在上焦病证中，温热之邪初犯人体，既可能肺卫同时受邪，也可能只限于肺脏受邪，邪热壅肺，卫表症状不甚明显。上焦病证有两种传变趋向：一为顺传，指温邪由上焦传入中焦而出现脾胃病证；另一种为逆传，指温邪从肺卫传入手厥阴心包而出现神昏、谵语、舌謇、肢厥等表现的证候，称为“逆传心包”，多属病情严重。

临床表现　发热，微恶风寒，汗出，咳嗽，口渴，头痛，舌边尖红，脉浮数或两寸独大者，为肺卫表热证；或见但热不寒，咳嗽，气喘，汗出，口渴，舌红苔黄，脉数者，为邪热壅肺证；甚则高热，神昏谵语或昏聩不语,舌謇,肢厥,舌质红绛者,为逆传心包。

辨证分析　温热之邪侵犯上焦肺卫,卫气失和,郁与邪争,则见发热,微恶风寒,舌边尖红,脉浮数或两寸独大等症;肺失宣降,则咳嗽;温邪上扰清空则头痛;邪热伤津则口渴;迫津外泄则汗出。若邪热入里,壅滞于肺,肺失肃降,气逆于上,则见咳嗽,气喘;邪已入里,故身热不恶寒。舌红苔黄,脉数,均为邪热内盛之症。

温邪不解,逆传心包,心神被扰,则见神昏谵语或昏聩不语;舌为心窍,故舌謇;阳气内郁,不达四肢,故肢厥而冷不过肘膝,应与阴寒所致的冷过肘膝相鉴别;里热炽盛,蒸腾于外,故见高热;热灼营阴则舌质红绛。逆传病情危笃,易致内闭外脱之重证,应及时抢救。临证需与热入营分,时有神昏谵语;或湿热夹痰,蒙蔽清窍之神识昏蒙、间有谵语等证相鉴别。

13.2 中焦病证

中焦病证是指温热之邪侵袭中焦脾胃,邪从燥化和邪从湿化所表现的证候。

温邪自上焦顺传至中焦,脾胃二经受病。胃主通降,喜润而恶燥,若邪从燥化,则表现为阳明燥热伤阴之证;脾主升清,喜燥而恶湿,若邪从湿化,则表现为太阴湿热蕴蒸之证。

临床表现　阳明燥热:见身热面赤,呼吸气粗,腹满便秘,神昏谵语,渴欲饮冷,口干唇裂,小便短赤,苔黄燥或焦黑起刺,脉沉实有力;太阴湿热:见身热不扬,头身重痛,胸脘痞闷,泛恶欲呕,大便不爽或溏泄,舌苔黄腻,脉濡数。

辨证分析　邪入阳明,热炽津伤,胃肠失润,燥屎内停,则腹满,便秘;邪热蒸腾炎上,上迫于肺,则呼吸气粗,身热面赤;热扰心神,神明失司,则兼有神昏谵语;温热伤阴,灼津耗液,则见渴欲饮冷,口干唇裂,小便短赤。苔黄燥或焦黑起刺,脉沉实有力,为燥热内结,阴伤津亏之象。

太阴湿热,郁阻中焦,气机不畅,升降失调,脾胃失和,纳运失健,则胸脘痞闷,泛恶欲呕,大便不爽或溏泄。湿遏热伏,郁蒸肌表,则身热不扬;湿性重着,故头身重痛。舌红苔黄腻,脉濡数,为湿热蕴蒸之象。

13.3 下焦病证

下焦病证是指温热之邪犯及下焦,劫夺肝肾之阴所表现的证候。若久病阴损及阳,或寒湿困脾,脾阳不运,亦可致湿盛阳微之证。如吴鞠通说:“湿久脾阳消乏,肾阳亦惫者。”

临床表现　身热面赤,手足心热甚于手足背,口燥咽干,神倦,耳聋,脉虚大;或见手足蠕动,甚或瘛疭,心中憺憺大动,神倦脉虚,舌绛苔少,甚或时时欲脱。

辨证分析　温病后期,邪传下焦,劫灼肝肾真阴,肾开窍于耳,阴虚耳失充养,故耳聋;脑神失养,故神疲。阴不制阳,虚热内生,则身热面赤,口燥咽干,手足心热甚于手足背。肝为风木之脏,罢极之本而主筋脉,赖肾水以涵养,热邪久羁,真阴被灼,水亏木旺,筋失所养,拘挛迫急,虚风内扰,则手足蠕动,甚或瘛疭,心中憺憺大动。神倦脉虚,舌绛苔少,时时欲脱,脉虚大均为阴精耗竭之症。

13.4 三焦病证的传变

三焦病证的传变,一般多由上焦手太阴肺开始,传入中焦,进而传入下焦,此为“顺传”,标志着病情由浅入深,由轻到重的病理进程。这是三焦病证自上而下传变的一般的规律。所以吴鞠通说:“始上焦,终下焦”。由于感邪性质不同,患者体质类型亦有差异,故三焦病证的传变不一定全遵上述程序。如病邪从肺卫而传入心包者，称为“逆传”，说明邪热炽盛，病情重笃。如感受温热性质的病邪，患者体质偏于阳盛阴虚而抗病力较强者，其病机演变多化燥伤阴，顺传中焦，则形成阳明燥化证，传入下焦，劫伤真阴，则形成肝肾阴虚证；如感受湿热性质的病邪，患者体质偏于阳虚阴盛而抗病力较弱者，顺传中焦，多从阴化湿，形成太阴湿热证，传入下焦，既可化燥入血伤阴，又可久湿伤阳，形成脾肾阳虚证。临床还有邪犯上焦，经治而愈，并不传变的；亦有上焦病证未罢而又见中焦病证的；亦有中焦病证未除而又出现下焦病证者；还有邪自上焦径传下焦或起病即见下焦病证者；更有两焦病证错综互见和病邪弥漫三焦者。可见，上、中、下三焦的病变不是截然划分的，有时相互交错，有时相互重叠。临床应综合病情资料全面分析，才能对三焦病证的演变趋势做出正确判断。

小结

1. 三焦辨证是清代医家吴鞠通创立的论治外感温热病的一种辨证方法。
2. 三焦证候：

上焦病证：肺卫表热证、邪热壅肺证、热陷心包证。

中焦病证：太脾湿热证、阳明燥热证。

下焦病证：肝肾阴虚证、阴盛阳微证。

目标检测

问答题

上、中、下三焦各代表哪些脏腑证候？各自的辨证要点如何？

（李琳荣　杜彩凤）

14 病　　案

学习目标

1. 叙述中医病案书写通则
2. 简述病案书写的意义、内容、格式
3. 说出病案书写的沿革，初步学会门诊和住院病案的书写方法

病案，古称“诊籍”，又称“医案”。病案记录是临床写实的记载。它要求把患者的详细病情，过去病史和家属病史，以及诊断治疗过程、结果，都一一如实地记录下来，病案是医务人员对患者进行诊治的科学记录，不仅记录疾病发生、发展、变化、转归、诊治等全部过程，而且反映了医务人员在诊治过程中的思维活动。因此，病案是保证患者得到正确诊断和治疗的先决条件之一，也是复诊、转诊、会诊等的重要资料，同时病案是考察医务人员工作质量、态度和业务水平的重要依据。故写好病案，能促进医疗质量的提高。

病案是教学中理论联系临床最有价值的资料，对培养学生独立分析和解决实际问题的能力起着重要作用。因此，指导学生书写病案是教学中不可缺少的环节，也是学生临床实践的重要步骤。

病案是临床科研的宝贵资料，通过对大量病案内容的统计分析，可总结极有学术价值的科学资料。病案建设是医院科学管理的一项重要内容，病案也是处理医疗事故和纠纷的法律依据。医院和所有临床工作人员以及患者均须对病案资料十分珍视，慎重保管，不可丢失。

14.1　病案的沿革

早在殷商时代的甲骨文中，关于某些疾病的记述，已具备了病案的基本要求，是最早的原始病案的记载，后世的“诊籍”和“医案”，是它的发展和完善。汉代名医淳于意注重病案（诊籍）的记录，《史记·扁鹊仓公列传》记载了淳于意所治疗的25个病案，其病案格式包括姓名、身份、病史、症状、诊断、治疗和疗效等内容。宋·许叔微《伤寒九十论》可谓我国第一部医案专著，该书记载了用伤寒法来施治的90例病案。

明清时期，著名的医案专著颇多，收集和研究病案的工作受到了重视。喻嘉言的《寓意草》载有“议病式”，所列项目较全，可谓中医病案书写的雏形。

1953年卫生部召开医教会议，将诊籍、医案、病历等正式定名为病案。1982年拟定了《中医病历书写格式和要求》，1991年国家中医药管理局制定了《中医病案书写规范》，此规范包括中医病案书写通则、中医病案的统一名称、中医病案的排列顺序及项目注释、中医病案书写格式、中医各科情况书写要求及病案举例等五大部分，从而使中医病案的书写走向规范化。

中医病案特点

中医病案离不开中医理论的指导，必须体现中医的特色。中医特色，概括地说：记录病案应按照辨证论治的精神，要求详细而准确地，既全面又有重点地，就四诊、八纲及具体辨证方法的需要，记录所收集的资料，进一步加以综合分析，得出辨证（辨病）的结论，再系统地从理、法、方、药几方面进行论治处理。

链接

14.2 中医病案的内容和要求

病案的内容和要求依照国家中医药管理局医政司颁布的《中医病案书写规范》进行。

14.2.1 中医病案书写通则

1）书写病案必须严肃认真，实事求是，记录要全面、准确、及时。“住院病历”要求在患者入院24小时内完成；“门诊病案”和“急诊病案”中的各种记录要求当时完成；其他如“住院记录”、“手术记录”、“转入记录”、“抢救记录”、“死亡记录”要在24小时内完成；“交班记录”、“转出记录”、“出院记录”要事前完成；“首次病程记录”要及时完成；“病案首页”要在患者出院后48小时内完成，试行按科室（或病区）集体签署首页的制度。

2）中医临床重视症状学的观察，因此对症状的描述必须详细，要求使用中医术语。病案内容要求完整、精炼、语句通顺，努力做到重点突出、主次分明、条理清晰。注意前后病情演变的连贯性和系统性，体现整体观念、辨证论治和理法方药完整统一的原则。

3）要求按照中医四诊对患者进行系统检查，对于体格检查、实验室检查、各种特殊检查及诊断，应详细记录，进行必要的分析。

4）对患者及家属叙述的每一症状，均应耐心听取，认真对待，细致分析。询问时尽量采用通俗语言，如“拉肚子”、“不想吃饭”等，而记录时则必须使用中医术语，如“腹泻”、“纳呆”等。

5）中医诊断的病证名称，应按中华人民共和国国家标准《中医临床诊疗术语》、《中医病证分类与代码》所用的病名、证名；有关西医的疾病诊断及手术名称参照《国际疾病分类》标准书写。

6）“住院病历”、“住院记录”、“首次病程记录”、“病程记录”、“死亡记录”、“转入记录”、“转出记录”、“出院记录”、“术前讨论记录”、“术后病程记录”等标题，单占一行并用红色墨水笔写于中央。病案内容一律用蓝黑墨水笔书写。

7）病案中所有记录，每页上均应填入患者姓名、病案号和页序号。日期一律按×年×月×日顺序，用阿拉伯数字填写。

8）病案每一次记录后，医师要用正楷签全名于右下方。各科主治医师，正、副主任医师及科室主任，应经常检查病案书写质量，发现问题及时纠正，上级医师用红色墨水笔批阅病案，并用蓝黑墨水笔正楷签全名于右下方，以示负责。

9）手术记录的写法同西医手术记录。

10）中医病案中护理记录内容暂时参照国家中医药管理局颁发的《全国中医医院分级管理标准》中的有关辨证施护记录要求书写。

11）中医病案要求字迹清楚，书写整洁，标点符号使用正确。不得挖补、剪贴。需改正时，要使用正确修改符号，并在修改处旁边签医师全名。“住院病历”在一页中修改三处以上，应重新抄正。简化字应以1964年国家文字改革委员会颁布的第二批简化汉字表为准。

12）以上要求适用于中医各科、中西医结合科。

14.2.2 中医病案书写格式

（1）门诊病案

1）初诊记录规格如下：

> 姓名：　　　　性别：　　　　年龄：
>
> 病案号：
>
> 科别：　　____年____月____日
>
> 问诊
>
> 主诉：患者最痛苦的主要症状（或体征）及持续时间。
>
> 病史：主症发生的时间、病情发展变化的情况，诊治经过及必要的既往病史等。
>
> 望、闻、切诊
>
> 与诊断有关的望、闻、切诊的阳性所见，必要的体格检查等。
>
> 舌象（舌质、舌苔、舌底脉络）。
>
> 脉象（2周岁以下小儿需察食指络脉）。
>
> 实验室检查及特殊检查结果。
>
> 辨证分析
>
> 归纳四诊所得的主症、阳性体征、舌象、脉象等，扼要分析病位、病因、证候属性、病机转化。
>
> 诊断：含中医病（症）名，证名及西医病名诊断。可写疑似诊断，但门诊三次仍未确诊者，应请上级医师会诊，协助诊断。
>
> 治法
>
> 根据辨证写出指导用药的立法。
>
> 方药：运用成方可写方名及加减，自拟方可不写方名。每行写四味药、药物名称右上角写煎、服法、右下角写剂量“g”，也可写“克”。
>
> 医嘱
>
> 进一步诊治建议、护理、饮食宜忌等。
>
> 医师签全名：×××

2）复诊记录如下：

> 写明科别：　____年____月____日。
>
> 记录前次诊疗后四诊变化情况，如治法及方药发生变动，应作简要辨证分析。如有上级医师诊治意见也应记录在案。可按病情变化，望闻切诊，简要病机，治法，方药，修改诊断等分项书写。右下方正楷签全名。

（2）急诊病案

急诊初诊记录如下：

> 除同门诊病案初诊记录的书写格式外，还应记录：
>
> 患者急诊的时间和医师检查时间，除上述年、月、日外，要加上时刻，如08:30;15:20;22:30等。
>
> 急诊措施，实施时间，用药及药物剂量、使用方法等。

向家属交代病情及家属意见。
会诊及上级医师诊查时间、所提的诊治意见。
抢救无效或死亡者，应记录抢救措施、经过、用药情况（剂量及用法）及参加抢救的医师、护士姓名。
急诊留观记录：书写格式同住院记录。

(3) 住院病案

1) 住院病历书写格式如下：

姓名：　　性别：　　病案号：
年龄：　　婚况：
职业：　　出生地：
民族：　　国籍：
家庭住址：　　邮政编码：
入院时间：　　病史采集时间：
病史陈述者：　　可靠程度：
发病节气：

问诊

主诉：简要记录患者感觉最痛苦的主要症状（部位、性质）或体征持续时间。一般不宜用诊断或检查结果来代替。多项主诉者，应按发生顺序分别列出，如心悸3年，浮肿1天，喘息4小时。

现病史：围绕主诉详细地记述疾病发生发展及诊治过程，重点写明起病诱因、原因、时间、形式、始发症状、主要症状和伴随症状（部位、性质），病情发展和演变过程，检查、诊断、治疗经过，所用过的中西药物的名称、剂量、用法和用药时间以及其他特殊疗法，治疗反应及症状、体征等变化及现在症状（结合“十问”加以记录），对有鉴别诊断意义的阴性表现也应列入。

既往史：记录既往健康情况，按时间顺序系统回顾过去曾患疾病的情况，及传染病接触史等。

个人史：记录出生地、居留地、居住环境和条件、生活和工作情况、饮食习惯、情志状态、特殊嗜好等。

婚育史：女性患者要记录经带胎产情况，月经史包括初潮年龄、行经期/周期、绝经年龄；生育史包括孕、胎、产情况，配偶及子女的健康状况。

过敏史：记载药物、食物及其他过敏情况。

家族史：记录直系亲属和与本人生活密切相关的亲属的健康状况，如亲属已死亡则应记录其死因、死亡时间及年龄。

望、闻、切诊

神色形态：包括神志、精神、体态及气色。
声息气味：包括语言、呼吸、咳喘、呕恶、太息、呻吟、肠鸣及各种气味。
皮肤毛发：毛发的疏密、色泽、分布；肌肤温度、湿度、弹性以及有无斑疹、疮疡、肿块、浮肿等。
舌象：舌苔（苔质、苔色、润燥），舌质（色、瘀点、瘀斑），舌体（形、态），舌底脉络（颜色、形态）。
脉象：寸口脉，必要时切人迎、趺阳脉，2周岁以下小儿可写指纹情况。
头面、五官、颈项的望、闻、切诊：
胸腹部的望、闻、切诊：
腰背、四肢、爪甲的望、闻、切诊：
前后二阴及排泄物的望、闻、切诊：

体格检查

记录西医查体的阳性体征及有鉴别诊断意义的阴性体征。各科或专科特殊检查情况均可记录在此。

实验室检查（包括特殊检查）

记录入院时已取得的各种实验室检查结果及特殊检查结果，如血、尿、便常规、肝功能、HB_sAg、胸透、心电图、内镜、CT等。

四诊摘要

把四诊所得的资料(与辨证论治有密切关系的)进行全面、系统、扼要的归纳。

辨证分析

要求从四诊、病因病机、证候分析、病证鉴别、病势演变等方面进行书写。

西医诊断依据:指主要疾病的诊断依据,并非所有疾病。

入院诊断:

中医诊断:病(症)名
证　　名
西医诊断:病　　名

有几个病、证就写几个病、证,病类与证类名称当另行写出,并与病、证名错过一格,以示从属本病的病类、证类名称;西医诊断写在中医诊断的下面,有几个病名写几个病名,病名参照《国际疾病分类》标准,凡超过两种以上诊断者,按主次先后顺序排列。

治则治法

治则是治疗的指导原则,治法指具体的治疗方法。

方药

运用成方要写出方名及加减,自拟方可不写方名、处方药物要求每行写四味药,药物名称右上角注明特殊煎服法,右下角写剂量,必要时写明煎法及服法。

辨证调护

指医师对调养、给药及食疗、护理等方面的要求。

实习医师签全名:×××
住院医师签全名:×××
主治医师签全名:×××

2)住院记录书写格式如下:

姓名:　　性别:　　病案号:
年龄:　　婚况:
职业:　　出生地:
民族:　　国籍:
家庭住址:
邮政编码:
入院时间:　　病史采集时间:
病史陈述者:　　可靠程度:
发病节气:同住院病历要求。

问诊

主诉:同住院病历要求。

现病史:同住院病历要求。

既往史:按住院病历要求书写,但可不系统回顾。

其他情况:记录重要的个人史、婚育史、过敏史和家族史内容(特别是与此次疾病的发生和治疗有关者)。

望、闻、切诊

阳性所见及有鉴别诊断意义的阴性所见。

体格检查

记录阳性体征及有鉴别诊断意义的阴性体征。

实验室检查（包括特殊检查）

已有的各种实验室检查结果。

辨证分析

按住院病历要求简明书写。

入院诊断

中医诊断：病(症)名

证　名

西医诊断：病　名

诊疗计划

医师签全名：×××

3）病程记录：

病程记录分为“首次病程记录”和“病程记录”，首次病程记录应由住院医师书写，病程记录可由实习医师书写，上级医师审阅修改。“首次病程记录”要求及时完成；“病程记录”入院及手术后前三天至少每日记录一次，之后，一般每周记录两次。危、急重病患者则要求随时记录，实行新的诊疗措施应随时记录。

首次病程记录如下：

____年____月____日

患者姓名、性别、年龄、因（主症和时间）于（×年×月×日×时）经（门诊、急诊、转院）收入我病区或科。

重要病史、四诊及体格检查摘要、实验室检查和特殊检查已取得的结果。

入院诊断

中医诊断：病(症)名

证　名

西医诊断：病　名

诊疗方案

诊疗方案包括治疗计划的安排，进一步明确诊断的检查计划，治法、处方（应用时间）及对调摄、宜忌、护理等的要求。

医师签全名：×××

____年____月____日

病程记录如下：

患者四诊所见症状、体征的变化，各项检查的回报结果，分析病情及病势发展顺逆，进一步检查治疗的设想，治则治法与方药调整，以及随着病情变化对护理的要求等。如遇上级医师查房或会诊，要详细记录上级医师查房及会诊意见，执行情况要在以后的病程记录中加以描述。如遇危急重症需抢救时，应随时记录。若有与患者家属及单位谈话，要详细记录。病例讨论另有记录，所涉及的诊疗方案要在病程记录中显示出来。

医师签全名：×××

此外，在住院病案中因具体情况，还当包括交班记录、接班记录、阶段小结、转出记录、转入记录、病例讨论记录、死亡记录、死亡病案讨论记录、出院记录等内容。

14.3　病案书写示例

住院病案书写示例，引自国家中医药管理局颁布的《中医病案书写规范》中医内科病案举例。

14.3.1 门诊病案示例

初诊记录如下：

姓名：陈某 性别：男 年龄：35岁 病案号：69428 科别：内科 1990年3月9日

问诊

主诉：胃脘部疼痛，反复性发作15年，复发4天，加重1天。

病史：患者15年前因工作紧张、饮食无规律致胃脘部疼痛，经服中药后病情缓解，以后经常反复发作。1988年8月在某医院做纤维胃镜检查，示“胃窦部浅表性胃炎”、“十二指肠球部溃疡”。

此次患者于4天前，因工作不顺心、饮酒过多而再次复发，自服“止痛药”无效。现患者胃脘部灼痛，纳差，胁胀，情绪不宁，伴吞酸、嘈杂、呃逆。大便偏干，小便正常。

望、闻、切诊

形体壮实，精神一般。舌边红苔薄白，脉弦细。胃脘部触痛。

辨证分析

既往有胃脘痛病史，此次因情志不适、饮酒过多，化为火热而侵及肝胃，肝胃不和而致上述诸症。

诊断

中医诊断：胃脘痛
肝胃不和

西医诊断：1. 急性胃炎
2. 胃溃疡

治法

疏肝和胃，理气止痛。

处方

白芍30g 柴胡6g 法半夏10g 川芎12g 香附10g 陈皮10g 枳壳10g 郁金12g 吴茱萸4g 黄连6g 甘草6g 3剂，水煎，每日一剂，分2次温服。

医嘱

建议做上消化道造影或纤维胃镜检查。进软食，忌辛辣刺激之品，禁酒，戒怒。

医师签全名：×××

14.3.2 住院病案示例

内科住院病历

姓名：胡某 性别：男 病案号：29321

年龄：45岁 婚况：已婚

职业：工人 出生地：北京

民族：汉 国籍：中国

家庭住址：××区××街2号 邮政编码：100700

入院时间：1989年3月21日15时30分

病史采集时间：1989年3月21日16时

病史陈述者：患者本人

可靠程度：可靠

发病节气：春分后 1 天

问诊

主诉：发热、恶寒、咳嗽 2 天，右胸掣痛半天。

现病史：1989 年 3 月 17 日，因外出衣着不慎而始感头痛，连及巅顶，鼻塞声重，时流清涕，微有咳嗽，恶寒发热，无汗。自以为是“感冒”而服“索米痛片”未效，但仍坚持工作。次日病情加重，头痛连及项背，周身酸楚无力，下午 3 时，突然发热、寒战，咳嗽顿作，痰黏而黄，涕浊，不欲饮食，便秘溲黄，遂到某院急诊。查体温 39℃，诊为“上呼吸道感染”，予“感冒冲剂、复方新诺明”口服，并肌内注射“阿尼利定”一支，虽然汗出，恶寒减轻，但身热不解，患者所苦有增无减，气粗咳甚，痰多色黄，渴喜冷饮，入夜尤甚。今晨觉右胸掣痛，咳则痛剧不敢深息，痰色转“暗红色”，来我院急诊。急查 T 38℃，WBC2.8 $\times 10^{10}$/L，N 0.97，L 0.03，胸片示右中肺大片阴影，考虑为右中肺大叶性肺炎征象。急诊收入我病区。

既往史：平素身体尚可，未患过肺结核及肺炎，未患过肝炎，去年查肝功无异常；1987 年患过“急性胃肠炎”，经治而愈；无心脏、肾脏、血液、内分泌及神经系统疾病，亦无外伤史。

个人史：出生于北京，曾去过广东、东北、苏杭等地，住地无潮湿之弊，条件尚可。喜食辛辣，吸烟 10 余年，10 支/日，少量饮酒。

婚育史：25 岁结婚，配偶有咳喘咯血史多年，有一男一女，身体尚健。

过敏史：否认过敏史。

家族史：母亲年过七旬，尚健。父因“脑出血”于 1980 年去世。

望、闻、切诊

神色形态：神识清，精神不振，表情痛苦，面色略红，双目有神，形体消瘦，倦卧于床。

声息气味：语声重浊，气粗而不喘，时有咳嗽，咳声较响，闻及无异常气味。

皮肤毛发：毛发稀疏，间有白发，尚有光泽；皮肤润泽，肤色无异常，无斑疹白痦。

舌象：舌苔黄微腻略滑，舌质红而无瘀点，舌体大小适中无齿痕，活动自如；舌底脉络色红，未见迂曲。

脉象：六脉弦滑略数，右寸浮，左尺细。

头面五官颈项：头颅大小形态正常，目窠微陷，白睛不黄，红丝隐隐，鼻翼微有扇动，耳轮红润不枯，无耳瘘及生疮，牙齿黄垢，排列不齐，左右下磨牙各有一枚缺如，无龋齿及齿衄，亦无齿瓣。咽部色泽红润，未见乳蛾。项部对称，活动灵活，无青筋暴露，无瘿瘤瘰疬。

胸腹：胸部扁平，虚里搏动应手，腹软无痞块，无青筋暴露。

腰背四肢爪甲：脊柱四肢无畸形、不肿，爪甲润泽。

前后二阴及排泄物：无阴囊肿大，无脱肛及痔瘘。大便黄而干，小便黄少，涕黄浊量不多，痰黄稠与暗红色交混，量多无腥臭，无脓样痰。

体格检查

T 38℃　P 92 次/分　R 26 次/分　BP 17.3/12kPa

神志清楚，营养中等，发育尚可，查体合作，全身浅表淋巴结不肿大，无皮下结节，巩膜无黄染，瞳孔等大等圆，对光反射存在，心界正常，心率 92 次/分、律齐，各瓣膜听诊区未闻及病理性杂音，右肺呼吸音低，中部语音传导增强，可闻及中小水泡音，左肺呼吸音略粗，腹部平坦，柔软无压痛，肝脾未触及，肾区无叩击痛，神经系统检查生理反射存在，病理反射未引出。

实验室检查

血常规：RBC 4.5 $\times 10^{12}$/L　Hb 14g%　WBC 2.98 $\times 10^{10}$/L　N 0.97　L 0.03

尿常规：正常

大便常规：正常

胸部正位片：右中部大片阴影，考虑为右中肺大叶性肺炎征象。

四诊摘要

患者陈某，中年男性，素体虽健但较消瘦，嗜烟酒辛辣，此次急性起病，有外感史，刻下发热恶寒并见，发热重于恶寒，咳嗽时作，右胸掣痛，咳嗽加剧，咯暗红色痰，质黏稠而量多，咽干口渴喜冷饮，不欲饮食，小便黄少，大便干结。舌红苔黄微腻，脉弦滑略数右寸浮，左尺细。

辨证分析

从四诊来看，急性起病，寒热并见，脉浮符合外感发热而不符合内伤发热特点。从治疗过程来看，不符合感冒，更非喉核肿大所致发热。发生于春季，则非冬温。可考虑为风温或春温。后者为伏气温病之一，初起即有里热壅盛，津伤较重，口渴尿赤，舌红甚，咳嗽并非必然见症。而本例患者以热、咳、痰、口渴为主，故诊断为风温为宜。患者形体消瘦，喜食辛辣，肺胃素有蕴热，又时值春季，风气当令，患者不慎衣着，外感风热病邪，肌表被束，卫气不达则见头痛，恶寒发热，周身酸楚。肺主宣发肃降，开窍于鼻，肺卫受邪，肺气闭郁不宣，痰热蕴结，清肃之令失常，则见咳嗽鼻塞，咳痰黏稠。痰热阻肺，脉络失和而不通，不通则痛，故见右胸掣痛。肺与大肠相表里，肺气不降，腑气不通，且肺胃内有蕴热，津液受灼，则见大便秘结，小便黄少。舌红苔黄微腻，脉弦滑略数为内有痰热之象。右寸浮为表邪未尽之征。综观脉症，病位在肺、胃、大肠，以实热为主，但与阳明经证仍有区别，后者一般有身大汗、大渴、脉洪大等特点，本证则热、咳、痰、胸痛为主，兼有腑气不通，故属卫气同病、痰热蕴肺，兼有腑气不通、脉络失和之证。

西医诊断依据

1）急性起病，主要表现为寒战发热，咳嗽胸痛，痰黄转暗红色。

2）右肺呼吸音低，中部闻及中小水泡音。

3）WBC 2.98×10^{10}/L，N 0.97，L 0.03，胸片示右中肺大片阴影。

入院诊断

中医诊断：风温

卫气同病，痰热蕴肺

西医诊断：大叶性肺炎（右中肺）

治则治法

急则治其标，先以祛邪为主。疏风宣解，清肺化痰，佐以通腑和络。

方药

1）5% GS 500ml 加入清开灵 40ml，静脉滴注，每日 1 次。

2）汤药：以银翘散合麻杏石甘汤加减。

麻黄 9g　生石膏（先煎）50g　连翘 10g　薄荷（后下）5g　银花 12g　鲜芦根 50g　杏仁 10g　炒牛蒡子 10g　黄芩 10g　全瓜蒌 50g　丝瓜络 10g　酒军 9g

煎服方法：上方加水 500ml，煎 30 分钟，取汁 300ml，分 2 次口服，日 1 剂。

辨证调护

宜保暖、避风寒、忌生冷。密切注意呼吸、汗出、脉象、面色之变化。

实习医师：×××

住院医师：×××

主治医师：×××

目标检测

一、单项选择题

1. 病案首页多长时间完成

A. 入院 24 小时内　B. 入院即时完成　C. 入院 48 小时内

D. 出院之前　E. 出院后 48 小时内

2. 住院病案的首次病程记录要求

A. 及时完成　B. 12 小时完成　C. 24 小时完成

D. 48 小时完成　E. 出院前 24 小时完成

3. 某人头痛，在门诊已由朱医师诊治 3 次，今日来诊，头痛仍未好转，此时应该

A. 朱医师继续门诊治疗　B. 门诊留诊观察

C. 准住院治疗　D. 请上级医师会诊

E. 转神经内科诊治

4. 中医病案中，护理记录内容应参照使用的书籍是

A. 中医内科急症治疗规范　B. 中医病证诊断疗效标准

C. 中医护理地区协编教材　D. 全国中医医院分级管理标准

E. 国际疾病分类

5. 目前中医病案书写格式和要求是依据

A. 1982 年卫生部中医病案书写格式和要求　B. 1984 年版《中医诊断学》

C. 上海科学技术出版社出版，1984 年版《中医内科学》　D. 中医病案书与通则

E. 1991 年国家中医药管理局中医病案书写规范

6. 下列哪项不是用蓝黑墨水笔填写的

A. 病案内容　B. 住院病历标题　C. 医生签名

D. 上级医生签名　E. 交班记录

7. 下列哪项不是住院病案生育史的内容

A. 怀孕情况　B. 产育情况　C. 月经情况

D. 配偶情况　E. 子女健康状况

8. 患者做了白内障针拔手术，其手术记录完成时间要求

A. 当时完成　B. 12 小时内　C. 24 小时内

D. 48 小时内　E. 出院 24 小时内

二、问答题

1. 何谓病案？试述病案的发展简史。

2. 简述病案的书写通则。

（李琳荣　杜彩凤）

参考文献

陈泽霖. 1982. 舌诊研究. 上海：上海科学技术出版社
邓铁涛. 1988. 实用中医诊断学. 上海：上海科学技术出版社
邓铁涛. 1987. 中医诊断学. 北京：人民卫生出版社
邓铁涛. 1984. 中医诊断学. 上海：上海科学技术出版社
郭振球. 1999. 中医诊断学. 长沙：湖南科学技术出版社
靳士英等. 1997. 新编中医诊断学. 北京：人民军医出版社
彭清华，朱文锋. 1997. 中国民间局部诊法. 长沙：湖南科学技术出版社
汪宏. 1982. 望诊遵经. 上海：上海科学技术出版社
魏红. 1998. 简明中医诊断学. 沈阳：东北大学出版社
杨维益. 1988. 中医诊断学. 北京：中医古籍出版社
赵金铎. 1984. 中医症状鉴别诊断学. 北京：人民卫生出版社
朱文锋. 1999. 中医诊断学. 北京：中国中医药出版社
朱文锋. 1995. 中医诊断学. 上海：上海科学技术出版社

附录1 歌诀选读

1. 李时珍《濒湖脉学》27脉“体状诗”、“相类诗”、“主病诗”

浮（阳）

〔体状诗〕浮脉惟从肉上行，如循榆荚似毛轻；三秋得令知无恙，久病逢之却可惊。

〔相类诗〕浮如木在水中浮，浮大中空乃是芤；拍拍而浮是洪脉，来时虽盛去悠悠。
浮脉轻平似捻葱，虚来迟大豁然空；浮而柔细方为濡，散似杨花无定踪。

〔主病诗〕浮脉为阳表病居，迟风数热紧寒拘；浮而有力多风热，无力而浮是血虚。
寸浮头痛眩生风，或有风痰聚在胸；关上土衰兼木旺；尺中溲便不流通。

沉（阴）

〔体状诗〕水行润下脉来沉，筋骨之间软滑匀；女子寸兮男子尺，四时如此号为平。

〔相类诗〕沉帮筋骨自调匀，伏则推筋着骨寻；沉细如绵真弱脉，弦长实大是牢形。

〔主病诗〕沉潜水蓄阴经病，数热迟寒滑有痰，无力而沉虚与气，沉而有力积并寒。
寸沉痰郁水停胸；关主中寒痛不通；尺部浊遗并泻痢，肾虚腰及下元痌。

迟（阴）

〔体状诗〕迟来一息至惟三，阳不胜阴气血寒；但把浮沉分表里，消阴须益火之原。

〔相类诗〕脉来三至号为迟，小駃于迟作缓持；迟细而难知是涩，浮而迟大以虚推。

〔主病诗〕迟司脏病或多痰，沉痼癥瘕仔细看；有力而迟为冷痛，迟而无力定虚寒。
寸迟必是上焦寒，关主中寒痛不堪；尺是肾虚腰脚重，溲便不禁疝牵丸。

数（阳）

〔体状诗〕数脉息间常六至，阴微阳盛必狂烦；浮沉表里分虚实，唯有儿童作吉看。

〔相类诗〕数比平人多一至，紧来如数似弹绳；数而时止名为促，数见关中动脉形。

〔主病诗〕数脉为阳热可知，只将君相火来医；实宜凉泻虚温补，肺病秋深却畏之。
寸数咽喉口舌疮，吐红咳嗽肺生疡；当关胃火并肝火；尺属滋阴降火汤。

滑（阳中阴）

〔体状诗〕滑脉如珠替替然，往来流利却还前；莫将滑数为同类，数脉唯看至数间。

〔主病诗〕滑脉为阳元气衰，痰生百病食生灾；上为吐逆下蓄血，女脉调时定有胎。
寸滑膈痰生呕吐，吞酸舌强或咳嗽；当关宿食肝脾热，渴利㿗淋看尺部。

涩（阴）

〔体状诗〕细迟短涩往来难，散止依稀应指间；如雨沾沙容易散，病蚕食叶慢而艰。

〔相类诗〕参伍不调名曰涩，轻刀刮竹短而难；微似秒芒微软甚，浮沉不别有无间。

〔主病诗〕涩缘血少或伤精；反胃亡阳汗雨淋；寒湿入营为血痹，女人非孕即无经。
寸涩心虚痛对胸；胃虚胁胀察关中；尺为精血俱伤候，肠结溲淋或下红。

虚（阴）

〔体状相类诗〕举之迟大按之松，脉状无涯类谷空；莫把芤虚为一例，芤来浮大似慈葱。

〔主病诗〕脉虚身热为伤暑；自汗怔忡惊悸多；发热阴虚须早治，养营益气莫蹉跎。
血不荣心寸口虚；关中腹胀食难舒；骨蒸痿痹伤精血，却在神门两部居。

实（阳）

〔体状诗〕浮沉皆得大而长，应指无虚愊愊强；热蕴三焦成壮火，通肠发汗始安康。

〔相类诗〕实脉浮沉有力强，紧如弹索转无常；须知牢脉帮筋骨，实大微弦更带长。

〔主病诗〕实脉为阳火郁成，发狂谵语吐频频；或为阳毒或伤食，大便不通或气疼。
寸实应知面热风，咽痛舌强气填胸；当关脾热中宫满；尺实腰肠痛不通。

长（阳）

〔体状相类诗〕过于本位脉名长，弦则非然但满张；弦脉与长争较远，良工尺度自能量。

〔主病诗〕长脉迢迢大小匀，反常为病似牵绳；若非阳毒癫痫病，即是阳明热势深。

短（阴）

〔体状相类诗〕两头缩缩名为短，涩短迟迟细且难；短涩而浮秋喜见，三春为贼有邪干。

〔主病诗〕短脉惟于尺寸寻，短而滑数酒伤神；浮为血涩沉为痞；寸主头痛尺腹疼。

洪（阳）

〔体状诗〕脉来洪盛去还衰，满指滔滔应夏时；若在春秋冬月分，升阳散火莫狐疑。

〔相类诗〕洪脉来时拍拍然，去衰来盛似波澜；欲知实脉参差处，举按弦长愊愊坚。

〔主病诗〕脉洪阳盛血应虚，相火炎炎热病居；胀满胃翻须早治，阴虚泻痢可踌躇。
寸洪心火上焦炎，肺脉洪时金不堪；肝火胃虚关内察；肾虚阴火尺中看。

微（阴）

〔体状相类诗〕微脉轻微潎潎乎，按之欲绝有如无；微为阳弱细阴弱，细比于微略较粗。

〔主病诗〕气血微兮脉亦微，恶寒发热汗淋漓；男为劳极诸虚候，女作崩中带下医。
寸微气促或心惊；关脉微时胀满形；尺部见之精血弱，恶寒消瘅痛呻吟。

紧（阳）

〔体状诗〕举如转索切如绳，脉象因之得紧名；总是寒邪来作寇，内为腹痛外身疼。

〔相类诗〕见弦脉。

〔主病诗〕紧为诸痛主于寒，喘咳风痫吐冷痰；浮紧表寒须发越，紧沉温散自然安。
寸紧人迎气口分；当关心腹痛沉沉；尺中有紧为阴冷，定是奔豚与疝疼。

缓（阴）

〔体状诗〕缓脉阿阿四至通，柳梢袅袅飐轻风；欲从脉里求神气，只在从容和缓中。

〔相类诗〕见迟脉。

〔主病诗〕缓脉营衰卫有余，或风或湿或脾虚；上为项强下痿痹，分别浮沉大小区。
寸缓风邪项背拘，关为风眩胃家虚；神门濡泄或风秘，或是蹒跚足力迂。

芤（阳中阴）

〔体状诗〕芤形浮大软如葱，边实须知内已空；火犯阳经血上溢，热侵阴络下流红。

〔相类诗〕中空旁实乃为芤，浮大而迟虚脉呼；芤更带弦名曰革，芤为失血革血虚。

〔主病诗〕寸芤积血在于胸；关里逢芤肠胃痈；尺部见之多下血，赤淋红痢漏崩中。

弦（阳中阴）

〔体状诗〕弦脉迢迢端直长，肝经木旺土应伤；怒气满胸常欲叫，翳蒙瞳子泪淋浪。

〔相类诗〕弦来端直似丝弦，紧则如绳左右弹；紧言其力弦言象，牢脉弦长沉伏间。

〔主病诗〕弦应东方肝胆经，饮痰寒热疟缠身；浮沉迟数须分别，大小单双有重轻。
寸弦头痛膈多痰；寒热癥瘕察左关；关右胃寒心腹痛；尺中阴疝脚拘挛。

革（阳）

〔体状主病诗〕革脉形如按鼓皮，芤弦相合脉寒虚；女人半产并崩漏，男子营虚或梦遗。

〔相类诗〕见芤、牢脉。

牢（阴中阳）

〔体状相类诗〕弦长实大脉牢坚，牢位常居沉伏间；革脉芤弦自浮起，革虚牢实要详看。

〔主病诗〕寒则牢坚里有余，腹心寒痛木乘脾；疝癫癥瘕何愁也，失血阴虚却忌之。

濡（即软字，阴）

〔体状诗〕濡形浮细按须轻，水面浮绵力不禁；病后产中犹有药，平人若见是无根。

〔相类诗〕浮而柔细知为濡，沉细而柔作弱持；微则浮微如欲绝，细来沉细近于微。

〔主病诗〕濡为亡血阴虚病，髓海丹田暗已亏；汗雨夜来蒸入骨，血山崩倒湿侵脾。
寸濡阳微自汗多；关中其奈气虚何；尺伤精血虚寒甚，温补真阴可起疴。

弱（阴）

〔体状诗〕弱来无力按之柔，柔细而沉不见浮；阳陷入阴精血弱，白头犹可少年愁。

〔相类诗〕见濡脉。

〔主病诗〕弱脉阴虚阳气衰，恶寒发热骨筋痿；多惊多汗精神减，益气调营急早医。
寸弱阳虚病可知；关为胃弱与脾衰；欲求阳陷阴虚病，须把神门两部推。

散（阳）

〔体状诗〕散似扬花散漫飞，去来无定至难齐，产为生兆胎为堕，久病逢之仔细医。
〔相类诗〕散脉无拘散漫然，濡来浮细水中绵；浮而迟大为虚脉，芤脉中空有两边。
〔主病诗〕左寸怔忡右寸汗；溢饮左关应软散；右关软散胻胕肿；散居两尺魂应断。

细（阴）

〔体状诗〕细来累累细如丝，应指沉沉无绝期；春夏少年俱不利，秋冬老弱却相宜。
〔相类诗〕见微、濡脉。
〔主病诗〕细脉萦萦血气衰，诸虚劳损七情乖；若非湿气侵腰肾，即是伤精汗泄来。
寸细应知呕吐频；入关腹胀胃虚形；尺逢定是丹田冷，泻痢遗精号脱阴。

伏（阴）

〔体状诗〕伏脉推筋着骨寻，指间裁动隐然深；伤寒欲汗阳将解，厥逆脐疼证属阴。
〔相类诗〕见沉脉。
〔主病诗〕伏为霍乱吐频频，腹痛多缘宿食停；蓄饮老痰成积聚，散寒温里莫因循。
食郁胸中双寸伏，欲吐不吐常兀兀；当关腹痛困沉沉，关后疝痛还破腹。

动（阳）

〔体状诗〕动脉摇摇数在关，无头无尾豆形团；其原本是阴阳搏，虚者摇兮胜者安。
〔相类诗〕见数脉。
〔主病诗〕动脉专司痛与惊，汗因阳动热因阴；或为泻痢拘挛病，男子亡精女子崩。

促（阳）

〔体状诗〕促脉数而时一止，此为阳极欲亡阴；三焦郁火炎炎盛，进必无生退可生。
〔相类诗〕见代脉。
〔主病诗〕促脉唯将火病医，其因有五细推之；时时喘咳皆痰积，或发狂斑与毒疽。

结（阴）

〔体状诗〕结脉缓而时一止，独阴偏盛欲亡阳；浮为气滞沉为积，汗下分明在主张。
〔相类诗〕见代脉。
〔主病诗〕结脉皆因气血凝，老痰结滞苦沉吟；内生积聚外痈肿，疝瘕为殃病属阴。

代（阴）

〔体状诗〕动而中止不能还，复动因而作代看；病者得之犹可疗，平人却与寿相关。
〔相类诗〕数而时止名为促，缓止须将结脉呼；止不能回方是代，结生代死自殊涂。
〔主病诗〕代脉原因脏气衰，腹疼泻痢下元亏；或为吐泻中宫病，女子怀胎三月兮。

2. 李中梓《诊家正眼》28脉脉象与主病歌诀

浮　脉

〔体象歌〕浮在皮毛，如水漂木；举之有余，按之不足。
〔主病歌〕浮脉为阳，其病在表。寸浮伤风，头疼鼻塞；左关浮者，风在中焦。
右关浮者，风痰在膈；尺脉得之，下焦风客，小便不利，大便秘涩。
〔兼脉歌〕无力表虚，有力表实。浮紧风寒，浮迟中风；浮数风热，浮缓风湿。
浮芤失血，浮短气病；浮洪虚热，浮虚暑惫；浮涩血伤，浮濡气败。

沉　脉

〔体象歌〕沉行筋骨，如水投石；按之有余，举之不足。
〔主病歌〕沉脉为阴，其病在里。寸沉短气，胸痛引胁；或为痰饮，或水与血。
关主中寒，因而痛结；或为满闷，吞酸筋急。尺主背痛，亦主腰膝；
阴下湿痒，淋浊痢泄。

〔兼脉歌〕无力里虚，有力里实。沉迟痼冷，沉数内热；沉滑痰饮，沉涩血结；
沉弱虚衰，沉牢坚积；沉紧冷疼，沉缓寒湿。

迟 脉

〔体象歌〕迟脉属阴，象为不及；往来迟慢，三至一息。
〔主病歌〕迟脉主脏，其病为寒。寸迟上寒，心痛停凝；关迟中寒，癥结挛筋；
尺迟火衰，溲便不禁，或病腰足，疝痛牵阴。
〔兼脉歌〕有力积冷，无力虚寒。浮迟表冷，沉迟里寒；迟涩血少，迟缓湿寒；
迟滑胀满，迟微难安。

数 脉

〔体象歌〕数脉属阳，象为太过；一息六至，往来越度。
〔主病歌〕数脉主腑，其病为热。寸数喘咳，口疮肺痈；关数胃热，邪火上攻；
尺数相火，遗浊淋癃。
〔兼脉歌〕有力实火，无力虚火。浮数表热，沉数里热。阳数君火，阴数相火。
右数火亢，左数阴戕。

滑 脉

〔体象歌〕滑脉替替，往来流利；盘珠之形，荷露之义。
〔主病歌〕滑脉为阳，多主痰涎。寸滑咳嗽，胸满吐逆；关滑胃热，壅气伤食；
尺滑病淋，或为痢积，男子溺血，妇人经郁。
〔兼脉歌〕浮滑风痰，沉滑痰食，滑数痰火，滑短气塞。滑而浮大，尿则阴痛。
滑而浮散，中风瘫痪。滑而冲和，娠孕可决。

涩 脉

〔体象歌〕涩脉蹇滞，如刀刮竹；迟细而短，三象俱足。
〔主病歌〕涩为血少，亦主精伤。寸涩心痛，或为怔忡。关涩阴虚，因而中热；
右关土虚，左关胁胀。尺涩遗淋，血利可决；孕为胎病，无孕血竭。
〔兼脉歌〕涩而坚大，为有实热；涩而虚软，虚火炎灼。

虚 脉

〔体象歌〕虚合四形，浮大迟软；及乎寻按，而不可见。
〔主病歌〕虚主血虚，又主伤暑。左寸心亏，惊悸怔忡；右寸肺亏，自汗气怯。
左关肝伤，血不营筋；右关脾寒，食不消化，左尺水衰，腰膝痿痹；
右尺火衰，寒证蜂起。

实 脉

〔体象歌〕实脉有力，长大而坚；应指愊愊，三候皆然。
〔主病歌〕血实脉实，火热壅结。左寸心劳，舌强气涌；右寸肺病，呕逆咽疼。
左关见实，肝火胁痛；右关见实，中满气疼。左尺见之，便闭腹疼；
右尺见之，相火亢逆。
〔兼脉歌〕实而且紧，寒积稽留。实而且滑，痰凝为祟。

长 脉

〔体象歌〕长脉迢迢，首尾俱端；直上直下，如循长竿。
〔主病歌〕长主有余，气逆火盛。左寸见长，君火为病；右寸见长，满逆为定。
左关见长，木实之殃，右关见长，土郁胀闷。左尺见之，奔豚冲兢；
右尺见长，相火专令。

短 脉

〔体象歌〕短脉涩小，首尾俱俯；中间突起，不能满部。
〔主病歌〕短主不及，为气虚证。短居左寸，心神不定；短见右寸，肺虚头痛。
短在左关，肝气有伤；短在右关，膈间为殃。左尺短时，少腹必疼；

右尺短时，真火不隆。

洪 脉

〔体象歌〕洪脉极大，状如洪水；来盛去衰，滔滔满指。

〔主病歌〕洪为盛满，气壅火亢。左寸洪大，心烦舌破；右寸洪大，胸满气逆。
左关见洪，肝木太过；右关见洪，脾土胀热。左尺洪兮，水枯便难；
有尺洪兮，龙火燔灼。

微 脉

〔体象歌〕微脉极细，而又极软；似有若无，欲绝非绝。

〔主病歌〕微脉模糊，气血大衰。左寸惊怯，右寸气促。左关寒挛，右关胃冷。
左尺得微，髓竭精枯；右尺得微，阳衰命绝。

细 脉

〔体象歌〕细直而软，累累萦萦；状如丝线，较显于微。

〔主病歌〕细主气衰，诸虚劳损。细居左寸，怔忡不寐；细在右寸，呕吐气怯。
细入左关，肝阴枯竭；细入右关，胃虚胀满。左尺若细，泻痢遗精；
右尺若细，下元冷惫。

濡 脉

〔体象歌〕濡脉细软，见于浮分；举之乃见，按之即空。

〔主病歌〕濡主阴虚，髓绝精伤。左寸见濡，健忘惊悸，右寸见濡，腠虚自汗。
左关逢之；血不营筋；右关逢之，脾虚湿浸。左尺得濡，精血枯损。
右尺得之，火败命乖。

弱 脉

〔体象歌〕弱脉细小，见于沉分；举之则无，按之乃得。

〔主病歌〕弱为阳陷，真气衰弱。左寸心虚，惊悸健忘；右寸肺虚，自汗短气。
左关木枯，必苦挛急；右关土寒，水谷之疴。左尺弱形，涸流可征；
右尺弱见，阳陷可验。

紧 脉

〔体象歌〕紧脉有力，左右弹指；如绞转索，如切紧绳。

〔主病歌〕紧主寒邪，又主诸痛。左寸逢紧，心满急痛；右寸逢紧，伤寒喘嗽。
左关人迎，浮紧伤寒；右关气口，沉紧伤食。左尺见之，脐下痛极；
右尺见之，奔豚疝疾。

缓 脉

〔体象歌〕缓脉四至，来往和匀；微风轻飐，初春杨柳。

〔主病兼脉歌〕缓为胃气，不主于病；取其兼见，方可断证。浮缓风伤，沉缓寒湿。
缓大风虚，缓细湿痹。缓涩脾薄，缓弱气虚。右寸浮缓，风邪所居；
左寸涩缓，少阴血虚。左关浮缓，肝风内鼓；右关沉缓，土弱湿侵。
左尺缓涩，精宫不及；右尺缓细，真阳衰极。

弦 脉

〔体象歌〕弦如琴弦，轻虚而滑；端直以长，指中挺然。

〔主病歌〕弦为肝风，主痛主疟，主痰主饮。弦在左寸，心中必痛；弦在右寸，胸及头疼。
左关弦兮，痰疟癥瘕；右关弦兮，胃寒膈痛。左尺逢弦，饮在下焦；
右尺逢弦，足挛疝痛。

〔兼脉歌〕浮弦支饮，沉弦悬饮。弦数多热，弦迟多寒。弦大主虚，弦细拘急。
阳弦头痛，阴弦腹痛。单弦饮癖，双弦寒痼。

动 脉

〔体象歌〕动无头尾，其动如豆；厥厥动摇，必兼滑数。

〔主病歌〕动脉主痛，亦主于惊。左寸得动，惊悸可断；右寸得动，自汗无疑。
左关若动，惊及拘挛；右关若动，心脾疼痛。左尺见之，亡精为病；右尺见之，龙火奋迅。

促 脉

〔体象歌〕促为急促，数时一止；如趋而蹶，进则必死。
〔主病歌〕促因火亢，亦由物停。左寸见促，心火炎炎；右寸见促，肺鸣咯咯。
促见左关，血滞为殃；促居右关，脾宫食滞。左尺逢之，遗滑堪忧；
右尺逢之，灼热为灾。

结 脉

〔体象歌〕结为凝结，缓时一止；徐行而怠，颇得其旨。
〔主病歌〕结属阴寒，亦由凝积。左寸心寒，疼痛可决；右寸肺虚，气寒凝结。
左关结见，疝瘕必现；右关结形，痰滞食停。左尺结兮，痿躄之疴；
右尺结兮，阴寒为楚。

代 脉

〔体象歌〕代为禅代，止有常数；不能自还，良久复动。
〔主病歌〕代主脏衰，危恶之候。脾土败坏，吐利为咎；中寒不食，腹疼难救。
两动一止，三四日死；四动一止，六七日死，次第推求，不失经旨。

革 脉

〔体象歌〕革大弦急，浮取即得；按之乃空，浑如鼓革。
〔主病歌〕革主表寒，亦属中虚。左寸之革，心血虚痛；右寸之革，金衰气壅。
左关遇之，疝瘕为祟；右关遇之，土虚为疼。左尺诊革，精空可必；
右尺诊革，殒命为忧。女人得之，半产漏下。

牢 脉

〔体象歌〕牢在沉分，大而弦实；浮中二候，了不可得。
〔主病歌〕牢主坚积，病在于内。左寸之牢，伏梁为病；右寸之牢，息贲可定。
左关见牢，肝家血积；右关见牢，阴寒痞癖。左尺牢形，奔豚为患；
右尺牢形，疝瘕痛甚。

散 脉

〔体象歌〕散脉浮乱，有表无里，中候渐空，按则绝矣。
〔主病歌〕散为本伤，见则危殆。左寸之散，怔忡不寐；右寸之散，自汗淋漓。
左关之散，当有溢饮；右关之散，胀满蛊疾。居于左尺，北方水竭；
右尺得之，阳消命绝。

芤 脉

〔体象歌〕芤乃草名，绝类慈葱；浮沉俱有，中候独空。
〔主病歌〕芤脉中空，故主失血。左寸呈芤，心主丧血；右寸呈芤，相搏阴伤。
芤入左关，肝血不藏；芤现右关，脾血不摄。左尺如芤，便红为咎；
右尺如芤，火炎精漏。

伏 脉

〔体象歌〕伏为隐伏，更下于沉；推筋著骨，始得其形。
〔主病歌〕伏脉为阴，受病入深。伏犯左寸，血郁之证；伏居右寸，气郁之疴。
左关值伏，肝血在腹；右关值伏，寒凝水谷。左尺伏见，疝瘕可验；
右尺伏藏，少火消亡。

疾 脉

〔体象歌〕疾为急疾，数之至极；七至八至，脉流薄疾。
〔主病歌〕疾为阳极，阴气欲竭；脉号离经，虚魂将绝；渐进渐疾，且多殒灭。
左寸居疾，勿戢自焚；右寸居疾，金被火乘；左关疾也，肝阴已绝；

右关疾也，脾阴消竭。左尺疾兮，涸辙难濡；右尺疾兮，赫曦过极。

3.《医宗金鉴·四诊心法要诀·病脉顺逆诀》

脉之主病，有宜不宜；阴阳顺逆，吉凶可推。
中风之脉，却喜浮迟；坚大急疾，其凶可知。
伤寒热病，脉喜浮洪；沉微涩小，证反必凶。
汗后脉静，身凉则安；汗后脉躁，热甚必难。
阳证见阴，命必危殆；阴证见阳，虽困无害。
劳倦伤脾，脉当虚弱；自汗脉躁，死不可却。
疟脉自弦，弦迟多寒，弦数多热，代散则难。
泄泻下痢，沉小滑弱；实大浮数，发热则恶。
呕吐反胃，浮滑者昌；沉数细涩，结肠者亡。
霍乱之候，脉代勿讶；舌卷囊缩，厥伏可嗟。
嗽脉多浮，浮濡易治；沉浮而紧，死期将至。
喘急抬肩，浮滑是顺；沉涩肢寒，切为逆证。
火热之证，洪数为宜；微弱无神，根本脱离。
骨蒸发热，脉数而虚；热而涩小，必殒其躯。
劳极诸虚，浮软微弱；土败双弦，火炎细数。
失血诸证，脉必见芤；缓小可喜，数大堪优。
蓄血在中，牢大却宜；沉涩而微，速愈者稀。
三消之脉，数大者生；细微短涩，应手堪惊。
小便淋闭，鼻色必黄；实大可疗，涩小知亡。
癫乃重阴；狂乃重阳；浮洪吉象，沉急凶殃。
痫宜浮缓，沉小急实；但弦无胃，必死不失。
心腹之痛，其类有九；细迟速愈，浮大延久。
疝属肝病，脉必弦急；牢急者生，弱急者死。
黄疸湿热，洪数便宜；不妨浮大，微涩难医。
肿胀之脉，浮大洪实，细而沉微，岐黄无术。
五脏为积，六腑为聚；实强可生，沉细难愈。
中恶腹胀，紧细乃生；浮大为何？邪气已深。
痈疽未溃，洪大脉宜；及其已溃，洪大最忌。
肺痈已成，寸数而实；肺痿之证，数而无力。
痈痿色白，脉宜短涩；数大相逢，气损血失。
肠痈实热，滑数相宜；沉细无根，其死可期。
妇人有子，阴搏阳别；少阴动甚，其胎已结。
滑疾而散，胎必三月；按之不散，五月可别。

4. 败脉歌

雀啄连连，止而又作。屋漏水霤，半时一落。
弹石沉弦，按之指搏。乍疏乍密，乱如解索。
本息未摇，鱼翔相若。虾游冉冉，忽然一跃。
釜沸空浮，绝无根脚。偃刀坚急，循刃责责。
转豆累累，如循薏仁。麻促细乱，其脉失神。
败脉十种，自古以闻；急救下药，必须认真。

附录2 病案分析及答案

1. 患者，刘某，女，60岁。近10年来常有心悸，胸闷气短，畏寒肢冷等感觉，未经系统治疗。半小时前突然心痛剧烈。胸闷持续不解，冷汗淋漓，进而神志昏迷，呼吸微弱，面色苍白，四肢厥冷，唇色青紫，脉微欲绝。

要求写出：①病名诊断；②证名诊断；③辨证分析。

2. 患者，吴某，男，52岁。患者10年前因疲劳出现心悸气短，未经治疗，以后每因劳累则病情加重，近2个月因上症加重而来就诊。现自觉胸闷，心悸，时有胸痛，畏寒肢冷，医生查体时，望其面色淡白，舌淡胖，苔白滑，切诊脉微弱，四肢不温。

要求写出：①主诉；②证名诊断；③辨证分析。

3. 患者，赵某，女，57岁。患者素体肥胖，1年来常感左胸憋闷疼痛，来诊时左胸部呈阵发性闷痛，时有针刺感，痛时引及左肩背内臂，胸闷心悸，咯痰较多，气短，自汗，动则尤甚，面色皖白，形寒肢冷，舌淡紫，苔白腻，脉沉弱时见结脉。

要求写出：①主诉；②证名诊断；③辨证分析。

4. 患者，王某，女，18岁。近半个月因复习考试，每日入睡较晚且夜寐多梦，心烦，口渴，便秘溲黄，舌尖部有烧灼感，可见红刺，苔黄，脉数。

要求写出：①证名诊断；②辨证分析。

5. 患者，张某，男，30岁。近半个月来，经常独自一人，时而言语不休，时而怒骂狂叫，甚至彻夜不寐。家属陪同就诊，患者坐立不安，烦躁不宁，答非所问，口唇干燥，小便短黄，大便秘结（以往有类似发作史）。舌质红，苔黄腻，脉滑数。

要求写出：①病名诊断；②证名诊断；③辨证分析。

6. 患者，刘某，女，45岁，教师。因工作繁忙患者于半年前开始出现心悸，心烦，失眠多梦等症，并伴五心烦热，盗汗，颧红，舌红少津，脉细数。

要求写出：①证名诊断；②辨证分析。

7. 患者，韩某，男，42岁。3年来反复咳嗽，痰中带血，曾诊断为“肺结核”。来诊时症见形体消瘦，两颧红赤，咳嗽少痰，胸痛，痰中带血，口燥咽干，盗汗，舌红少苔，脉细数。

要求写出：①主诉；②八纲结论；③证名诊断；④辨证分析。

8. 患者，张某，女，30岁。恶寒发热2天，昨日起咳嗽加重，痰稀白，量不多，周身酸痛，头痛，鼻塞流清涕，口不渴，舌淡红，苔薄白，脉浮紧。

要求写出：①证名诊断；②辨证分析。

9. 患者，马某，女，17岁。5天前运动后汗出当风，次日即见发热微恶风寒，头痛，咽干，微咳等症，自服退热镇痛药一粒，稍有汗出，头痛减轻，体温降至正常。昨天发热恶风又起，咳嗽加重，痰黄稠，咽干而痛，小便短黄，大便二天未解，舌尖红，苔薄黄，脉浮数。

要求写出：①证名诊断；②辨证分析。

10. 患者，凌某，男，33岁，10月3日来诊。剧咳3天，痰少而黏。5天前外出归来，即感身热恶风，微咳无痰，未经治疗。2天后咳嗽加重，咳时胸部震痛，偶尔咳出豆粒大黏痰，略带血丝，口鼻咽干燥，大便较干，舌尖红，苔薄白而干，脉浮数。

要求写出：①主诉；②证名诊断；③辨证分析。

11. 患者，徐某，女，39岁。2天前因气候突变，出现恶风寒，发热，无汗身痛，咳痰清稀等症。昨日起体温上升至39.5℃，咳嗽加重而来就诊。现症见高热，咳喘，胸闷，痰多色黄而黏，口渴思饮，烦躁不安，小便短黄，大便干燥，舌红苔黄腻，脉滑数。

要求写出：①主诉；②八纲结论；③证名诊断；④辨证分析。

12. 患者，王某，男，15岁。患者5天前出现发热恶风，咽喉疼痛，咳嗽等症。昨日起面部浮肿，来诊时面部眼睑浮肿，按之凹陷不起，咽部红肿疼痛，咳嗽痰少，发热恶风，小便短少，舌尖红，苔薄白少津，脉浮数。

要求写出：①主诉；②证名诊断；③辨证分析。

13. 患者，林某，女，30岁。因工作繁忙，近半年来出现白带绵绵不断，曾服清热除湿方药10余剂，未效。现症见面色萎黄，神倦乏力，少气懒言，纳少便溏，腹胀，带下量多色白质稀，无臭味，舌淡苔白，脉缓弱。

要求写出：①主诉；②八纲结论；③证名诊断；④辨证分析。

14. 患者，刘某，女，60岁。工人。年轻时产多乳众，工作及家务较劳累。8年来常感神疲乏力，腹胀便溏，未经系统治疗，病情时好时犯。半个月前又因劳累而诱发，现自觉阴户中有物突出，并有下坠感，气短乏力，头晕目眩，纳少便溏，面白无华，舌淡苔白，脉缓弱。

要求写出：①证名诊断；②辨证分析。

15. 患者，王某，男，47岁，农民。自述5年前因过食生冷而腹痛，温熨热敷可自行缓解，病情时重时轻，未系统治疗。1周前不慎着凉，腹痛加重而来就诊。现腹痛喜按，纳少，腹胀，食后尤甚，四肢不温，肢体困重，大便溏薄，舌淡胖，苔白滑，脉沉迟无力。

要求写出：①主诉；②证名诊断；③辨证分析。

16. 患者，张某，女，20岁，大学生。半年前正值经期（第三天），参加院篮球比赛，之后月经量突然增多，且持续10余日方止。此后，每月月经均量多，时间长，经色淡红，并伴有神疲，倦怠乏力，食少便溏，面白无华，舌淡苔白，脉细无力。

要求写出：①主诉；②证名诊断；③辨证分析。

17. 患者，乔某，男，37岁。1周前出现恶寒发热，倦怠乏力，脘闷不饥，厌油腻，经某医院按“感冒”治疗，恶寒发热减轻，前天面目发黄，且尿黄如浓茶，今日来诊。症见面目发黄，其色鲜明，脘腹痞闷，呕恶纳呆，厌食油腻，便溏不爽。肢体困重，身热不扬，口微渴，小便短黄，舌质红，苔黄腻，脉濡数。

要求写出：①主诉；②八纲结论；③证名诊断；④辨证分析。

18. 患者，朱某，女，32岁。外出旅游，于归途中开始腹痛泄泻，大便呈水样，日5~6次，泻前肠鸣辘辘，伴见形寒肢冷，口淡不渴，脘腹痞闷，纳呆，四肢酸困重。经补液及抗菌治疗，未见明显改善，舌体胖，苔白腻，脉沉细。

要求写出：①证名诊断；②辨证分析。

19. 患者，王某，男，34岁。素嗜辛辣香燥之品，半年来时有胃脘疼痛，曾服温胃散寒止痛药无效，近日来胃痛加重而来就诊。症见形体消瘦，胃脘隐痛，脘痞不舒，时有干呕，饥不欲食，口燥咽干，大便干结，舌红少津，脉细弱。

要求写出：①主诉；②八纲结论；③证名诊断；④辨证分析。

20. 患者，李某，女，25岁。2天来发热，腹痛腹泻，每日大便10余次，有黍胨脓血，伴里急后重，口干饮水不多，腹软，左下腹压痛，舌红苔黄，脉濡数。

要求写出：①主诉；②病名诊断；③证名诊断；④辨证分析。

21. 患者，张某，女，41岁。近2个月来双目干涩不适，视物昏花，头晕，面白无华，月经量少，眼睑色淡，舌淡苔白，脉细弱。

要求写出：①证名诊断；②辨证分析。

22. 患者，赵某，女，35岁。该患者2个月前与邻居口角后，胸闷胁胀，善太息，未经治疗，病情逐渐加重。来诊时症见胸胁乳房少腹胀闷窜痛，情志抑郁，咽部有异物感，吐之不出，咽之不下，经行腹痛，苔薄白，脉弦。

要求写出：①证名；②证候性质，③辨证分析。

23. 患者，李某，女，37岁，平素性情急躁易怒。自述半个月前因家事不和发生争吵之后，自觉头晕胀痛，烦躁失眠，次日又见胁肋胀痛灼痛，口苦口干，小便短黄，大便干结，舌红苔黄，脉弦数。

要求写出：①证名诊断；②辨证分析。

24. 患者，赵某，男，63岁。头晕目眩已近10年，曾在某医院确诊为高血压病，服降压药对症治疗，近半个月来，间有手指发麻，眩晕日甚，今日上午因情绪激动，突然跌扑倒地，不省人事，口噤不开，喉中痰鸣，左侧半身不遂，口眼㖞斜，呼吸气粗，面色红赤，舌红苔黄腻，脉弦滑而数。

要求写出：①主诉；②八纲结论；③证名诊断；④辨证分析。

25. 患者，沈某，男，31岁。3年前始见眼睑、面部浮肿，因未及时治疗，病情迁延，逐渐出现下肢反复水肿。近2个月来，常感心悸、心跳而来就诊。症见面色苍白，形寒肢冷，精神委靡，心悸，腹部胀满，下肢浮肿，按之凹陷，腰膝酸冷，小便短少，舌淡胖，苔白滑，脉沉迟无力。

要求写出：①主诉；②八纲结论；③证名诊断；④辨证分析。

26. 患者，张某，男，34岁。患者结婚6年至今无子，半个月前曾到外地某医院检查，发现精子不正常，总数为1亿，活动度小（20%）。自觉腰部酸软疼痛，精神疲乏，时有耳鸣，舌淡苔白，脉细弱。

要求写出：①证名诊断；②辨证分析。

27. 患者，董某，女，40岁。近半年来，常感腰膝酸软疼痛，耳鸣，健忘，失眠，月经量逐渐减少，形体消瘦，口燥咽干，五心烦热，夜间盗汗，舌红少津，脉细数。

要求写出：①证名诊断；②辨证分析。

28. 患者，江某，男，61岁。近1个月来常在黎明之时出现腹痛欲泻，泻后腹痛减轻，腰膝部有酸冷感，畏寒肢冷，舌淡苔白，脉沉迟无力。

要求写出：①证名诊断；②辨证分析。

29. 患者，孙某，女，39岁。小便频数2日，一昼夜达20余次，尿时涩痛不爽，小腹胀闷，尿道灼热，小便黄赤短少，口干，舌红，苔根部黄腻，脉滑数。

要求写出：①证名诊断；②辨证分析。

30. 患者，刘某，男，51岁。患者咳喘已5年余，经治疗未见明显好转，近月来，自觉心中悸动不安，来诊时面色淡白，咳喘气短，动则尤甚，咳痰清稀，心悸胸闷，神疲乏力，自汗，舌质淡紫，脉沉弱。

要求写出：①主诉；②八纲结论；③证名诊断，④辨证分析。

31. 患者，王某，女，37岁。3年来经常疲乏无力，纳食不香，腹胀便溏，月经提前量多，每至10余日方止。近1年来，常有心悸失眠，眩晕健忘，面色萎黄，形体消瘦，且时有肢体麻木，舌淡苔白，脉细弱。

要求写出：①证名诊断；②辨证分析。

32. 患者，汪某，男，16岁。哮喘宿疾10余年，素嗜肥甘之物，每次喘发咳痰颇多。此次喘已七八日，呼吸迫促，喉有痰鸣声，胸闷气短，痰多色白，食欲不振，大便稀溏，乏力少气，舌质淡，苔白腻，脉沉弱。

要求写出：①证名诊断；②辨证分析。

33. 患者，周某，女，57岁。咳喘病史20年，每逢季节变化或过劳而诱发。昨日去公共浴池洗澡，因环境闷热且很劳累，自觉呼吸困难而回家，服止喘片一片未见好转。来诊时症见喘息短气，呼多吸少，动则尤甚，自汗乏力，腰膝酸软，舌淡苔白，脉弱。

要求写出：①证名诊断；②辨证分析。

34. 患者，钱某，男，41岁。反复咳嗽已近5年，10天前因家事不和，心烦作怒，咳嗽突发，痰中带血而来诊。症见咳嗽阵作，痰黄而黏，痰中带血，胸胁疼痛，口干苦，烦躁易怒，小便短黄，大便干燥，舌红苔薄黄，脉弦数。

要求写出：①证名诊断；②辨证分析。

35. 患者，高某，女，40岁。1个月前因情志不遂而出现胸胁、胃脘胀闷窜痛，时欲太息，呃逆嗳气，纳食减少，舌苔薄白，脉弦。

要求写出：①证名诊断；②辨证分析。

36. 患者，李某，男，27岁。2年前因感受外邪，始见眼睑、面部浮肿，继则全身皆肿，曾住院2

次，水肿仍反复发作。半月前因劳累过度，病势大发。现下肢浮肿明显，按之凹陷，面色苍白，四肢不温，畏寒神疲，腰膝酸冷。食少腹胀，小便不利，大便溏薄，舌淡胖苔白滑，脉沉迟无力。

要求写出：①主诉；②八纲结论；③证名诊断；④辨证分析。

答案

1. ①病名诊断：真心痛。

②证名诊断：心阳虚脱证。

③辨证分析：病初（10年前）的临床表现为心阳虚证。心阳虚衰，鼓动无力，心动失常，温煦失职，故见心悸，胸闷气短，畏寒肢冷；又因阳气不宣，血行不畅，瘀阻心脉，故见心痛剧作，憋闷不止，唇色青紫；阳衰，心失温养，神散不收，致神志昏迷；心阳衰，宗气泄，不能助肺以行呼吸，故呼吸微弱；阳气衰亡，不能温固肌表，故见四肢厥冷；冷汗淋漓，温运失职，血行无力，脉道失充，故见面色苍白，脉微欲绝。

2. ①主诉：心悸、气短10年，加重2个月。

②证名诊断：心阳虚证。

③辨证分析：病初的临床表现为心气虚之心悸。心气虚，鼓动无力，故见心悸气短；劳则耗气，稍活动则心气益虚，故症情随之加重。气虚及阳，病久心阳损伤，胸阳不展，故胸闷；阳虚，温运失职，血行无力，气血不能上荣则面色淡白，心脉痹阻不通则心痛；阳虚温煦失职，故畏寒肢冷（四肢不温）。舌淡胖，苔白滑是阳虚寒盛之象，脉微弱乃阳虚运血无力，脉道失充之征。

3. ①主诉：左胸阵发性闷痛1年余。

②证名诊断：心脉痹阻证。

③辨证分析：该患乃形盛气虚、痰浊偏盛之体（气短、自汗，体胖、痰多）。因阳气不足，心（胸）阳不振，痰浊凝聚，气血瘀滞，痰浊、阴寒、瘀血痹阻心脉，故见心胸闷痛，时有针刺感，手少阴心经直行上肺出腋下，循内臂，故痛引肩背内臂；心阳不振，失于温养，心动失常，故心悸；阳虚温煦失职，气血不能上荣，故见形寒肢冷，面色白；阳气虚卫外不固则自汗，动则耗气，故动则益甚。舌淡紫，苔白腻，脉沉弱时见结脉，是阳气不足，血行不畅，痰浊内盛，脉气不相接续之征。

4. ①证名诊断：心火亢盛证。

②辨证分析：患者因复习考试着急紧张而致心火亢盛。心火内盛，侵扰心神，故见失眠多梦，心烦；火邪伤津，肠失濡润，小便化源不足故口渴，便秘，溲黄。心火上炎，则舌尖起红刺并有烧灼感；苔黄，脉数为火热内盛之征。

5. ①病名诊断：狂病。

②证名诊断：痰火扰神证。

③辨证分析：痰火内盛，闭扰心神，故见躁扰发狂，失眠；热灼津伤，小便化源不足，大肠失于濡润，故唇燥，溲黄；便秘，舌尖红，苔黄腻，脉滑数，均为痰热（火）内蕴之征。

6. ①证名诊断：心阴虚证。

②辨证分析：本证因劳神过度，暗耗心阴所致。心阴亏少，心失所养，心动失常，故见心悸；心失濡养，且虚热扰心，心神不宁，故心烦，失眠，多梦；阴不制阳，虚热内生，虚火内扰，故见五心烦热，盗汗；虚火上炎则颧红。舌红少津，脉细数为阴虚内热之症。

7. ①主诉：反复咳嗽，痰中带血3年。

②八纲结论：里证，虚证，热证。

③证名诊断：肺阴虚证。

④辨证分析：本证因痨虫蚀肺，耗伤肺阴所致。肺阴不足，虚热内生，肺失清肃，气逆于上，故咳嗽少痰；虚火灼伤肺络，络伤血溢，则痰中带血。阴虚内热，虚火上炎，故两颧红赤；热扰营阴则盗汗，阴液不足，失于滋养，则口燥咽干，形体消瘦。舌红少苔，脉细数，为阴虚内热之征。

8. ①证名诊断：风寒犯肺证。

②辨证分析：风寒犯肺，肺气被束，失于宣降，故咳嗽，肺不布津，聚而为痰，随肺气逆于上，故咳痰稀白；风寒袭表，损伤卫阳，肌表失于温煦，故见微恶风寒，卫气被遏则发热，寒邪凝滞经络，经气不利，故头身疼痛；鼻为肺窍，肺气失宣，则鼻塞流涕。舌苔薄白脉浮紧，为感受风寒之征。

9. ①证名诊断：风热犯肺证。

②辨证分析：本证因风热袭表，未能及时治愈而影响于肺所致。风热犯肺，肺失清肃，肺气上逆，则咳嗽；热邪炼液为痰，故痰黄稠。风热袭表，卫气失和，则发热恶风；风热上扰，咽喉不利，故咽干而痛，热邪伤津，故小便短黄，大便不解，舌尖红，苔薄黄，脉浮数，均为风热袭表犯肺之征。

10. ①主诉：剧咳3天，痰少而黏。

②证名诊断：燥邪犯肺证。

③辨证分析：本证因初秋感受燥邪，耗伤肺津，肺卫失和所致。燥邪犯肺，肺失滋润，清肃失职，故见咳嗽，痰少而黏，甚则咳伤肺络，而见胸痛咯血；燥邪伤津，失于滋润，则见口、鼻、咽干燥；肠道失润故便干；燥袭卫表，卫气失和，则发热恶风。舌尖红，苔薄白而干，脉浮数，为燥邪袭表犯肺之象。

11. ①主诉：发热、咳嗽3日，加重1日。

②八纲结论：里证，实证，热证，阳证。

③证名诊断：痰热壅肺证（痰热阻肺证）。

④辨证分析：本证病初为表寒证，后因风寒之邪化热入里而成里实热证。热邪炼液为痰，痰热壅阻于肺，肺失清肃，肺气上逆，故咳喘胸闷，痰多黄黏。里热炽盛，蒸达于外，故壮热；热扰心神则烦躁不安；热盛伤津则口渴。肠道失润则便秘，小便化源不足则小便短黄。舌红苔黄腻，脉滑数，为痰热内盛之征。

12. ①主诉：发热咽痛5日，面部眼睑浮肿2日。

②证名诊断：风水相搏证。

③辨证分析：本证因外感风邪，肺卫受病，宣降、通调失职，风遏水阻，泛溢肌肤所致。风为阳邪，上先受之，风水相搏，故见面部眼睑浮肿，上焦不宣，气化失司，则小便短少。风水偏热，风热上扰，则咽部红肿疼痛，风热袭表，则发热恶风，风热犯肺，肺失清肃，则咳嗽痰少，舌尖红，苔薄白少津，脉浮数均为风水偏热之象。

13. ①主诉：带下量多半年余。

②八纲结论：里证，虚证，阴证。

③证名诊断：脾气虚证。

④辨证分析：本证因劳累过度，耗伤脾气而致脾气虚。脾气虚弱，健运失职，输精、散精无力。水湿不运，故见腹胀纳少；水湿不化，清浊不分，流注肠中，则便溏，水湿下渗，带脉失约，则带下量多色白质稀，脾为气血生化之源，脾虚化源不足，机体失养，面部失荣，故见神倦乏力，面色萎黄；中气不足则少气懒言，舌淡苔白，脉缓弱，均为脾气虚弱之征。

14. ①证名诊断：脾虚气陷证（中气下陷证）。

②辨证分析：本证因孕产过多，失于调护而导致脾虚气陷所致。脾气虚弱，升举无力，中气下陷，故见子宫下垂。清阳不升，头目失养故头晕目眩；脾气虚弱，健运失职，故食少便溏，化源亏乏，功能活动衰退，故气短乏力，面白无华，舌淡苔白，脉缓弱，为脾气虚弱之征。

15. ①主诉：腹痛5年，加重1周。

②证名诊断：脾阳虚证（脾虚寒证）。

③辨证分析：本证因过食生冷伤脾而致脾阳虚所致。脾阳虚衰，运化失健，故纳少腹胀；食后脾气益困，故食后尤甚；阳虚阴盛，寒凝气滞，故腹痛喜按。脾失健运，湿渗大肠则便溏；湿溢肌肤则肢体困重，阳虚温煦失职，故四肢不温，舌淡胖，苔白滑，脉沉迟无力，均为阳虚、水寒之气内盛之征。

16. ①主诉：月经量多、经期延长半年。

②证名诊断：脾不统血证。

③辨证分析：本证因经期运动过度，损伤冲任，耗伤脾气所致。脾气亏虚，统血无权，冲任不固，故月经过多，经期延长，经色淡红。脾气虚弱，运化失职，则食少便溏，化源亏少，且经血过多，肌体失养，功能衰减，故见面白无华，神疲乏力。舌淡苔白，脉细无力，均为脾气虚弱，化源不足之象。

17. ①主诉：发热1周，面目发黄3天。

②八纲结论：里证，热证，实证，阳证。

③证名诊断：湿热蕴脾证（脾胃湿热证）。

④辨证分析：湿热蕴结脾胃，熏蒸肝胆，疏泄失权，胆汁外溢，则见面目鲜黄，尿黄；湿热蕴结中焦，脾胃纳运失司，升降失常，故脘腹痞闷，呕恶纳呆；湿热蕴脾，交阻下迫，故便溏不爽；湿性重浊，流注肢体，故肢体困重；湿遏热伏，郁蒸于内，故身热不扬，口微渴。舌质红，苔黄腻，脉濡数为湿热内蕴之征。

18. ①证名诊断：寒湿困脾证。

②辨证分析：寒湿内盛，中阳受困，脾胃升降失常，运化失职，则脘腹痞闷，纳呆，便溏；寒凝气滞则腹痛。寒邪伤阳，阻遏阳气，不能外达故形寒肢冷，湿性重浊，流注肢体，故见四肢酸困沉重；口淡不渴，舌体胖，苔白腻，脉沉细均为寒湿内盛之象。

19. ①主诉：胃脘疼痛半年余，加重1个月。

②八纲结论：里证、热证、虚证。

③证名诊断：胃阴虚证。

④辨证分析：本证因过食辛辣香燥之品，耗伤胃阴所致。胃阴不足，虚热内生，热郁于胃，胃气失和，故胃脘隐痛，脘痞不舒，胃失滋润，胃纳失权，则饥不欲食；胃失和降，胃气上逆，故时见干呕；胃阴亏虚，阴不上承，则口燥咽干；下不能滋润肠道，故大便干结。舌红少津，脉细弱，为阴虚内热之征。

20. ①主诉：发热，腹痛，脓血便2天。

②病名：痢疾。

③证名诊断：肠道湿热证（大肠湿热证）。

④辨证分析：湿热之邪侵犯肠道，壅阻气机，故腹中疼痛；熏灼肠道，脉络受损，故见下痢脓血；湿热下迫直肠，气机阻滞不畅，故腹痛里急后重；热邪伤津则口渴，蒸达于外则发热。舌红苔黄，脉濡数，均为湿热内蕴之征。

21. ①证名诊断：肝血虚证。

②辨证分析：肝开窍于目，肝血不足，目失所养，故两目干涩，视物模糊；血虚不能上荣头面，故头晕，面白无华，眼睑色淡；妇女以肝为先天，肝血不足。血海空虚，故月经量少。舌淡苔白，脉细弱，均为血虚之征。

22. ①证名：肝郁气滞证（肝气郁结证）。

②证候性质：实证。

③辨证分析：本证因情志不遂导致肝郁气滞所致。肝失疏泄，气机郁滞，经气不利，故胸胁乳房少腹胀闷窜痛；肝失疏泄条达，则情志抑郁；气郁生痰，痰随气逆，搏结于咽喉，故咽部有异物感，吐之不出，咽之不下（梅核气）；气滞日久，血行不畅，冲行不调，故经行腹痛。苔薄白，脉弦，为肝郁之征。

23. ①证名：肝火炽盛证（肝火上炎证）。

②辨证分析：本证因情志不遂，肝郁化火所致。肝火炽盛，循经上攻头目，气血壅盛脉络，故头晕胀痛；火热内炽，心神不安，则烦躁失眠；肝火内炽，则胁肋胀痛灼痛；肝失条达柔顺之性，则急躁易怒；热迫胆气上犯则口苦；火热伤津，津不上承则口干，肠失柔润则便结，小便化源不足则短黄。舌红苔黄，脉弦数，为肝火炽盛之征。

24. ①主诉：眩晕10年，神昏伴口眼㖞斜半日。

②八纲结论：里证，虚实错杂证，热证。

③证名：肝阳化风证。

④辨证分析：本患者素体肝阳偏亢，因情绪激动引发肝风而致病。肝阳亢逆化风，风阳上扰，故头目眩晕；肝肾阴亏，筋脉失养，故手指发麻；情绪激动使风阳暴升，气血逆乱，肝风夹痰蒙蔽清窍，则突然跌扑倒地，不省人事，口噤不开，喉中痰鸣；风痰窜扰经络，经气不利，则半身不遂，口眼㖞斜；痰热内扰，则见呼吸气粗，面色红赤。舌红苔黄腻，脉弦滑而数。

25. ①主诉：反复下肢浮肿 3 年，伴心悸 2 个月。

②八纲结论：里证，寒证，虚实夹杂证，阴证。

③证名诊断：肾虚水泛证。

④辨证分析：本证因久病失调，肾阳亏耗所致。腰为肾府，肾阳不足，温煦失职，故形寒肢冷，腰膝酸冷；阳虚气血温运无力，不能鼓舞阳气，故面色苍白，精神委靡；肾主水，肾阳不足，气化失权，水湿内停，泛溢肌肤，故下肢浮肿；水湿泛溢，阻滞气机，则腹部胀满；水气凌心，抑遏心阳，则心悸，膀胱气化失司，故小便短少。舌淡胖，苔白滑，脉沉迟无力，均为肾阳亏虚，水湿内停之征。

26. ①证名诊断：肾精不足证。

②辨证分析：肾藏精，主生殖。肾精不足，生殖无源，故男子精少而不育；腰为肾之府，肾虚腰失所养，则腰部酸软疼痛，耳为肾窍，肾精不足，耳窍失聪，故时有耳鸣；肾虚全身功能活动低下，则精神疲乏。舌淡苔白，脉细弱，为肾精不足之象。

27. ①证名诊断：肾阴虚证。

②辨证分析：肾有主骨生髓充脑之功，肾阴亏虚，骨骼、脑髓、官窍失充，故腰膝酸软疼痛，健忘，耳鸣；肾亏月经来源不充，故月经量少，阴不制阳，虚火内扰，故五心烦热，失眠；热扰营阴则盗汗，肾阴不足，失于滋润，虚火蕴蒸，故口燥咽干，形体消瘦。舌红少津，脉细数，为阴虚内热之征。

28. ①证名诊断：肾阳虚证。

②辨证分析：本证因年老命门火衰所致。肾阳不足，命门火衰，温化无力，故见五更泄泻；腰为肾府，肾阳虚，腰膝失于温养，故见腰膝酸冷；阳虚温煦失职，故畏寒肢冷。舌淡苔白，脉沉迟无力，为肾阳不足之象。

29. ①证名诊断：膀胱湿热证。

②辨证分析：湿热蕴结膀胱，气化不利，下迫尿道，故尿频尿急，排尿灼热涩痛，尿色黄赤。湿热内蕴，津液被灼，故小便短少；津不上承则口干。舌红苔黄腻，脉滑数，为湿热内蕴之征。

30. ①主诉：咳喘 5 年余，伴心悸月余。

②八纲结论：里证，虚证，阴证。

③证名诊断：心肺气虚证。

④辨证分析：本证因久病咳喘，耗伤肺气，波及于心所致。肺气虚弱，肃降无权，肺气上逆，故咳喘；动则耗气，故动则尤甚；心气虚，鼓动无力则心悸；肺气虚，气机不畅则胸闷；津失输布，聚而为痰，故痰清稀；气虚则全身功能活动减弱，则神疲，气短乏力，自汗。舌质淡紫，脉沉弱，为心肺气虚，血行不畅之征。

31. ①证名诊断：心脾气血虚证（心脾两虚证）。

②辨证分析：3 年来乏力，腹胀，便溏，月经提前量多等均是脾气虚，不能统摄血液所致。脾气亏虚，运化失健，故纳食不香，腹胀便溏；中气不足，则疲乏无力；脾虚统血无权，冲任不固，则月经提前量多；反复性出血（月经量多）2 年，又加脾虚生血乏源，必然导致血虚，血不养心，心神不宁，则心悸、失眠；头目失养，则眩晕健忘，面色萎黄，形体消瘦；经络失养则肢体麻木。舌淡苔白，脉细弱，为气血亏虚之征。

32. ①证名诊断：脾肺气虚证。

②辨证分析：肺气虚，宣降失职，气逆于上，则咳喘，胸闷气短，气虚水津不布，聚湿生痰，故痰多色白；痰随肺气上逆于喉间，故见喉间痰鸣；脾气虚，运化失健，则食欲不振，大便稀溏；气虚功能活动减弱，则乏力少气。舌质淡，苔白腻，脉沉弱，为气虚之征。

33. ①证名诊断：肺肾气虚证（肾不纳气证）。

②辨证分析：本证因久病咳喘，耗伤肺气，病久及肾而致肺肾气虚。肺为气之主，主肃降，肾为气之根，主摄纳。肺肾气虚，降纳无权，气不归元，故喘息短气、呼多吸少；动则耗气，则喘息加剧；气虚，卫外不固，则乏力，自汗，腰为肾府，肾虚腰失所养，则腰膝酸软。舌淡苔白，脉弱，为气虚之征。

34. ①证名诊断：肝火犯肺证。

②辨证分析：本证因郁怒伤肝，气郁化火，肝经气火上逆犯肺所致。肝经气火上逆犯肺，肺失清肃，气机上逆，则咳嗽阵作；火热灼津，炼液成痰，故痰黄而黏，火伤肺络则痰中带血；肝经气火内郁，失于柔顺，则胸胁疼痛，烦躁易怒；火热熏蒸，胆气上逆，则口干苦；热邪伤津，则小便短黄；肠失濡润则便秘。舌红苔薄黄，脉弦数，均为肝火内炽之征。

35. ①证名诊断：肝胃不和证（肝气犯胃证）。

②辨证分析：本证因情志不遂，肝气郁结，横逆犯胃所致。肝郁气滞，疏泄失职，横逆犯胃，胃气失和，则胸胁、胃脘胀闷窜痛；胃气上逆则呃逆、嗳气；胃纳失司，故纳食减少；肝失条达，气机郁滞，则胸闷善太息。舌苔薄白，脉弦，为肝郁气滞之征。

36. ①主诉：水肿反复发作2年，加重半个月。

②八纲结论：里证，寒证，虚实夹杂证，阴证。

③证名诊断：脾肾阳虚证。

④辨证分析：脾肾阳气虚衰，无以温化水液，水湿内停，泛溢肌肤，则下肢浮肿。膀胱气化失职，故小便不利；腰为肾府，肾阳虚，腰膝失于温养，故腰膝酸冷；阳虚形体失于温煦，则四肢不温，畏寒神疲；脾阳虚，健运失职，则食少、腹胀；湿渗大肠则便溏；面色苍白，舌淡胖苔白滑，脉沉迟无力，均为阳虚阴盛，水寒之气内盛之征。

（李琳荣　杜彩凤）

附录3　中医诊断学教学基本要求

一、课 程 简 介

中医诊断学是在中医基础理论指导下，研究诊察病情、判断病种、辨别证候的基本理论、基本知识和基本技能的一门学科。它是中医学各专业的一门专业基础课，是中医基础理论与临床各科之间的一门桥梁学科，也是中医专业课程体系中的主干课程。

根据高职高专教育的特点，坚持简明、实用的原则，重点介绍四诊、辨证、辨病和病案书写四大内容，旨在让学生熟练掌握中医论断学的基础原理、基本原则、基本内容和基本方法，着力培养学生的诊断技能、辨证的思维能力和综合运用能力。

本课程总学时 72 学时，其中理论课 62 学时，实践课 10 学时。

二、课程教学目标

（一）知识教学目标

总目标：掌握四诊、辨证、辨病和病案书写的基本理论、基本知识和基本技能。

具体目标：

(1) 重点掌握四诊和辨证的基本概念和方法、临床表现和意义、证候分析和辨证要点。

(2) 熟悉中医诊病的基本原理、基本原则、病名诊断的方法和住院病历体格检查内容。

(3) 了解中医诊断学的发展简史、研究范围及相关现代研究。

（二）能力培养目标

(1) 培养学生具有熟练运用四诊知识和方法、技术接诊患者的能力。

(2) 培养具备熟练综合处理病情资料的能力。

(3) 培养学生能熟练运用七种常用的辨证方法和技巧，进行辨证的能力，包括证候分析、病机归纳与证名诊断的能力。

(4) 培养具有初步进行辨病和病案书写的能力。

（三）思想教学目标

(1) 贯彻唯物辩证法、理论联系实际的原则，培养专业思想巩固，热爱并献身于中医事业的专业人才。

(2) 提高学生综合素质，培养学生严谨求实的科学态度，具有勤奋好学、刻苦钻研、勇于实践、勇于创新的优良品质。

(3) 发扬救死扶伤的人道主义精神，加强医德医风教育，培养高尚的职业道德风尚。

三、教学内容和要求

本课程的教学内容分为理论部分和实践部分（附录表1、附录表2）。

附录表1 理论教学环节与要求

教学内容	教学要求		
	了解	理解	掌握
1. 绪论			
（1）“诊断”、“诊断学”、“中医诊断学”的概念，《中医诊断学》的性质、地位和教学目的		√	
（2）中医诊断学的基本内容及相关概念			
1）病、证、症的含义及其相互关系			√
2）主要内容：诊法、诊病、辨证、病案		√	
（3）中医诊病的基本原理和基			
1）中医诊断学的基本原理：司外揣内、见微知著、知常达变			√
2）诊断学的基本原则：整体审察、诊法合参、病证结合			√
（4）中医诊断学的发展简史	√		
（5）学习《中医诊断学》的要求和方法	√		
2. 望诊			
（1）望诊的概念、临床意义和基本内容		√	
（2）望诊的方法及注意事项		√	
2.1 全身望诊			
（1）望神			
1）望神的方法要点。两目、神情、气色、体态			√
2）对神气的判断。得神、失神、假神、神乱的含义、典型表现及其临床意义			√
（2）望色			
1）五色诊的含义及意义	√		
2）常色的含义、特点、分类（主色与病色）			√
3）病色的特点及分析方法（病色辨善恶和五色主病）			√
（3）望形态			
1）形体强弱、胖瘦的表现及临床意义		√	
2）体质分类的临床意义	√		
2.2 局部望诊			
（1）望头面（重点讲述望头、囟门、面肿、头发、口眼㖞斜的临床意义）		√	
（2）望五官			
1）目部的脏腑相关部位、目形、目态及主病		√	
2）望耳的色泽、形态及耳内病变的临床意义	√		
3）望鼻的色泽、形态及鼻内病变的临床意义	√		
4）望口唇色泽、形态、动态的临床意义	√		
5）望齿与龈的临床意义		√	
6）望咽喉的主要内容及临床意义		√	
（3）望躯体 望颈项、望胸胁、望腹部、望腰背部的生理及病理表现	√		
（4）望四肢形态、动态异常表现及其意义	√		
（5）望皮肤			
1）形态与色泽异常的临床表现	√		
2）望斑疹的主要内容及临床意义			√
2.3 望排出物			
（1）望痰涎			√
（2）望呕吐物			√
（3）望大小便（二便色、质、量变化的临床意义）		√	
2.4 望小儿指纹			
（1）小儿指纹的概念、部位、注意事项及诊断意义	√		

续表

教学内容	教学要求		
	了解	理解	掌握
(2) 望小儿指纹的方法及小儿食指络脉变化的临床意义		√	
2.5 舌诊			
(1) 舌诊概说			
1) 舌诊的原理和临床意义	√		
2) 舌诊的方法及注意事项	√		
3) 正常舌象			√
(2) 望舌体			
1) 舌色的表现及其临床意义			√
2) 舌形的表现及其临床意义			√
3) 舌态的表现及其临床意义			√
4) 舌下络脉的表现及其临床意义			√
(3) 望舌苔			
1) 苔色的表现及其临床意义			√
2) 苔质的表现及其临床意义			√
(4) 舌象分析要点	√		
3. 闻诊			
3.1 听声音			
介绍听声音的基本内容和基本方法、正常声音的特征	√		
(1) 发声：重点讲述音哑和失音			√
(2) 语言：谵语、郑声、独语、错语与语謇			√
(3) 呼吸：喘、哮			√
(4) 呕吐、呃逆与嗳气的基本概念和临床意义			√
3.2 嗅气味			
口气、汗、痰、二便、带下及病室之气的变化及其临床意义	√		
4. 问诊			
4.1 问诊的方法及注意事项			
问诊的方法及注意事项		√	
4.2 问诊的内容			
(1) 一般情况	√		
(2) 主诉		√	
(3) 现病史		√	
(4) 既往史	√		
(5) 个人生活史	√		
(6) 家族史	√		
4.3 问现在症			
(1) 问寒热			
1) 寒热的概念及类型		√	
2) 恶寒发热、但寒不热、但热不寒及寒热往来的概念及临床意义			√
(2) 问汗			
1) 问汗的意义及汗出的生理病理概说	√		
2) 表、里证有汗或无汗的临床表现和意义		√	
3) 特殊汗出：自汗、盗汗、大汗、战汗			√
4) 局部汗出的临床表现和意义		√	
(3) 问疼痛			
1) 产生疼痛的病因病机	√		
2) 疼痛的部位和性质及其临床诊断意义			√
(4) 问头身胸腹不适			
1) 头晕、胸闷、心悸、胁胀、脘痞、腹胀的辨证要点及临床意义			√
2) 身重、麻木的临床表现及意义		√	
(5) 问耳目			
1) 耳鸣、耳聋、目眩的概念及临床意义			√
2) 目痛、目昏、雀盲、歧视的概念及临床意义		√	
(6) 问睡眠			
1) 问失眠的要点：不易入睡、睡后易醒、易惊醒的临床意义			√
2) 嗜睡的临床意义	√		
(7) 问饮食口味			
1) 口渴多饮与渴不多饮，多食易饥与饥不欲食的临床意义			√
2) 口味异常（口淡、口甜黏腻、口中泛酸、口中酸馊、口苦、口咸）的临床意义		√	
(8) 问二便			

续表

教学内容	了解	理解	掌握
1）问大便的要点及临床意义（便次、便质、排便感）		√	
2）问小便的要点及临床意义（尿量、尿次、排尿感）		√	
（9）问妇女：问经期异常、经量异常及问带下的要点及临床意义		√	
（10）问小儿：小儿的生理特点及问小儿的意义	√		
5. 切诊			
5.1 脉诊			
（1）脉象形成的原理及脉诊的临床意义	√		
（2）脉诊的部位（寸口脉与五脏的关系）		√	
（3）脉诊的方法和注意事项（时间、体位、调息、指法）			√
（4）脉象要素	√		
（5）平脉特征及生理变异			√
（6）28种常见病脉及其临床意义			
1）28种常见病脉及其临床意义			√
2）相似脉的鉴别		√	
3）真脏脉的含义与特点	√		
4）相兼脉与主病	√		
5）妇人脉、小儿脉	√		
6）脉症顺逆与从舍		√	
5.2 按诊			
（1）按诊的方法、意义及注意事项	√		
（2）按诊的主要内容 重点讲述按肌肤的内容及临床意义，按腹部辨疼痛、痞满、积聚的要点		√	
6. 八纲辨证			
6.1 八纲辨证的概念			
八纲辨证的概念及基本内容、归类方法及临床指导意义		√	
6.2 八纲基本证候			
（1）表证与里证的基本概念、临床表现、辨证要点、鉴别要点及其机制			√

教学内容	了解	理解	掌握
（2）寒证与热证的基本概念、临床表现、辨证要点、鉴别要点及其机制			√
（3）虚证与实证的基本概念、临床表现、辨证要点、鉴别要点及其机制			√
（4）阴证与阳证的基本概念、临床表现、辨证要点、鉴别要点及其机制			√
6.3 八纲证候之间的关系			
（1）证候相兼的主要内容，包括各证的临床表现、辨证要点及其机制		√	
（2）证候错杂的主要内容，包括各证的临床表现、辨证要点及其机制		√	
（3）证候转化的主要内容，包括各证的临床表现、辨证要点及其机制		√	
（4）证候真假的主要内容，包括各证的临床表现、辨证要点及其机制		√	
7. 病因辨证			
7.1 六淫疫疠证候			
1）外感六淫证候的概念、临床表现、证候分析及辨证要点		√	
2）疫疠辨证的致病特点、临床表现及辨证要点	√		
7.2 七情证候	√		
7.3 饮食劳伤证候	√		
7.4 外伤证候	√		
7.5 毒证	√		
7.6 脓证	√		
7.7 虫积证	√		
8. 气血津液辨证			
（1）气病辨证：气虚证、气陷证、气滞证、气逆证的临床表现和辨证要点			√
（2）血病辨证：血虚证、血瘀证、血热证、血寒证的临床表现和辨证要点			√

续表

教学内容	教学要求		
	了解	理解	掌握
（3）津液病辨证：津液不足证的临床表现及辨证要点，阳水证、阴水证的临床表现和鉴别要点，痰证和饮证的临床表现			√
（4）气血津液兼病辨证：气滞血瘀证、气虚血瘀证、气血两虚证、气不摄血证、气随血脱证、气滞津停证、痰瘀互结证的临床表现及辨证要点			√
9. 脏腑辨证：脏腑辨证的概念，脏腑辨证与其他辨证方法的关系	√		
9.1 心与小肠病辨证			
（1）心与小肠的主要生理功能和病理变化及常见症状	√		
（2）心与小肠病辨证各证候的基本概念、临床表现、证候分析及辨证要点			√
1）心气虚、心阳虚与心阳暴脱证的临床表现、鉴别要点			
2）心血虚与心阴虚的临床表现及鉴别要点			
3）心脉痹阻证痰、瘀、寒、气四因的比较			
4）痰迷心窍与痰火扰心证、心火亢盛与小肠实火证的比较			
9.2 肺与大肠病辨证			
（1）肺与大肠的主要生理功能和病理变化及常见症状	√		
（2）肺与大肠病辨证各证候的基本概念、临床表现、证候分析及辨证要点			√
1）肺气虚与肺阴虚的临床表现及辨证要点			
2）风寒束肺、寒邪客肺、痰湿阻肺与饮停于肺证的比较			
3）风热犯肺、热邪壅肺与燥邪犯肺证的临床表现及鉴别要点			
9.3 脾与胃病辨证			
（1）脾与胃的主要生理功能和病理变化及常见症状	√		
（2）脾与胃病辨证各证候的基本概念、临床表现、证候分析及辨证要点			√
1）脾气虚、脾阳虚、中气下陷与脾不统血证的临床表现、鉴别要点			
2）湿热蕴脾与寒湿困脾证的临床表现、鉴别要点			
3）胃阴虚、胃热、胃寒、食滞胃脘证的临床表现			
9.4 肝与胆病辨证			
（1）肝与胆的主要生理功能和病理变化及常见症状	√		
（2）肝与胆病辨证各证候的基本概念、临床表现、证候分析及辨证要点			√
1）肝火上炎与肝阳上亢证、肝风内动三证的临床表现、鉴别要点			
2）肝血虚与肝阴虚证的临床表现及鉴别要点			
3）肝气郁结、寒凝肝脉、肝胆湿热、胆郁痰扰证的临床表现			
9.5 肾与膀胱病辨证			
（1）肾与膀胱的主要生理功能和病理变化及常见症状	√		
（2）肾与膀胱病辨证各证候的基本概念、临床表现、证候分析及辨证要点			√
1）肾阳虚与肾阴虚的临床表现			
2）肾精不足、肾气不固、肾不纳气、膀胱湿热的临床表现、辨证要点			
3）肾病五证的比较			
9.6 脏腑兼病辨证			
（1）脏腑兼病辨证的概念		√	
（2）脏腑兼病辨证各证候的基本概念、临床表现、证候分析和辨证要点			√
1）心肾不交与心脾两虚证的临床表现、辨证要点及鉴别比较			
2）肝火犯肺、肝胃不和与肝脾不调证的临床表现、辨证要点及鉴别比较			

续表

教学内容	教学要求		
	了解	理解	掌握
3）心肾阳虚与脾肾阳虚证的临床表现、辨证要点及鉴别比较			
4）心肝血虚、肝肾阴虚与肺肾阴虚证的临床表现、辨证要点及鉴别比较			
10. 经络辨证概要			
10.1　十二经脉病证的特点	√		
10.2　奇经八脉病证的特点	√		
11. 六经辨证概要			
（1）六经辨证的概念、形成年代、代表作、作者及在辨证体系中的作用	√		
（2）六经病证的概念、成因及传变规律	√		
（3）六经病证的临床表现、证候分析及辨证要点，合病、并病、传经、直中的概念		√	
12. 卫气营血辨证概要			
（1）卫气营血辨证的概念、形成年代、代表作、作者及在辨证体系中的作用	√		
（2）卫气营血各病证的概念、成因及一般传变规律	√		
（3）卫分证、气分证、营分证、血分证的临床表现、证候分析及辨证要点。卫气营血辨证的特殊传变		√	
13. 三焦辨证概要			
（1）三焦辨证的概念、形成年代、代表作、作者及在辨证体系中的作用	√		
（2）上焦病证、中焦病证、下焦病证的临床表现、证候分析及辨证要点。三焦病的顺传与逆传	√		
14. 病案			
（1）病案的概念、沿革及其在诊疗活动中的作用和意义	√		
（2）病案的内容和书写要求			√

附录表2　实践教学环节与要求

实践教学内容	能力培养目标	教学方式
望诊、舌诊方法及技术	（1）具有运用望诊的知识、方法接诊患者和诊察疾病的能力 （2）具有能够识别临床常见舌象的能力	（1）望诊、舌诊录像，舌诊模型 （2）舌诊训练与体验实践
问诊、切诊	（1）具有熟练运用问诊方法和技巧诊察疾病的能力 （2）具有识别常见22种重点脉象的能力	（1）问诊训练与临床见习 （2）脉诊训练与临床见习
脏腑辨证	初步学会运用脏腑辨证理论知识对临床典型病例进行辨证的能力	病案分析与课堂讨论
病案书写	初步学会书写住院病历的能力	病案书写训练

四、教学学时安排

内容见附录表3。

附录表3　中医诊断学学时安排

序号与教学内容	总学时数	理论部分	实践部分	临床见习
1.　绪论	2	2		
2.　望诊	12	10		
3.　闻诊	3	3		
4.　问诊	13	11		

续表

序号与教学内容	总学时数	理论部分	实践部分	临床见习
5. 切诊	8	6		
6. 八纲辨证	6	6		
7. 病因辨证	3	3		
8. 气血津液辨证	3	3		
9. 脏腑辨证	14	12		
10. 经络辨证概要	1	1		4
11. 六经辨证概要	1	1		
12. 卫气营血辨证概要	1	1		
13. 三焦辨证概要	1	1		
14. 病案	4	2		
15. 中医体格检查			3	
16. 中医辨证思维训练			3	
合计	72	62	6	4

五、说　　明

1. 本课程教学要求对理论知识的要求分为掌握、理解、了解3个层次，凡属掌握和理解的内容均为教学重点，应努力运用各种教学手段，让学生理解并掌握。

（1）掌握：在理解的基础上，对所学的知识点有更进一步的认识，较为全面地把握其概念、临床表现和辨证意义，并能初步运用它来诊察患者、辨识病证。

（2）理解：对所学的知识点有进一步的认识，能对其做出完整、确切的表述。

（3）了解：对所学的知识点有初步的认识，能说出要点、大意。

2. 本课程实践教学要求通过各种实践教学环节和手段，力求使学生在反复实践、反复训练的过程中达到能力目标要求。

3. 素质教育目标同样重要，应始终贯穿课堂上教书育人、实践环节中为生师表，或举办必要的专题讲座，使学生达到本课程的基本素质要求。

4. 附录中“歌诀选读”及“病案分析及答案”内容，仅供教师在授课中引用和学生自学时参考。“实践教学内容”可作为实习指导，供师生在教学活动中作为主要的教学依据。

（杜彩凤）